話が通じない相手と話をする方法

ピーター・ボゴジアン＋ジェームズ・リンゼイ

【監訳】藤井翔太【訳】遠藤進平

How to Have Impossible Conversations
A Very Practical Guide

Peter Boghossian & James Lindsay

哲学者が教える不可能を可能にする対話術

晶文社

HOW TO HAVE IMPOSSIBLE CONVERSATIONS:
A Very Practical Guide

装丁・本文フォーマット
宮 川 和 夫

本書を家族に捧げる。

話が通じない相手と話をする方法――哲学者が教える不可能を可能にする対話術

［contents］

凡例

一、本書はPeter Boghossian & James Lindsay, *How to Have Impossible Conversations: A Very Practical Guide* (Da Capo Lifelong Books, 2019) の全訳である。

一、カッコの使用規則は次の通り。
「」引用符、論文名。
『』書籍名、引用符内引用符。
() 原著で用いられている ()。
〔〕訳者による補足、原語の表記。

一、本書で言及される文献のうち、本書刊行時点で邦訳が確認できなかったものについては、邦題を暫定的に記した上で〔〕の中に原タイトルを記した。

一、原著にある注は「原注m」という記号で後注に、監訳者による注は「訳注n」という記号で側注に、それぞれ説明が記されている（mとnは数字）。

一、引用された文章のうち、既存の邦訳文献を参照したものについては、原注にある文献情報に邦訳の頁数を追記した（例：Stone, Patton, & Heen, 2010, p. 242／356頁）。ただし、その際も引用文の表現を本文に合わせて修正している場合がある。

一、原著出版社から提供されたテキストファイルと書籍版の間では、若干異なる記述がなされている箇所があった。本邦訳では、確認できた限りにおいて、書籍版の内容を優先している。

一、原著に見られる明白な誤植・誤表記については、特に断ることなく修正した。

第1章　会話が不可能に思えるとき

この本のテーマは、考えが極端に異なる人と効果的にコミュニケーションをとる方法である。私たちは分断と二極化の時代を生きていて、〔主義主張を異にする人々が〕互いに話し合うことがなくなっている。このことの影響は広大で深刻だ。オープンにそして正直に話すことを恐れ、共有する問題をともに解決することができなくなり、友愛の情も失ってしまっている。

最低なやつとの会話

もう20年ほど前になるが、本書の著者の一人ボゴジアンはアファーマティブ・アクション[訳注1]について同僚と議論していた。相手の同僚（仮にS氏としよう）は白人女性で、自身はリベラルだという自認のある人物だ。論争的な話題をめぐる会話の例にもれず、すぐにお互い熱くなった。そして、そういう状況ではこれまたよくあるように、あっという間に険悪な雰囲気になった。その会話を振

訳注1　歴史的・社会的に不利な立場に置かれてきたグループに対して、格差是正を目的とした措置を講じる仕組み。例えば大学入学者の選抜過程において、特定の人種的・文化的背景を持つ志願者に対して加点を行うこと等を指す。「積極的差別是正措置」とも訳される。

り返ってみよう。

S　氏　アファーマティブ・アクションが公正な制度だということをまだ認めないんですね。

ボゴジアン　ええ、だって公正とは言えないですから。だいたい、公正って誰にとってですか？

S　氏　それはさっきも言いましたよね。伝統的に周辺に追いやられてきた集団、例えばアフリカ系アメリカ人などです。彼らはそもそもが不利な立場に置かれています。あなたや私が得たような機会に恵まれてこなかったんです。

ボゴジアン　でも、だからといって〔競争の〕結果に手を加えて操作することが必要だという理由はなんなんですか？

S　氏　あなた、壊れたレコードプレイヤーみたいになってきていますよ。彼らもアメリカ人で、もっとよい暮らしができて然るべきだからに決まっているじゃないですか。あなたはそういう苦労をしたことがないから分からないだけでしょう。あなたはどうせいい学校を出て、彼らが日常的に対処せざるを得ない問題のほんの一部ですら味わったことがないんですよ。

ボゴジアン　分かりました、ではあなたが正しいとしましょう。実際にはそうは思っていませんが、仮に、です。アファーマティブ・アクションがそうした過去の不正義を是正する方法であることを示すエビデンスは、何かご存知でしょうか？

S　氏　エビデンスは今は出せません。アファーマティブ・アクションが正しい理由というのは、……。

ボゴジアン　なるほど、エビデンスは何もおもちではないと。そうすると、あなたはエビデンスが何もないような考え〔の正当性〕について完璧な自信があるということになりますね。

S　氏　ちゃんと私の話を聞いてください。

ボゴジアン　聞いてますよ。ただ、エビデンスが何もない事柄について、どうしたらそうも強く信じられるのか、分かろうとしているのです。あなたはアフリカ系アメリカ人が〔保守派のアフリカ系アメリカ人である〕クラレンス・トーマス[訳注2]についてよく思っているとお考えでしょうか？　彼が最高裁判事でよかったと思いますか？　それとも、アフリカ系アメリカ人にとってはリベラルな白人男性が判事になったほうがマシですか？

S　氏　ああ、（ここで罵りの言葉が混ざる）鬱陶しいですね。本当に。それで教員が務まるなんて信じられません。

ボゴジアン　そう思われるとは残念です。あなたが自分の考えをもう少しまともに擁護できる人

訳注2　アフリカ系アメリカ人の合衆国最高裁判所の陪席判事。保守的な思想の持ち主として知られており、アファーマティブ・アクションは違憲だという見解を表明している。

であったならば、簡単な質問を聞いているだけの〔私のような〕人にうんざりすることもなかったでしょうに。

S　氏　いい、あなた、学生に何を教えているんですか？

ボゴジアン　あなたは私の学生ではないですよね。それからそんなに怒らないでください。

S　氏　最低ですね。もう何も話すことはありません。

彼女は正しい。ボゴジアンは彼女の話を聞いていないし、彼女を苛つかせることばかり言う、最低なやつだった。この短いやりとりの中でも、彼は彼女の言いかけていることを遮ってしまっているし、彼女の言ったことに対して「でも《バット》」という言葉で応じており（この点がこの中では一番ましなものだといっていいかもしれない）、論点をずらしているし、彼女の質問にも答えていない。彼は議論に勝つこと、それから知的に恥をかかせることだけに集中してしまっていて、その結果、会話を台無しにし、この先にあったかもしれない生産的なやりとりへのドアを閉ざしてしまっている。S氏は会話を自分から切り上げたわけだが、もっと早くそうするべきだっただろう。宗教、政治、価値についての考えが著しく異なる人との会話というものは、いつでも困難なものだ。この意味でボゴジアンとS氏との会話がスムーズにいく見込みはそもそも薄かった。ただ、だからといってこうまでこじれなくてもよかったはずだ。著しく異なった見解をもつ人と会話をするのにも、よいやり方と悪いやり方とがある。そして、よりよいアプローチはただ想像できるというだけでなく、実際に実現できるものなのである。私たちを取り巻く文化的な環境はひどく二極化していて、その分断を超えて生産的に会話をすることはさらにずっと難しくなっている。

ボゴジアンとS氏の会話からほぼ20年経った現在にいたるまで、私たちの会話の空間は壊れつづけていて、全く異なる見解をもつ人とともに話をすることはよりいっそう困難になっている。罵りと悪意は終わりがないように見える。リベラルvs.保守、[原注1] 宗教を信じる人vs.無神論者、〔米国の〕民主党支持者vs.共和党支持者、このセクトvs.あのセクト、アイデンティティを共有するグループvs.別の――あるいはすべての――グループ、怒りに満ちた反動的な過激派vs.疲弊してまごついている中央、といったように。

ここでは挙げられなかったものもあるが、このような多数の分断を乗り越え、どうにか互いに話をしようと様々な人がもがいている。どちらの側につくかの選択が迫られ、戦線が引かれる。こうした空間において、「逆の立場」の人とどう話せばいいのかを知っている人は少ない。多くの人にとっては、信じている事柄が全く違う人はもはや自身の存在に対する脅威だとみなされるのである。つまり、そこにいるだけで他の全員の存在そのものを脅かすというのである。夕食を囲んだ家族の会話での意見の不一致の対処法も知らないというのに、ただの知り合いとソーシャルメディア上で白熱した議論を私たちはしているのである。多くの人は、揉めそうな会話から身を離すことによって対処しようとする。それ自体は構わない。そうしたほうがいい状況だってあるだろう。しかしながら、それはその場しのぎの解決法にしかならない。困難な――不可能にすら見える――会話をする方法を知ることも不可欠なはずだ。

不可能な会話とは何か？

「不可能な会話」というときにここで意味しているのは、考え、信念、倫理観、政治観、ないし世界観に関して、橋渡ししがたいような不一致が〔対話者の間に〕あるように思われ、無益で非生産的だと感じてしまうような会話のことである。念頭にあるのは、相手があなたと全く会話もしたくないというような状況でのやりとりのことではない。相手が暴力的であったり脅してくるような、あるいは断固として話そうとも話を聞こうともしないといったような極端な例も、「不可能な会話」で意味するものではない。相手があなたと話すことを拒絶しているのであれば、そこに持たれるべき会話などない。話そうとしない相手に会話を強いる方法を教えてくれる本など書きようがない。ただし、ここで書いたような状況は、例外的な事例だといってよいだろう。多くのトピックについて、多くの人は多くの場合、付き合ってくれるものだ。

根本的に異なった考えをもつ人と生産的な議論をすることはきわめて難しい。しかし、字義通りに不可能であるのは周縁の例外的な場合に限られる。たいていの場合、ある考えにコミットしていればしているほど、その考えを誰かに話したくなるものである。そういう場合で難しいのは、話してもらうことではない。あなた「とともに話す」のではなく、あなた「に向かって演説する」ことになってしまうがために、もちつもたれつの関係をもつことが絶望的に見えることにある。そういうとき、あなたは考えを注ぎ込むための容器のようなものか、はたまた討論して打ち負かす対戦相手のようなものにすぎないのだと見なされてしまっているのである。

『話が通じない相手と話をする方法』が伝えようとしているのは、あなたと話すこと自体は厭わない相手と、一見不可能にみえるような相手・会話であっても、会話をもつための方法である。相手は怒っているかもしれない。あるいは、政治的な立場の違いはあまりに溝が深く、節度のある議論は不可能に感じるかもしれない。だが、もしその人があなたと会話する気があるのであれば、相手が極論の持ち主であろうと、狂信者であろうと、あるいは頑強な愛国主義者であろうとにかかわらず、この本が教える方法を用いれば、彼らと効果的にコミュニケーションを取ることができるようになる。

もちろん、見解の異なる人との会話をいっそ避けてしまったほうが簡単ではある。ただ、避けるという一手はいつでも取れるとは限らない。相手が向こうから寄ってくるかもしれない。家族や友人との会話であっても宗教や政治の話に「閉じこめられて」しまうこともあるだろう。それに、あなたにとっても、放ってはおけない重要な話題というのもあるだろう。そういう状況に置かれたときに、切り抜ける方法を知っているのと知らないのとでは大違いだ。そういう会話を、たとえ熱くなったとしても、うまくさばく力を、この本で授けたい。そう、あなたのもつ選択肢を増やすのだ。

不可能な会話はなぜ起こるのか？

要するに、『話が通じない相手と話をする方法』は異なる考えをもつ人と話すスキルについての本である。人々が信じていることは重要だし、あなたが信じる事柄も重要だ。もし今寒いとあなたが信じているなら、ジャケットを着たくなるだろう。なぜならそうすれば暖かくなるとあなたが信じているからだ。これは、倫理や政治に関わる信念・信条だろうと同じことである。仮に、外国からの侵略者たちが私たちの仕事を盗み取っていて、同胞をレイプし殺人してまわっているとあなたが信じているのであれば、国境を封鎖し安全を守ってくれると約束してくれる強い男に投票するだろう（もし政敵が国境の開放を求めているのだと信じているのであればなおさらだ）。仮に、ファシストはいたるところにいて、今にも政府転覆を目論んでいるとあなたが信じているのだとしたら、「ナチを殴れ《パンチング・ナチス》」[訳注3]〔ミームの支持者〕のような暴力をも辞さない人たちによる嘆願に共感することだろう。考え・信念は重要である。なぜなら、人々は考えにもとづいて行動するからである——その考えが真なのかどうかは無関係に（そして、正しい考えをもつよりも間違った考えをもつことのほうがはるかに容易である）。

考えは変化することもある。そしてその変え方にはよいやり方と悪いやり方とがある。会話はいいやり方の一つだ。強制・暴力は悪いやり方の一つで、それがなぜ悪いかの理由はわざわざ言わなくていいと思うが、そもそも全くもって効果的ではない。苛つくとしばしば、相手の顔面を殴りたい気分になる人もいるだろうが、自分を憎む相手から暴力を振るわれて考えを変える人はまずいない。ほとんどすべての場合、人の考えと向き合う最善の方法は、開かれた会話である。なぜかといえば、会話とはそもそも誰かと一緒に行うものなのであり（〔会話を意味する英単語〕「conversation」の接頭語「con-」は、ラテン語で「ともに《ウィズ》」を示す語根に由来する）、異なる考えどうしの間に差しはさまれる、穏当で効果的な介入になりうるものなのであるからだ。会話とは本質的に／そのなりたちからして、協力的なものなのだ。そして、自身の信じていることを再考し、その結果、ときには行動や投票先〔政治的スタンス〕を変える機会を与えてくれる。もっとはっきり言おう。会話によって得られるのは、あなたが自らの信じる事柄を再考し、あなたがいかに行動・投票するかを見直す機会なのである。

何ができるのか？

こうして蔓延する社会の機能不全に対して、私たちが提案するのは、不可能な会話をもつことを、習得すべきスキルであり、真剣に考慮されるべき習慣としてとらえること、これである。自分の意見を表明することを不安に思わないこと。意見の不一致を恐れないこと。質問することをためらわないこと。他者と意味のある真剣なやりとりをし、道徳的な立場の違いを乗り越えることによって得られる政治的資本、友情、洞察、知的誠実さがあるということに、人々は徐々にだが気づき始めている。あなたもこの革命に加わることができるのだ。参加するために必要なのは、会話相手を防衛的にすることなく、むしろもともとの考えに固執しないように支援し、人々と生産的にやりとり

訳注3　２０１７年１月に白人至上主義者のリチャード・スペンサーが街頭でインタビューに答えていたところ、突如現れた覆面の人物に顔面を殴られた。その様子を収めた映像がネット上にアップされたところ、スペンサーに批判的な人々がそれを茶化す動画を作ったり、「ナチス（のような邪悪な思想の持ち主）を殴ることは倫理的な行為か？」についての議論が活発に行われるなどした。

する方法を知ることだけである。この参加要件は、この本で紹介しているような、実績のあるエビデンスにもとづいたテクニックを使えば満たすことができる。

　この本全体を通して、説教合戦になってしまいがちな状況においても、生産的な対話を作る方法を説明していく。「耳を傾け、信じよ《リッスン・アンド・ビリーヴ》」[訳注4]という要請は、耳を傾け、理解し、そして徐々に疑いをもたせよという方針にほとんど常に置き換えることができる。熱狂的な信者、犯罪者、狂信者、ありとあらゆる極論の持ち主と数え切れない会話をもってきた私たちだから分かることなのだ。〔著者の一人〕ボゴジアンは博士課程での研究はオレゴン州立刑務所システムで実施したもので、犯罪者たちと、人生の最も難しい問いについて話し、そしてそこで用いたテクニックを、宗教について強硬な意見をもつ人々との何千時間もの会話を通じて確立してきた。〔もう一人の著者〕リンゼイは、政治、倫理、宗教について著しく異なった見解をもつ人々を相手に、長時間・長期間にわたる会話を重ねることで、本や論文のアイデアを練り上げてきた。この本は、我々二人の長期間の研究と、揺るがぬ信念をもつと公言しているような人々との生涯にわたる会話経験の集大成なのである。

　分断が著しく進んだ私たちの社会――ソーシャルメディアという革命が起きたあとの経済から突きつけられる、どんどん大きくなる要求とも付き合わねばならないこともある――では、不可能な会話はもはや避けられない。目標は、そうなると、会話をどうにか避けようと願うことでも、異論が突き付けられたときにこそこそ陰に逃げ込むのではなく、むしろそれを好機として利用できるようになる、ということになる。相手の話を聞き、そして自分の話を聞いてもらうためにすべきことを学ぶこと。立ちあがれ。声をあげよ。ただし、賢くやろう。『話が通じない相手と話をする方法』

は、私たちの言論空間を荒廃させる、臆病や無礼、恐れ、疑念といった問題に対する解決法を提供するはずだ。

この本で学べることと、この本の使い方

『話が通じない相手と話をする方法』は、合わせて36のテクニックを紹介する。これらは、応用認識論、人質交渉、脱洗脳、心理学の諸領域など、様々な分野から得られた、最良かつ最も効果があると認められた研究にもとづいている。本書の構成は単純で、各章は実践難易度の順に並んでいる。入門（第2章）、初級（第3章）、中級（第4章）、上級（第5章）、超上級（第6章）、達人（第7章）という順だ。テクニックのうちのいくつかは、他人の認知に介入して、疑念を植えつけ、そして信念の再考に向かうことを手助けするものである。また、真理を探求するためのテクニックもいくつか紹介する。〔本書で登場するテクニックのうち〕いくつかはただの常識的アドバイスだといってもいい。これらのテクニックやアドバイスに共通しているのは、なにを目的に会話するのかを問わず、どれも政治、倫理、社会一般に関する世界観が根本的に異なるような人々と会話ができるようになる力を授けてくれる、という点である。

訳注4　カナダ系アメリカ人のラディカル・フェミニストであるアニータ・サーキージアンが講演で用いたフレーズ。女性が経験する性差別についての訴えは軽んじられるべきではなく、「耳を傾け、信じ」られるべきだと聴衆に呼びかけた。

会話でそのまま使える質問やテンプレートは、実用的で平易なものになるよう努めた。そこに余分な要素はいっさいない。深い断絶を乗り越える効果的な会話のために、すぐそのまま使えるようなものだけを厳選した。そして、もし〔元ネタになっている〕文献にあたってみたくなったら、詳細な原注を参照すれば関連する研究が引用してある。ただ、それら〔を確認すること〕は会話の成功のためには必ずしも必要というわけではない。注は読まなくても〔会話のスキルは〕向上できるけれども、もしもなぜここで紹介したテクニックが効果的なのかについて、より詳しい説明が気になるのであれば、覗いてみるのも悪くないだろう。

多くの節では、実際の会話から採ったスケッチを取り入れているから、新しく学んだスキルやテクニックを議論に組み込む方法も自ずと分かるようになっている。不自然だったりわざとらしかったり、あるいは押し売りをされているような印象を与えることはないはずだ。いくつかの節には、著者たちが実生活で失敗してしまったエピソードも入れてある。こういった失敗談を紹介するのも、ここで紹介するテクニックをそのとき知っていればどれだけよかっただろうということを示したい一心からだ。

著者の私たちからの読み方のアドバイスは、次の章に移る前に、それぞれの章にじっくり時間をかけてほしいということだ。後半の発展的な章は前半の章で扱った基礎の上に成り立っている。なので、私たち著者としては、飛ばしたりしないで順番に読むことを強く勧める。この本『話が通じない相手と話をする方法』を最大限に活かすには、次の章に向かう前に、学んだばかりのテクニックを、実際の対面での会話で練習してほしい。これを章ごとにやる。とくに第2章と第3章では、この助言は守ってほしい。当然のごとく完全に修得済だと言いたくなるような内容かもしれないが、それでも、その後でのより発展的なテクニックや戦略、アプローチには、絶対に欠かせないような必須の道具がそこには含まれているからだ。

最後に一言。私たちの生きる時代ではますます、効果的な、党派を超えた対話への関心が高まっている。論争的な話題については話すことができず、自分の意見を言おうものならいつも薄氷を踏む思いをしなければいけないことに、みなうんざりしている。この本は、そういうのはもうこりごりだという人のために書かれた。誹謗中傷はもううんざりだ。検閲はもううんざりだ。敵意・憎悪はもううんざりだ。本書は、〔そんな〕あなたの会話の手綱をあなた自身でとるために必要な道具ひと揃いを提供している。ここであなたが学ぶのは、他人の思考に介入し、考えを改めることを勧める方法だけではない。ともに真実がどこにあるのかを探る方法も学ぶ。強硬論者が相手であっても、イデオローグ〔特定のイデオロギーに染まりきっている人〕が相手でも使えるやり方である。敬意を保ったままで、あなたを勇気づけ、そして凝り固まった考えを変えることすらできる会話、それは可能なのだ――たとえ、深い断絶があったとしても。では早速、そのために使える道具を見ていこう。

第2章　入門：よい会話のための7つの基礎

——通りすがりの他人から囚人まで、誰とでも会話する方法

#1　目標
なぜその人と会話するのか？

#2　パートナーシップ
パートナーであれ、敵になるな。

#3　ラポール
よい関係を築き、保つこと。

#4　傾聴
聞くのは長く、話すのは短く。

#5　伝令はむしろ撃て〔口をつぐむこと〕
持論を一方的に伝えようとしないこと。

#6　意図
人は想定よりも善良な意図をもっているということ。

#7　引き際を見極めること
会話相手のコンフォート・ゾーン[訳注1]から無理に出ようとしないこと。

首脳会談では真面目な話しかなされないと思われているかもしれないが、実際の会話はしばしば、天気の話題や、「そのネクタイいいですね」といった言葉で始まるものだ。

——マデレーン・オルブライト[訳注2]

あらゆるものには基礎がある。例外はない。例えば、あなたがバレエの複雑な動作をできるのであれば、それはバレエという技術の基本要素をきちんと分かっているからだ。あらゆる熟練というものは基礎の上に成り立っているというわけだ。

節度のある効果的な会話ができるというのは、立派な技術の一つだ。技術を習得するには知識と練習が必要であり、習得するのも基礎的な原則から順に始めなければならない。後にそれら原則がきちんと定着すれば、使うときにいちいち考えずに済むようになるだろう。自然に出てくるようになる。しかし原則なしで臨めば、揉め事が頻繁に起き、会話は脱線し、人間関係にひびが入ることになる。

節度のある議論のための基礎となる要素のほとんどは、実質的な対立がある議論については特にそうなのだが、次の一言に集約できる——「会話相手をパートナーにせよ、敵にはするな」。これを達成するために必要なのは、あなた自身が会話から何を得たいのかをあらかじめはっきりさせておくこと、相手の意図について思いやり《チャリティ》のある前提を持つこと、相手の話を聞くこと、そして双方向的なやりとりを目指すこと（自分のメッセージを一方的に届けるのではなく）、これらである。

傾聴できるようになることは、効果的な会話におけるもちつもたれつのやりとりの最初の一歩だ。頭に浮かんだことをすべて言いたくなる衝動を克服することも必要となる。そして最後に、きれいに会話を切り上げる方法も学ばなければならない。

この章では、よい会話のための7つの基礎を学んでいく。すなわち、会話の目標を特定すること、パートナーシップを育むこと、ラポールを築くこと、相手の話を聞くこと、「自分の口をつぐむこと」（つまり、持論の正しさを伝えようとしないこと）、相手の意図はたいていの場合に想定よりも善良であることを頭に入れておくこと、そして会話から立ち去るべきときを知ること、これら七つである。

この章で扱う基礎を習得するだけでも、あなたの会話の質は劇的に向上することうけあいだ。どんな人が相手だとしてもだ。この章の内容を抜きにしては、後に学ぶことになる他のスキルが必要とする基礎を抜かしてしまうことになり、それらも効果的とはほど遠いものになるだろう。なので下記では、七つの基礎を最も理に適った順番で紹介していく。

訳注1　心理的・身体的なストレス・苦痛がなく、快適に過ごすことができる空間・範囲。

訳注2　米国の女性政治家（生まれはチェコスロバキア）。第64代アメリカ合衆国国務長官。邦訳された著書に次がある。白川貴子、高取芳彦訳『ファシズム――警告の書』（みすず書房、２０２０年）。

#1 目標

目的は何か？

会話を始める理由は実に様々だ。ただ話して相手と繋がりを持ちたいというだけのこともしばしばあるが、より実用的な目標が置かれていることもある。例えば次のようなものがある。

- 共通理解を得るため（双方が互いの立場を理解したいと望むが、必ずしも合意に至ろうとはしていない場合）
- お互いから何かを学ぶため（相手がどのようにしてその結論に達したのかを理解する）
- 真理を探るため（何が真実なのかを協力して見出したり、誤った考えを正す）
- 介入するため（相手の考えや、その考えを形成するに至った方法を変えようとする）
- 印象づけるため（双方は会話のパートナーか、あるいは会話を見ている第三者に自身を印象づけようとする）
- 強制に屈してしまったためやむを得ず（相手と話すことを強制されたような場合）

どの場合でも、まず会話の目標を特定することができれば先行きは明るい。「なぜこの議論をするのか？　目標は何なのか？　自分はどうしたいのか？」こう自問してみよう。あなたの答えは上で挙げた〔実用的な目標の〕例のどれかかもしれないし、はたまたもっと軽い、友好的で感じのいい会話がしたいだけということもあるだろう。

目標は一つに限らなくていいし、確固たる目標がなくても、また会話の途中で目標を変えても構わない。そういうことは全く構わないのだが、議論を始めるときには自分の目的をあなた自身ではっきり分かっておく必要がある。[原注1] 真理を探求したいのか、それとも誰かが持論を再考する手助けとしたいのか、まずは自問してみよう。両方、ということもあるだろうし、どちらかをどちらかより重視するということもあるだろう。まず自身の目標を把握し、それを達成するのに最も有用な会話のテクニックを使おう。

#2 パートナーシップ

１９７０年代に、ボゴジアンのメンター[訳注3]でもあったポートランド州立大学の心理学教授フランク・ウェスレー博士は、朝鮮戦争中にアメリカ人捕虜のうち北朝鮮に亡命した者がいたのはなぜかを調査した。彼の研究によれば、亡命者のほぼ全員が、ある一つの訓練所の出身者だった。そこでは訓練の一貫として、北朝鮮人は残忍で冷酷な野蛮人であり、アメリカを軽蔑し、一心不乱にアメリカの破滅を目論んでいると教えられていた。しかしこの捕虜たちが捕獲者〔である北朝鮮人〕の親切

訳注３　制度的あるいは非制度的な相談役として、職業的・個人的な助言を行う人物。米国の大学院においては、指導教員に当たる役割を担う人物を指すことが多い。なお、ボゴジアンの博士論文の審査委員会にウェスレーは含まれていない。

さに触れたとき、訓練所での洗脳が解けたのである。彼らが亡命する割合は、北朝鮮人について何も聞かされていなかったり、中立的な説明のみ受けていた捕虜よりもずっと大きなものだった。

会話のパートナー

他者の考えを変える、人々に影響を与える、人間関係を築く、友情を保つ——これらを達成するには、親切さ、思いやり、共感、尊厳・尊敬をもった言葉遣い、そしてこれらの配慮のすべてを心理的に安全な環境で発揮することが必要である。[原注2] 話をよく聞き、親切で、丁寧な言葉遣いをし、敬意を見せてくれる人に対しては、こちらも好意的に応答するというのは、誰にとっても自然なことだろう。相手を持論に固執させ、不和を引き起こし、不信の種を蒔くための手堅い方法は、敵対的な関係と安全が脅かされるような環境を用意することである。意地悪で人を雑に扱う上に、話を聞く耳を持たず敬意を欠くような人は、嫌われて当然だろう。あなた自身の人生を振り返ってみれば、そういう人物の例を間違いなく思い出せるはずだ。

幸いにして、信頼にもとづいた安全なコミュニケーション関係を築き衝突を避けることは、かなり容易だ。[原注3] こうすればいい。自分を相手にとっての会話のパートナーだとみなすのだ。つまり、相手と自分は、実りのある会話をするために協働しているのだとみなすのである。というのも、実際にあなたと会話の相手は実りある会話をする会話のパートナーなのだから。会話をパートナーシップという観点から捉えることは、会話を品性あるものにし、関係を破壊するのではなく構築するための、大きな一歩である。それに、このスタンスを採用することは、〔重要なだけでなく〕驚くほど簡単でもあるのだ。

勝つことから理解することへ

問い：相手を対立している人、道徳・倫理的に堕落した人物、あるいは敵対者だと思っている状態から、価値あるパートナー・協力者として見るようになるためには、どうすればいいか？

答え：会話の目標を勝つことから理解することへシフトすればよい。

会話のパートナーの思考を理解することを、(第一の)目標に据えよう。[原注4] 敵対的な考え(衝突、争い、言い争い、討論、からかい、そして勝とうという考えそれ自体)は棄てて、協力的な考え(協働、パートナーシップ、傾聴、そして学習)を受け入れよう。[原注5]「この人は敵で、私の言うことを分からせてやらねばならない」という構えから、「この人は会話のパートナーであり、彼からは学ぶことがある——彼がどのような経緯で今現在の考えを抱くに至ったのかを正確に理解すること、これが成果としてまず得られるだろう」という発想へとシフトしよう。

そうは言っても、次のように思う人もいるかも知れない。「色んな人をパートナーにして話せるけれども、人種差別主義者《レイシスト》とだけは無理！」というように。ところがそれは、無理ではないのだ。[原注6]

黒人のミュージシャン、ダリル・デイヴィスがＫＫＫ[訳注4]のメンバーと節度のある会話をし、その相手を脱退させることができたのだから（実際に彼はそれをやったのだ。KKKの元メンバーたちが手放した白装束でデイヴィスのクローゼットはパンパンだ）、他ならぬあなたも人種差別主義者と、いやどのような考えの体系を持つどんな人とでも話せるはずだし、彼らがなぜそのようなことを信じているのかを知ることもできる。[原注7]

一見不可能に見える会話であっても実は可能であることに気づくための鍵は、議論というものは会話の当事者の双方が自然と何かを学べる環境だと気づくことにある。個人を節度のある対話でのパートナーとして扱うことは、相手の結論を受け入れたり議論の筋を認めることを意味しない。[原注8]（教養がある証としてよく言われるのは、ある意見を必ずしも受け入れることなく理解できる能力にあるという。[原注9]）つまり、人と一緒に考えるということは、相手がどういう事柄を信じているかを理解するためだけでなく、どうしてその人がそう信じるに至ったのかを理解することを目的としている、ということだ。その過程で、相手もあなたの理路を理解してくれるようになるかもしれない。あるいは、相手の考え方のほうが誤っていることが分かるかもしれないし、もしかしたらあなたのほうが誤った考えを抱いていたと気づくかもしれない。[原注10]会話のパートナーシップというものは、賛成か反対かで決まるわけではない。節度、寛容、そして相互理解こそが重要なのである。[原注11]

最悪の場合、心底聞くにたえないことを聞き続けなければならないこともある。そんなときは、忌まわしい考えを人が持つのはなぜかについてよりよい理解を得た上で、あなたはその会話から立ち去るだろう。とはいっても、多くの場合は、居心地のいい会話の環境を育み、人間関係を築き、相手が用いる同種の議論をよりよく理解し対処できるようになるし、それにあなた自身の思考を変

えることにもなるかもしれない。[原注12]

もちろん、落とし穴もある。他人の振る舞いをコントロールすることはできっこない。あなたがコントロールできるのは自分自身だけである。だから、あなたのほうが最初に会話のパートナーの考えを理解しようとする必要がある——たとえ相手がこちらのことを分かろうとする気がなかったとしてもだ。それから、パートナーシップを構築・維持するためにこちらから積極的に動く必要もあるし、またそれが不可能になったときは会話を切り上げ立ち去る用意もできていなければならない。次章以後にて、この点についてはもっと詳しく見ていくことにしよう。

パートナーシップの形成方法

実際に会話をうまく運ぶための要点は、次の三つにまとめられる。

1　会話でのあなたの目標が「共同作業」と「理解」であることをはっきりさせること。[原注13]
ここで使えるフレーズがこれだ。「あなたがどうやってその結論に至ったのか是非知りたいです。一緒に考えられたら幸いです」。

2　パートナーが余裕を持てるようにすること。相手が会話の誘いを断ったり、質問に答えなかっ

訳注4　19世紀に米国で創設された白人至上主義を掲げる秘密結社クー・クラックス・クランの略称。

たり、いつでも会話をやめられるように。

安心して会話を始める準備ができていない相手に無理強いしないこと。[原注14]

3 「どうしてこの人はこんなことを信じるようになったのだろうか？」と、相手ではなく自分自身に問うこと。それも誠実に、不信感ではなく好奇心にもとづいて。

あなたがこの問いに答えようとしている限り、会話は本題から外れず、攻撃的な雰囲気を避けられる確率はぐっと上がるだろう。

#3 ラポール

アンソニー・マグナボスコ（以下、AM）は、いってみれば路上の認識論者だ。[原注15] 路上の認識論者とは、ソクラテスで有名な問答法その他の様々な会話の手法を用いて、人々が自分が知っていると考えている事柄をどうやって知るに至ったか再考する手助けをする人のことをいう。[原注16]

マグナボスコとケリー（以下、K）が出会ったのは、ケリーがハイキングから帰ってきたときだった。会話が始まるとすぐに、マグナボスコはラポールを築いている。つまりマグナボスコはケリーとまずは心を通わせ、会話を心地よく感じられるように配慮してから、彼女の神に対する信仰心について話題にしている。[原注17]

ＡＭ　おはようございます！　調子はいかがですか？　ちょっと5分ほどお話できる時間ってあ

りますか？

K　はい、もちろん大丈夫ですよ！

AM　よかった、どうもありがとうございます。そしてこの会話をライブ中継・録画してもいいですか？

K　いいですよ。それで何についてのお話ですか？

AM　素晴らしい質問ですね……。

K　（笑）

AM　知らない人と五分間しゃべって……。

K　はいはい……。

AM　――何を考え、どうしてそのように考えるのかを知ろうというわけです。

K　［明るく］いいですね！

AM　普通に楽しいんですよ。

K　なるほど！

AM　ええ、ありがとうございます。

K　サングラスは取った方がいいですか？

AM　どちらでも大丈夫ですよ。あなたが心地よく感じられることが大事ですから。

K　分かりました。［サングラスを外す］

AM　下の名前を教えてもらえますか？

K　ケリーです。
AM　私はアンソニーです。［握手のために手を差し出す］
K　はじめまして。
AM　はい、こちらこそはじめまして！　名前はどうやって綴るのですか？
K　K─A─R─Iです。
AM　わかりました……［撮影ノートに彼女の名前をメモする］この辺りにはよくハイキングで来るんですか？
K　そうですね。
AM　素晴らしい！　私も何回か来たことがあります。ただ普段は子どもと一緒なので、自分のペースでは歩けませんね。
K　そうそう！　私もいつもは子どもたちと一緒ですね。
AM　同じですね！　子どもと一緒だとゆっくりになっちゃって。
K　ですよね。
AM　それじゃ今日は相当速く歩いてきた感じですか……？
K　実は、一人でここに来るのはこれが初めてなんです。いつもより速いペースで登れて楽しかったです。
AM　いいですね。よかった、よかった！

ここまででおよそ2分ほど話したことになる。この2分間を使ってマグナボスコが十分にラポールを形成したおかげで、ケリーは知らない人と個人的な信仰について安心して話せる状態になっている。彼はその後でようやく、神について彼女がどう思うのかという話題に移行した。

親近感、心地よさ、信頼

ラポールとは親近感の一種だ。ラポールを会話のパートナーとの間に築くことができれば、相手に親しみを覚えるようになる。その親しみの感覚があれば、双方ともに心地よさを感じ、気が合い、互いに共感し、信頼関係を築くことができる。シンプルで友好的な雑談において最も重要な要素とは、分断をもたらすような話題を避け、人々を結びつけることである。そうした態度から生み出される親近感という魔法こそが、〔そのあと進めたい〕目的のある会話にとっても不可欠なのである。会話とはすなわちパートナーシップなのだ、という見方ができさえすれば、それだけでよい会話ができるも同然であり、その上で実際に友好的な雰囲気を作り、そして維持することができれば、状況はさらに良くなる。個人個人の立場が違えば違うほど、ラポールを築き維持することの重要度は高まる。[原注18] もっと言えば、「関係が深まれば深まるほど、［あなたの対話相手］は自分の立場を守ろうとむきにならなくなるし、提案に対してよりオープンな姿勢を取るようになっていく[原注19]」。

ラポールを築くためには、誠実な質問をするように心がけよう（つまり、本当に答えを知りたいと思うような質問をすべきで、議論上の戦略としての質問を発してはならない）。見知らぬ相手なら、映画や音楽について、あるいは共通の友人とはどうやって知り合ったのか等の話題が、ラポールを形成するための初手としてふさわしいだろう。もし相手のことをすでに知っているのであれば、少し時間を割いて近況について話してみよう。子どもや親は元気か、新居はどうか、といった話題だ。通常、文脈にもよるが、会話の最初にラポールを築くには数分しか要さないものだ。[原注20]

すでにラポールが出来上がっているのであれば、友人と接するときのように、議論に勝つことやうまいことを言おうとすることよりも友好的な関係を保つことを優先するはずだ。友人であればそうでない赤の他人よりは聞く耳を持つものだし、こちらの考えを真剣に吟味してくれるだろう。しかし、それよりもはるかに重要なことは、彼らがあなたの友人であるという事実である。出来上がったラポールはじっくり育て、大事にし、壊れないように気をつけよう。これは、友人の意見には反対すべきでないという意味ではない。むしろ話は逆で、不同意が友情をさらに強いものにすることもありうる。ただ覚えておくべきは、まずは友人であれ、ということだ。揉めそうな話題に移る前に、ラポール形成の段階を楽しむために時間を割くこと。そして、あくまで友人として雑談し、目標のある会話は一先ずおいて、友情に集中することを忘れないこと！

ラポール形成の方法

さて、ラポールを構築するための具体的な方法を見ていこう。赤の他人に対しても友人に対しても使えるものだ。

1　ラポールはただちに形成すること。

いきなり本題に入らないこと。特に、論争的なテーマの場合はそうだ。

2　知らない人に対しては、次のような使いやすいとっかかりの質問でラポール形成を始めること。

- 「こんにちは。Xと申します。お元気ですか?」
- 「はじめまして。私はXです。お名前伺ってもよろしいですか?」
- 「ここに来るのは初めてなんです。この場所のことはどこで見つけたんですか?」

b　こういったアイスブレイクのための質問のあと、ただちにラポール形成のための質問で相手の動機や関心を探ろう。

- 「それが重要だとお考えになる理由を、もう少し伺ってもよいですか?[原注21]」
- 「そのことに興味を持ったきっかけは何ですか?」
- 「休みのときはどんなことをして過ごしますか?　何か情熱を注いでいることはありますか?」(「普段お仕事は何をされてますか?」とは聞いてはならない。それでその人の真の関心事が分かることはほぼない。[原注22])
- 「なんとお呼びすればよいですか?[原注23]」

- 「それについてはどこで知ったんですか?[原注24]」

3　共通の土台を見つけること。

会話のパートナーとあなたの間には、数え切れないほどの共通点があるはずだ。[原注25] 例えば、どちらも柔術をやっている、寿司が好き、タトゥーがある、SFファン、もうすぐ子どもが生まれる、近所に住んでいる、政治的な問題意識が高い、等々。もし会話が熱くなってしまったときには、こういった共通点があったことを思い出すことだ。

サイコパスを除いて誰にでもにあてはまる共通点の一つに、〈何であれ〉善きものを求めようとする感情がある。あなたも会話のパートナーも、自分自身や友人、所属するコミュニティが最も善い状態になることを望むはずだ。最善の結果がどのような様相をしているかについては意見がわかれるかもしれないが、より善く生きること〈という目的〉は根本的な共通点の一つであるはずだ。

4　パラレル・トークをしないこと。

パラレル・トークとは、誰かがが言ったことをあなた自身やあなたの経験に引きつけて語ってしまうことである。例えば、誰かがキューバから戻ったところだということを話しているときに、あなたがキューバに行ったときのことを話し始めてはならない。その人がキューバで経験したことに耳を傾けよう。人の話を自分の話にしてはいけない。パラレル・トークはラポールを壊してしまう。

5　関係形成に精力を注ぐこと。政治的な見解は脇に置いておく。

友情から信頼やオープン・マインドが醸成され、それが分断の間に架かる橋のように作用する。次の格言を思い出そう。「あなたがどれだけものを知っているかなど誰も気にかけない、あなたがどれだけ気にかける人なのか分かるまでは」。３章でより詳しく論じるが、この言葉で言われているのは、会話のパートナーのことを、そして会話のパートナーが気にかける色々なことを、あなたが気にかけているかであって、あなた自身の政治的・道徳的なこだわりについてではない。

6　中身のある会話を始めるのは、そのために時間を割きたいと思うときだけにすること。

　焦ってはいけないし、「当て逃げ」のようなこともやめよう。他人の考えに深く関わる時間がないなら、できるときがくるまで取っておこう。会話で無理強いをしたり急かしたりすると、ラポールが損なわれてしまう。[原注26] もし時間が限られているのならば、そのときはラポール形成や近況報告のための時間にあてよう。

7　他のことも話せるようにしておくこと。

　伯父が宗教や政治の話から離れないので親戚の集まりが台無しになった——こういう経験はあなたにもあるはずだ。その伯父さんのようになってはいけない。会話が泥試合のようになってきたら、よりカジュアルな別の話題に切り換えられるように準備をしておこう。会話が揉めそうな話題から一度離れたら、それを蒸し返すような人になってはならない。話題を強要してしまうとラポールは壊れてしまう。

8　コール・アウトは避けること。深刻な違反行為があったときを除いて。

　コール・アウトとは、誰かが倫理的に一線を踏み越えたときに、そのことを即座にかつ棘のある言い方で当人に伝えることで、恥をかかせようとすることである。コール・アウトの後にはしばしば倫理的な指図が続く。「○○をすべきだ」とか「○○はすべきではない」といったように。コール・アウトすること、とりわけ相手が深く考えを巡らせているときにそうすることは、ラポールを損ねる。

あなたの懸念を表明したいのであれば、もっと繊細な、時機をみたやり方を探ろう。多くの場合、相手は考えを表現するのに最善を尽くした〔結果、不適切な発言をしてしまったのだろう〕。礼を失した発言についてコール・アウトするのではなく、当人が何を言わんとしているのか理解しようと努め、発言の意図は真正なものだったと認めよう、それがどれだけぶっきらぼうなものだったとしても。もちろん、わざと失礼に振る舞ったり口汚い相手には、臆することなく立ちあがって、声をあげ、明確な線引きをする必要がある。そうしないのであれば会話を終えるまでだ。

9

礼儀正しくあること。

「よろしくお願いします」、「ありがとうございます」と言おう。加えて、誰かが反論を述べたり、あなたの意見に同意しないようなときにも、「ご意見いただきありがとうございます」と言おう。[原注27]

#4 傾聴

あなた自身の経験を思い返して、話を聞くことの重要性を考えてみよう。夕食に招待したいのは次のどちらだろうか。「なんでも」知っていて相手を説得しようとするばかりの人か、それとも、親身になってあなたの話に耳を傾け、会話に引き込んでくれ、話を聞いてくれていると感じさせる人だろうか。熟練した聞き手を友人に持つという幸運に恵まれているのならば、どちらを夕食に招待すべきかはすでに明白だろう。人は、話を聞いてもらえると深い満足を感じる。だから、良心と真心をもって話を聞くことによって受けられる見返りは莫大なものなのだ。

話を聞かなければ、相手を理解することはできない。相手を理解することができなければ、会話などというものは存在しない。聞くことは見かけよりもずっと難しい。だから練習が必要である。会話する際には傾聴の態度を中心に臨むよう、できることをやろう。

傾聴スキルをすぐに改善するための最適な練習法

傾聴スキルをすぐに改善するための提案を紹介しよう。

1　「お先にどうぞ」、「いえ、そちらこそどうぞ」。

他の人と同時に話し始めてしまった場合、話し続けてはならない。代わりに、「お先にどうぞ」と言おう。相手に先に言われてしまったら「いいえ、そちらこそどうぞ」と返そう。「大丈夫です、お先にどうぞ」と言って、相手に先に話してもらうことだ。

これはちょうど、一つのドアに他の人と全く同じタイミングで出入りしようとしてしまったときのようなものだ。そんなときに、ドアを目がけて飛び込んではならない。むしろ一歩下がって、お先にどうぞと仕草で示すべきだ。もし相手も同じことをしてきて、先に行ってくださいと仕草で示してきたときも、さらに一歩下がってから通ってくださいとジェスチャーで示すという選択肢があるはずだ。似たようなことは、「かもしれない運転」にも言える。優先通行権をゆずってあげることはいつでも安全なことだが、優先通行権がこちらにあるとみなしても安全なのは、本当に優先通行権があるときだけなのである。

2　相手をしっかり見て、身体をそちらに向けること。

　話を理解できたときには頷いて知らせよう。これは演技であってはならない。誠実に耳を傾けること。１００パーセントの真剣さで向き合うことだ。

3　相手が言いたいことをど忘れしたときにその言葉を伝える場合を除いて、文の途中で話を遮らないこと。

　話を聞くこと。あなたが応答し始めるのは、相手の話をきちんと聞いて、何を言っているのかしっかりと理解してからだ。とにかくまずは聞くこと。もし会話が緊迫してきたときは、聞く割合を増やし、話す割合を減らそう。沈黙を言葉で埋めなくてはと焦ってはならない。待つこと。聞き上手な人と敵対関係になるような人はめったにいない。

4　間《ま》を大事にすること。

　間は人がじっくり考えるための重要な時間だ。焦って沈黙を埋めようとしてはならない。間によって信頼関係やラポールを築くことができるし、相手の理路を理解する時間にもなる。

西洋文化圏では、たとえ一瞬であっても会話での沈黙（「空隙」と呼ばれることもある）に居心地を悪く感じる人が多い。間は、解決されるべき問題ではなく、むしろよい機会だと捉えられるべきだ。乱されることのないひとときの沈黙は、会話の参加者に「省察の機会」をもたらしてくれる。

5 身の回りにある何かで気が散ってしまうことに気づいたら、そのような気分は無視するか、あるいは自分が何によって気が散ってしまっているのかをはっきりと特定すること。

会話のパートナーも同じものによって気が散っているとしたら、そのおかげで共通の絆を形成することもできる。例えば、隣室での白熱した議論で気が散ってしまうなら、「あちらでは会話がかなり盛り上がっているみたいですね。ちょっと気が散ってしまいます。あなたは大丈夫ですか？」とでも言うとよいだろう。

6 もし相手の発言がどういう意味かはっきりしないことがあれば、それを理解するのは自分の責任だと考えること。

議論中に間ができたら、「自分がちゃんと理解できているか自信がありません。説明してくれませんか？」と言おう。次のような言い方はよしたほうがいい。「その見解は不明瞭です」、「意味が分かりません」、それから最悪なのは「あなたは不明瞭ですね」だ。

7 会話のパートナーが恐怖や苛立ち、怒り、憤り、不快感を感じているようであれば、相手が使う特定の語句に注意を払うこと。

恐怖や苛立ちといったものは、感情である。感情を整理する最善の方法の一つで、特に緊迫した会話の中で有効なのは、一刻も早く感情に耳を傾け、その存在を認識することだ。

　感情についての特定の言葉を繰り返し口にしてみよう。例えば、「なるほど。あなたの苛立ちは理解できます[原注28]」。同じ語句を用いてそういった感情を認識することによって、会話における衝突から遠ざかることができる。[原注29] これにより、少なくともあなたが話を聞いていたということは伝わるはずだ。

8 話しかけられているのにぼーっとしていたり別のことに気がとられてしまったときは、相手の目をじっと見て「ごめんなさい。もう一度言ってもらえますか」と伝えること。
　相手の話を聞くことができないほどにひどく気が散ってしまうのであれば、それは会話を切り上げるタイミングだということだろう。

9 たまたま相手と同じタイミングで話し始めてしまい、かつパートナーが話し続ける一方であなたが黙って聴き続けているというような場合、再び話し始めるときに会話がバッティングするきっかけになった語句をまた用いるのはよすこと。
　あなたが誰かと会話していて、その相手と話し始めるタイミングが被ってしまったとしよう。あなたが最後に言いかけの言葉が、「それで彼は私にこう言ったんですよ――」というようなものだったとする。あなたが話す番が再び回ってきたときに、「それで彼は私にこう言ったんですよ――」という〔同じ〕言葉で始めないようにすることだ。そうしてしまうと、その間にパートナーが話したことをなにも聞いていなかったという印象を与えてしまう。会話を再開するときは代わりに、パートナーの話の要点を別の言葉で述べて引き取り、会話の流れを繋げよう。別のやり方としては、先に自分が言おうとしていたことはいったん置いておき、パートナーの話題についていくのもよい。

10　会話中はスマートフォンをいじらないようにすること。
たとえ会話で話題に上がっていることについて調べたくなってもだめだ。

11　「なるほど、分かります《アイ・ヒアー・ユー》」と言うこと。あなたがちゃんと聞いていることを伝えるために。
本気で伝えること。「なるほど、分かります」はシンプルだが効果的だ。

#5 伝令はむしろ撃て〔口をつぐむこと〕

自分の立場を説得的に議論できたと思ったにも拘わらず、相手にすぐさま却下されてしまった、という経験はないだろうか。こういうことがしばしば起きるのはなぜかと言えば、人は〔一方的に、あたかも伝令のように〕メッセージを伝えようとしてしまっており、それを聞いているほうはまさにその伝達されているということ自体を拒絶するからなのだ。誰もお説教などされたくないものだ。

効果的な会話についての研究文献をみれば、メッセージを伝えようとしてもうまくいかないことははっきりしている。[原注30] その理由は、「伝令《メッセンジャー》」は政治的・道徳的な分断を超えて話すことができないどころか、気軽な雑談すらできないからだ——彼らは、ただメッセージを伝えるだけなのである。会話というのはやりとりである。他方で、メッセージは一方通行で運ばれる情報だ。「伝令」はある信念に肩入れした上で、聞く側は自分に耳を傾けた上で最終的にはこちらの議論を受け入れるものだという勘違いをしてしまっている。

メッセージの内容が政治的・道徳的な断絶とは関係のないものだったとしても、きちんと受け止めてもらえることは稀である。１９４０年代に、心理学者のクルト・レヴィンと彼の学生たちが発表した一連の研究は、第２次大戦中の肉不足の対策として、主婦に家庭料理でシビレ（臓物肉）を取り入れるよう促すことがテーマだった。[原注31] 一部の主婦は、シビレを用いることが戦時の協力としてなぜ重要なのかということについての講義を受けた。他の主婦たちは、今でいうフォーカス・グループ[訳注5]のような集団討論に参加し、シビレ活用が重要な理由を自分たちで考え出してもらった。レヴィンの報告によると、理由を自分で考えたグループのうち37パーセントはきちんと指示に従ってシビレを取り入れたのに対して、講義を受けたグループではたったの３パーセントしかそうしなかったというのだ。[原注32]

理由を自分で考えたグループのほうが狙い通りの行動を取る可能性がはるかに高かったのには、たくさんの理由がある（そのうちの一つは、6章#3で詳しく扱うことになる、「オルターキャスティング」である）。理由の一つは、人は〔伝令の口から〕伝達されたメッセージは拒絶するが、自分自身から湧き出てきたと信じている考えは受け入れる傾向にあるということだ。[原注33] あなたの友人で、こちらが持ち出す考えはすべてを否定するが、数日か数週間あけたらそのうちのどれかを「自分で」考えついたというような人はいないだろうか？　いたら、この現象をあなたも直接体験していることになる。

「伝令」が、こちらがもっている強固な信念と矛盾するような、好ましくないニュースや事実を伝えてきたとき、聞く側はつい、その手の歓迎されない情報をもってきた人自身に怒りをぶつけたくなるものだ〔歴史を振り返ってみれば、殺す場合もあった〕。（「伝令は撃つべからず」〔悪い知らせを運んできた人を咎めてはならない〕という諺〔がこのような表現になっていること〕には、それなりの理由があるのだ。[原注34]）こうした反応を避ける最も容易な方法は、そもそも歓迎されないようなメッセージは伝えない、というものになる。

メッセージを伝えようとしてもうまくいかない

〔人とのやりとりを〕メッセージ伝達サービスではなく〔ちゃんとした〕会話にするためのいくつかの提案をしておこう。

1　メッセージの伝達と本物の会話を区別すること。

メッセージを伝えることは一方的に教えることに似ているのに対し、会話にはギブ・アンド・テイクの側面があり、それを通じてお互いが学ぶ。「もし相手がこの要点さえ分かって

訳注5　社会科学やマーケティングにおける定性的研究手法の一つ。任意のサービスや製品等について、それが対象とする集団に属する複数の人々を一箇所に集め、当該のサービス等に対する感想・印象を自由に議論してもらう形態をとるもの。

くれたならば、考えを変えるはずなのに」というふうにあなたが考えてしまっているとしたら、それはメッセージを伝えようとしてしまっている証拠だ。

自分に問いかけてみよう。「私がこの考えを共有しようとしたら、相手は嬉しく思うだろうか？　それともただ自分が言いたいだけだろうか？」。もし後者なら、十中八九、あなたは伝令だと受け取られてしまっているだろう。

2　どんな会話においても、会話のパートナーは、自分が現時点では把握できていない仕方で問題を理解しているかもしれない、ということを心に留めて臨むこと。

相手が持っている知識について、それを当人がどのように理解しているかに、あなたの考えを集中させてみよう。相手の結論の背後にある理屈や考え方はもう分かっていると想定するよりも、伝令になってしまう確率は減るだろう。

3　相手が伝令になっているときに自分も伝令になって出迎えに行かないこと。

それはもはや会話ではなくて、討論をふっかけていることになる。それはメッセージ伝達サービス、あるいは苛立ちを生み出すためのレシピであって、相手の自説へのこだわりをさらに深めてしまうだけである。〔次の2点を〕覚えておこう。〔一つ目、〕説教されるのが好きな人はいない。〔二つ目、〕張り詰めた雰囲気の会話では、人は自分の伝えたいメッセージのことをもっぱら気にして、その意見と対立しているように思われる立場の人々のことは気にかけなくなってしまう。

4　会話のパートナーが伝令になってしまっていると気づいても、その人の口を塞がないこと。

伝令になっているからといって会話のパートナーの口を塞いでしまったら、ラポールは破壊され、会話は転覆してしまう。「伝令はむしろ撃て」という教えは自らを戒めるものであるべきだ。その対象は己のうちにある「伝令」だけである。

会話のパートナーが伝令に堕してしまったら、あなたは傾聴・学びモードに切り替えて、質問することに専念しよう。質問は会話を脱線から自然に引き戻すのに有効な技法だ。また、後の章で紹介する介入の技法の中でも、質問は重要な役割を担う。伝令になってメッセージを伝えてもよいのは、パートナーからそうしてほしいというはっきりとした要求があったときだけである。

〔伝達する場合も〕できる限り簡潔にすませよう。その後には、よく聞いて学ぶという協働的な会話をするという心構えにすぐ戻ること。こちらの話を聞いてくれたことについて相手に感謝を伝え、なにか応答がないか聞いてみよう。例えば、「○○について話す機会をくださりありがとうございます。ありがたいことです。何かそれについてご意見ありますでしょうか？」。

#6 意図

次に紹介する議論は、ソクラテスとメノンの間のもので、ギリシア哲学の古典である『メノン』という、プラトンが紀元前4世紀に著した対話篇からの引用である。

ソクラテス　（……）或る人々は悪いものを欲するが、他の人々はよいものを欲するという意味で言っているのかね？　ではきみ、人はみなそろってよいものを欲していると、きみには思えないのかな？

メノン　たしかに、そうは思えませんね。

ソクラテス　悪いものを欲する人もいる、と言うのだね？

メノン　ええ。

ソクラテス　そういう場合、人々は、その悪いものをよいものと考えて、それらを欲するときみは言うだろうか。それとも人々は悪いということを知っていて、それにも拘わらずそうしたものを欲する、と言うのだろうか？

メノン　私には、その両方の場合があるように思えます。

ソクラテス　「するときみには、メノン、悪いものが悪いということを知っていながらしかもなお、そうしたものを欲するような人が、現にいると思えるのだね？

メノン　はい、もちろん。

ソクラテス　その人はそういう悪いものについて、何を欲するときみは言うのだろうか？　悪いものがその人のものになることを欲する、と言うのではないだろうか？

メノン　ええ、彼のものになることを、です。他のことではありません。

ソクラテス　その場合、その人は悪いものが、それが誰か或る人のものになっているとき、その当人のためになると考えているのだろうか、それとも悪いものというのは、だれかのものになるときに、必ずその当人にとって害になることを知っているのだろうか？

メノン　悪いものが有益であると考える人々もいるでしょうし、実は害があると知っている人々も、いるでしょうね。

ソクラテス　一体、悪いものが有益であると考える人々が、悪いものが悪いということを知っていると、きみには本当に思えるだろうか？

メノン　うーん、その点に関しては、私には、彼らが知っているというふうには、あまり思えませんね。

ソクラテス　そうすると、明らかに、これらの人々、つまり悪いものは知らない人々のほうは、「悪いものを」欲しているわけではなくて、自分がよいと考えたものを欲しているのであり、ただそう考えたものが、実際には悪いものだということになるね。したがって、それらが悪いと知らずによいものだと考えている人々は、明らかに「よいものを」欲しているのだ。そうならないかね？

メノン　ええ、おそらく彼らについては、そうなっているのでしょう。

ソクラテス　それでは、これはどうだろうか？　きみの言い方では、「悪いものを欲する」人であって、しかもその悪いものは、それを自分のものにする当人にとって必ず害になる、と考えるような人々がいるというのだが、この人々は、きっと、それら悪いものによって自分が将来害を受けると、知っているのだね？

メノン　ええ、そうでなければなりません。

ソクラテス　そして、その一方で彼らは、害を受ける人々は、害を受けている限り、惨めであると考えるのではないだろうか？

メノン　その点もそのとおりに違いありません。

ソクラテス　また、惨めな人々は「不幸」ではないだろうか？

メノン　はい、私はそうだと思います。

ソクラテス　それでは、惨めで不幸でありたいと思う人が、いるかな？

メノン　いや、私はいないと思います、ソクラテス。

ソクラテス　すると、メノン、少なくとも人が惨めで不幸な者でありたいと思わないなら、誰も悪いものを欲しないことになる。というのも、惨めであるということは、悪いものを欲しかつ自分のものにすることと、何ら異ならないのだから。

メノン　おそらく、あなたが言っていることは、正しいのでしょう。そして、たぶん誰も、悪いものを欲しないのでしょう。[原注35]

人は悪いことをわざと望んだりはしない

『メノン』で、ソクラテスはこう言っている——悪いことを望むような人はいない、と。個人の行動や信念、願望はその人がもつ情報にもとづいている。持っている情報が異なれば、異なった結論に至るだろう。例えば、医師はかつては〔吸血〕ヒルを治療に使っていたが、それは血が多すぎるから病気になるのだと考えていたからだ。彼らは善いこと――ここでは患者を健康にすること――を為そうとしていたことには違いないが、ただ、現代の私たちが持っているような情報、つまり、血が多すぎることは病気とは無関係であるという情報は持っていなかった。私たちにはみな、善いことを為したいという欲求が備わっている。しかしながら、体系的な知識を持たないことには、正しい結論に至ることができない。[原注36]

劇的に異なった考えを持つ人と出会ったら、その人が無知か、狂っているか、邪悪だと思ってしまうこともある。[原注37]が、この傾向には抗おう。代わりに、物事を別の視点から考えているのだ、とか、彼らが持ちうる最良の情報にもとづいて行動しているのだ、といったように考えるようにすることだ。彼らも善いことをしようとしているのだが、コミュニケーションがあまり上手ではない〔のでそのことが分かりにくい〕、ということのほうが、実際に無知か狂っているか邪悪であることよりもずっと多い。

見解の不一致があると、パートナーの意図や動機を実際よりも悪くとってしまいがちだ。[原注38]多くの人が、例えば、保守派は人種差別主義者だ、リベラルには愛国心がない、共和党は貧乏人に関心がない、民主党は国家の防衛には弱いと思いこんでいる。そしてそういう不足があるからそういうふうに考えてしまうのだと思いこんだまま話を続けようとする。だが、たいていの場合、それは間違っている。[原注39]

会話のパートナーの意図や動機は、実際よりも悪く見積もってしまいがちだ。例えば、ほとんどの共和党支持者は貧乏人に関心がないというのは端的にいって事実ではない。そうではなく、共和党支持者は、雇用創出による機会の「トリクルダウン」と、そうした愛の鞭こそが人々が自分たちの手で貧困から脱出するためのやる気を起こさせるのだという仮定のもとで動いている、といったほうが正確だろう。この枠組みの中だと、高収入者に対する減税は、経済的に不利な状況にある人々へのトリクルダウンが起こる機会を増やしているのだ、ということになる。[原注40] ここで重要なのは、それが正しいのか正しくないのかではない。重要なのは、彼らの意図が悪い現状を改善することにあるということだ。これは多くの民主党支持者が想定しているよりもずっといい動機だろう。[原注41]

会話のパートナーが邪悪な意図を持っていると思いこんでしまうと、会話はとたんに息苦しいものになってしまう。協力関係は立ち消え、会話を通して真理に到達する可能性は台無しになる。さらに、あなたの言葉が底意地の悪いものだととられて、人を不必要に防御的にさせてしまうこともある（そしてそうなってしまえば考えを変えるということはますます難しくなるだろう）。会話へのさらなるダメージとなるのが、パートナーの意図をネガティブに捉えてしまうと、あなた自身も相手の話に耳を傾けることが難しくなってしまうのだ。[原注42]

パートナーの意図についてなすべき仮定があるとすれば、それは一つしかない。すなわち、彼らの意図はあなたが思っているよりもいいものだ、という仮定である。人はわざわざ悪いことを望んだりはしない。だからパートナーも善をなす意図があるのだと仮定しよう。[原注43]（インターネットの荒《トロ》らし《ール》やサイコパスは、7章で扱うが、明確に例外である。）

すぐに使えるやり方を紹介しよう。

1　もしあなたが邪悪な意図をもっているとパートナーに誤解されても、そうではないと説得するのは時間の無駄だ。
代わりに、話題をあなたの意図からあなたの推論に向け直そう。ここで使えるフレーズがこれだ。「避けられない過ちの上にさらに間違いを重ねるなどということは、絶対にしたくないんです。なので、もし私の議論でおかしなところがあったら、すぐに教えてください[原注44]」。

2　もしパートナーが悪い意図を持っているなと感じ始めたら、好奇心モードに切り替えること。
あなたが知らないことを相手は知っているかもしれないと考えよう。話題となっていることについてははっきりと訊ねるとよい。次のように言ってみよう。「あなたがどうしてそういうふうに考えるのかがどうもまだ理解できていないんです。思うに、あなたは私が知らないことを何かご存知なのでしょう。私にも理解できるように、そのような結論に至ったのはどうしてなのか、もう少し詳しくお聞かせいただけないでしょうか？」。

3　苛立ち・モヤモヤを認めること。
ここで使えるフレーズがこれだ。「正直、イライラというかモヤモヤというかを感じています。あなたがどうしてそのような考えに至ったのかを理解したいんです。それから、あなたの意図が何なのかもよく分からないのです。教えていただけませんか、どういう意図なのでしょうか？」。これはオープンな質問で解釈の余地が大きいものだ。もし「私の意図がどうかというのは、どういう意味ですか？」のように返されたら、返答は「この会話でどうしたいと望んでいますか？　この会話から何を得たいと考えていらっしゃいますか？」だ。

苛つかせてくる人というのは多くの場合、相手を助けようとしているだけなのだが、同時に、伝令の立場からそうしようとしてしまっているのである。だからあなたをイライラさせてしまうのだ。

4
「荒らしに燃料を投下しないこと」。

インターネット用語で荒らし《トロール》とは、悪い意図を持って邪な行いをする者のことだ。荒らしは会話にとっての毒だといっていい。[原注45]相手をしてはならない。彼らのゲームに付き合わないこと。そういうアカウントはすぐにブロックかミュートしよう。

他人を苛つかせることを目標としているような人に付き合う義務はいっさいない。からかいに屈して会話に応じることなどあってはならない。会話をするのはあなたがしたいからであって、話さないと嫌がらせをされるからではない。会話の当事者全員の同意が必要なのだ。

#7 引き際を見極めること

長年の間、私（ボゴジアン）はスポーツファンが応援するチームを鞍替えさせるための介入のテクニックを開発してきた。例えば、ダラス・カウボーイズ[訳注6]のファンと会ったら、その人を説得してニューイングランド・ペイトリオッツ[訳注7]のファンにするには何を言ったらいいのかを考え続けてきたのである。〔こうした私の試みの〕成功率はといえば、これまでどん底と言ってもいいほどだが。

次に紹介するのは、ロサンゼルス・レイカーズ[訳注8]のファンを鞍替えさせようと私が介入した一例である。第一の目標はレイカーズのファンでいるべきかどうかという疑いを相手に植えつけることで、第二の目標は、ポートランド・トレイルブレイザーズ[訳注9]のファンになるよう説得することだった。このレイカーズ・ファンの年齢はおよそ28歳。ロサンゼルスの人気レストランで席に通されるのを待っている列で出会った人だ。

ボゴジアン　全く理解できませんよ。このチーム〔ロサンゼルス・レイカーズ〕の選手たちは、ロサンゼルスの出身ですらないなんて。あってますか？

レイカーズ・ファン　まあ、そうですね。

ボゴジアン　彼らはどこの出身なんですか？

レイカーズ・ファン　［プレイヤーとその出身地を早口で話す］

ボゴジアン　なるほど。分かりました。もし彼らがロサンゼルス出身だったのであれば、あなた

訳注6　米国テキサス州アーリントンを拠点とするアメリカン・フットボールのチーム。
訳注7　米国マサチューセッツ州フォックスボロを拠点とするアメリカン・フットボールのチーム。
訳注8　米国カリフォルニア州ロサンゼルスを拠点とするバスケットボールのチーム。
訳注9　米国オレゴン州ポートランドを拠点とするバスケットボールのチーム。

がファンになるのも分かるんですよ。そう思いませんか？　つまり、地元出身の選手で、近しさや親しみのようなものを感じたりすることもあるでしょうからね。

レイカーズ・ファン　まあ、そうですね。ただ、レイカーズは私のチームなんですよ。ここ〔ロサンゼルス〕が私の街。ＬＡを愛してるんです！

ボゴジアン　みんなそう思ってるでしょうね。いい場所ですから。ただ、この〔バスケ〕チームのほうはここの出身じゃない選手で占められているわけです。

レイカーズ・ファン　でも、街のためにプレーしているんですよ。私たちのためにプレーしているといっていい。だから彼らの勝利は私たち〔ロサンゼルス市民〕の勝利というわけです！

ボゴジアン　もし、仮に、選手全員がロサンゼルス出身だったら、あなたはレイカーズのもっと熱狂的なファンになりますか？

〔少し沈黙〕

レイカーズ・ファン　どういう意味ですか？

ボゴジアン　いや、もし選手たちが一人の例外もなくロサンゼルス生まれ・育ちだったとしたら、もっと好きにならないですか？　チームとのもっと強い絆を感じませんか？

［少し沈黙］

レイカーズ・ファン　多分、そうですね。おそらく、そうなると思います。

ボゴジアン　だとしたら、実際にはレイカーズの選手のほとんどはロサンゼルス出身ではないのですから、あなたの熱狂も〔チームとの〕結びつきも、〔理想よりも〕弱いものになっているこ とになりませんか？　というのも、選手がロサンゼルス出身ならばもっと好きになると仰っているわけですから、実際にはそうではない以上、そうだった場合よりも気持ちは弱いはずではないでしょうか？

［しばし沈黙］

この時点で、軽い調子で会話を止めておくべきだった。私の第二の目標であった、贔屓のチームを変えるという目標に移るのはやめておくべきだった。しかし私は変に固執してしまい、別のチームを勧めてしまった。（疑いを植えつけるほうが、人を別の考えに誘導したり、好みを変えたりするよりずっと簡単だ。）結果はこうだ。彼のレイカーズ熱は倍増し、会話の行き先も変わってしまった。彼は自己防衛的になり、私の話にはもはや耳を傾けてはくれなくなったのである。楽しく愉快なおしゃべりをしていたのに、愉快でもなければ楽しくもないやりとりと化してしまった。彼が自己防衛的になってしまうような方向へと、私が会話を押し進めてしまったせいだ。

舞台からはけること

どのタイミングで〔会話を〕切り上げるべきかを知ること。会話がうまく行っているときですら、切り上げるべきときというものはある[原注46]。

パートナーの受忍限度《コンフォート・レベル》を超えてでも会話を続けようというプレッシャーをかけてしまうと、相手は聞く耳を持たなくなり、自己防衛的になった末に、会話の質が変貌し、自分の立場が正しく相手の立場が拙い理由をお互いに示そうとする、苛つきに満ちた弁論大会になってしまう。その結果、パートナーはさらに自説に固執し。あなたとの間のラポールは蝕まれていく。二人の友情が損ねられてしまうことだってあるかもしれない[原注47]。

持てる選択肢をすべて使い尽くしてしまうという事態も起こりうる。何も言うことがなくなってしまい、同じ議論を堂々巡りしてしまう、あるいは袋小路に入ってしまったと感じてしまうこともあるだろう。よくある過ちは、ここで会話を「修復」もしくはリセットしてから、会話の継続を試みようとすることである。そんなことはやめよう。代わりに、平和的に別れることだ。

疑念と格闘したり、新しい情報を取り入れたり、反論や異なった視点を検討したり、自身の立場を再考したりすること、これらには一般に時間が必要である[原注48]。あなたも例外ではない。考えが変わるのはゆっくりで、しかも個人の心理や習慣それぞれにあった仕方で変化は起こる[原注49]。新しい考えや態度は、時間が経つにつれて、すでにあるものに統合されたり、あるいは完全に置き換わったりする。[原注50]コンフォート・ゾーンを超えた会話を強要することは、あなたとパートナーが反芻する機会を断ち切ることになってしまうし、関係に緊張が走ることにもなる。参加者どうしのやりとりがうまくいっている間に、礼儀正しく会話から身を引くことで、皆が話題について反芻するためのよい機会が得られるのだ。

最後に、肯定的なフレーズで会話を終えるようにしよう。シンプルに、「話に付き合ってくださりありがとうございました」のような言葉で十分なことも多い。

会話を終わらせる方法

会話をいつ切り上げるときかを知るための、いくつかの提案を述べておこう。

1 苛立ちの感情が目立つようであれば、会話をそこで止めること。

議論がエスカレートして怒りに達するほどであれば、予定していたよりも早めに〔会話を〕切り上げることが必要になる。[原注51]

2 呼吸すること。

文字通り、呼吸しよう。苛立ちを感じた時点で、少し距離をとって立ち止まり、ペースを落として、静寂を無理に言葉で埋めようとしないで――そして呼吸しよう。[原注52]深く息を吸い、吐き出そう。[原注53]もしそれでも落ち着かないようであれば、会話をやめて立ち去ろう。

3 相手が会話を終わらせたいようであれば、話してくれたことについて礼儀正しく感謝すること。

4 コンフォート・ゾーンの限界を超えるところまで相手を付き合わせてはならない。あなたの介入によって、相手が当人の考えのうち一つにでも疑いを持ち始めたと考えられるならば、それが会話を切り上げるよいタイミングである。

相手が疑念について深く検討し、自分自身の言葉で考える時間をあげよう。それでも食いついてきたら、あなたとパートナー双方にとって、〔会話を止めて時間をとることが〕その話題について考えるよい機会になるということを伝えよう。その後は、別れるか話題を変えるかだが、これは状況によって決めればよい。

パートナーの疑念や好奇心を、あなたの考えで埋め尽くそうと試みることは、ときには純粋に教育的な効果を持ちうるが、福音主義[訳注10]〔的な押し付け〕にもなってしまいうる。伝道はよすこと。疑念に伴う傷つきやすさを、相手の意見を揺さぶるために利用するのは、倫理にもとる濫用だ。（ただし、熟練の技によってそういった状況を例外的にうまく扱える場合や、相手がお花畑のごとく事実にもとる反科学的な考えを持っている場合を除く。）

5 会話を終えるときはパートナーに感謝を伝えること。

感謝したくない相手との会話でこそ、感謝を伝えることはより重要になる。（これにも例外はある。例えば、誹謗中傷してきたり、ハラスメントをしてくる相手などだ。）会話のパートナーに感謝を伝えず、黙ったままだと、話した内容に感情的なこだわりがあるのか、あるいは個人的な問題を相手に対して抱いているのか、という疑念をもたらしてしまい、結果としてそういった思いは会話に滲み出て議論の種火になってしまう。時間を割いてくれた相手に感謝を伝えることは、ごくごく基本的なマナーの一つだ。感謝を伝えることは、会話を前向きでフレンドリーな雰囲気とともに終わらせるという効果もある。

結論

〔本章を通じて〕今やあなたは、効果的で節度のある会話のために必要な基礎スキルを手に入れた。ここでお願いしたいことは、次の章で登場するテクニックを使おうとする前に、この章の内容を練習してほしい、ということである。本章の内容に習熟すればするほど、より発展的なテクニックもうまく応用できるようになる。

一つ言っておくと、会話のチャンスをわざわざ探る必要はない。会話の機会は日々のやりとりですぐ見つかるものだ——同僚、レジ打ちの店員、接客係、ルームメイト、友だち、親戚等々。一日を普通に過ごし、誰かに話しかけられるのを待てばよい。

あらゆる会話は、より親切かつ効果的なコミュニケーションを取れる人間になる練習の機会であ

訳注10　キリスト教のプロテスタントに見られる超教派的な立場の一つ。聖書の記述は神の世界創造を含めて文字通りすべてが誤りのない史実であるとすることを特徴としており、聖書における非科学的な記述（進化論に反する箇所など）を比喩として解釈するようなリベラルな聖書学者たちを批判している。

る。会話でのよりよい聞き手、そしてパートナーになることは、あなたの人間関係に対してよい効果こそあれ、悪いことなどない。今からさっそく始めよう。

第3章　初級：人の考えを変えるための9つの方法
――人の認知に介入する方法

#1 モデリングすること
他の人にしてほしいことの手本を見せること。

#2 言わんとすることを言うこと
前もって定義すること。

#3 質問すること
具体的な質問に専念すること。

#4 極論の持ち主の存在を認めること
味方がしでかした悪いことを指摘すること。

#5 ソーシャルメディアを使いこなすこと
ＳＮＳで当たり散らしてはならない。

#6 非難ではなく寄与について論じること
非難から寄与に切り替えること。

#7 認識論に集中すること
知っていると主張していることをどのようにして知ったのか探ること。

#8 学びのチャンスを逃さないこと

何をすると相手が頑なになってしまうのか学ぶこと。

#9 すべきでないこと（反転応用）

会話での基本的・基礎的な失敗一覧。

私は本を読み、勉強し、吟味し、耳を傾け、反省し、そしてそのすべてをもとにして、能う限り多くの常識を注ぎ込んだ考えを形成しようと努めている。私は多くを語らないが、それは愚かなことを口にすることを恐れるがゆえにである。また私は、愚かなことを実際に行うことを恐れるため、行動においてはなおさら危険を冒さないようにするだろう。なぜなら、彼ら〔アメリカ人〕が私に示してくれた自信を、わざわざ乱用するような性を、私は備えていないからだ。これこそが、これまで私が守ってきた、そしてこれからも守っていくだろう行動指針である。

――ラファイエット、義父宛の手紙、1776年12月4日

効果的な会話をするための基礎を理解したところで、そろそろレパートリーを拡げ、介入のやり方を学んでもよいころだろう。介入とは、相手の信念形成プロセスに関与・干渉する方法のことをいう。介入の目標は、今信じていることへの自信を揺るがせることにあり、考えを変えるための最初のステップだといえる。別の言い方をすれば、ただ会話をするだけで、相手の認知に立ち入り、

疑念というプレゼントを渡すことができるのだ。

　第二章で説明したように、この目標を達成しようとして、あなたからのメッセージ〔あなたの言いたいこと〕を〔それを支持する〕あなたにとっては決定的な事実をもちだして伝えようとしても、成功の見込みは薄い。そういうアプローチはたいてい失敗に終わり、会話のパートナーをこれまで以上に自説の殻に閉じこもらせてしまうだけだ。疑いをもたらすための最善のテクニックはもっと繊細なもので、身につければより話しがいのある会話をすることができるようになるだろう。

　まず手始めに学ぶべきは、他人にしてほしい振る舞いの手本をまずは自分から見せること、そして質問を探ることに専念すること、そして、これらが持つ力についてである。〔それから〕言葉の定義についての相違のせいで会話のパートナーを放ったらかしにして話しすぎてしまったり、非生産的な会話の泥沼にはまることを避ける方法も伝えよう。また本章では、あなたとあなたが代表すると考えられる陣営〔全般〕に強く反対している相手に対処するための、最も強力かつシンプルなテクニックの一つをお伝えする。自分は極論を主張しているわけではないということを示して、仲間意識を育むというやり方である。

　こういった基本的なスキルは会話の口火となり、やりとりを「学びモード《ラーニング・モード》」に切り替えてくれる。より具体的には、会話のパートナーがどのようにして、そしてどうして現在のような考えや信念をもつに至ったのか、これを理解することの大切さが分かるようになるはずだ。そして、このことが分かっていれば、自分が知っていると思っていることについて、相手は――そしてあなた自身も――より謙虚な態度を取ることを促すことができる。次のことを常に頭に入れておこう。他人に疑念というギフトをもたらしたいのであれば、まずはいったん自分でそれを所有しなければならない。
最後に、この章を読めば、会話でのよくある過ちの多くを避けられるようにもなる。こうしたよくある過ちは、真理の探求を目指した議論であれ、介入を狙った議論であれ、やりとりを簡単に台無しにしてしまう。幸いなことに、こういった過ちは簡単に避けることができるのだ。

#1 モデリングすること

2015年、オーストラリアのイスラム・コミュニティの指導者たちとのミーティングにおいて、ボゴジアンは先方の広報担当者に、姦通した女性は投石による死刑がふさわしいのかどうか、繰り返し訊ねた。〔だが、〕直接の答えを得ることはできなかった。最初に受け取った反応は話題そらしだったので、彼〔ボゴジアン〕は質問を重ねた。

ボゴジアン　姦通をはたらいた女性は投石によって死刑にするべきだと思いますか？

指導者　「どうして女のことだけを話題にするのですか？　男だって姦通したら投石されるんですよ？」

［ボゴジアンは質問を繰り返したが、ついて行けないほど長くて複雑な話を聞かされただけだった］

ボゴジアン　同じ質問を私に聞いてみてください。

指導者　どういうことでしょうか？

ボゴジアン　ですから、私に聞いてほしいのです、今ここで、姦通をはたらいた女性を投石で死刑にすべきだと私が考えているのかどうかを。

指導者　［休止］あなたは姦通をはたらいた女性は投石で死刑にされるべきだと考えていますか？

ボゴジアン　いいえ、そうは考えません。では、あなたは姦通をはたらいた女性は投石で死刑にされるべきだと考えていますか？

指導者　［長い沈黙］はい。そう考えています。

パートナーにしてほしい振る舞いを、あなた自身がすることで模範《モデル》を示そう。ダイレクトに質問に答えてほしいのならば、まずは自分がダイレクトに質問に答えてみせる。辛抱強く話を聞いてほしいのならば、まずは自分が辛抱強く話を聞く。[原注1] 相手に叫んでほしいのなら、自分から叫び始める。[原注2] 意見を変えることにオープンであってほしいのなら、自分のほうがまず意見を変えることにオープンになる。相手に節度を持ってほしいのなら、まずは自分が節度を持つ。譲歩してほしいなら、自分のほうから譲歩する。自分の話を聞いてほしいのであれば、まず先に自分が話を聞くことだ。このアドバイスは聞くのは容易いが、実行に移すのは難しい。しかしこの教えは絶対に欠くことはできないもので、特に意見が対立している相手と話しているときはそうだ。また、話を脱線させないためにも重要になる。

よくある誤謬：「人があることを知っている。ならば、自分もそれを知っているはずだ」

哲学者のロバート・A・ウィルソンと心理学者のフランク・ケイルは、自身の無知についての無知という現象について研究を行った。[原注3]「説明の影と浅さ」〔The Shadows and Shallows of Explanation〕と題された1998年の論文で彼らが扱ったのは、人は物事の仕組みを、実際に理解しているよりもよく理解しているとしばしば勘違いしてしまうという、よく知られた現象についてである。[原注4]そこで分かったのが、私たちには実際よりも物事を知っていると思い込んでしまう傾向があり、その理由は、他の人の専門性を信用しているからだということだ。これはちょうど、人類の叡智を収めた巨大な図書館で本を借りては来たものの、全く読んでいない、というようなものだ。借りてきた本に書かれている情報を私たちはすでに手にしていると考えてしまうが、それは本にアクセスできるからである。しかし、実際には知識を得ているわけではない。当該の本を全然読んでいないうえに、深く勉強したわけでもないのだから。この比喩にしたがって、この誤謬を「背表紙効果」[訳注1]と呼ぶことにしよう。

背表紙効果は実験でも示されている。フランク・ケイル（またもや登場）とレオニード・ローゼンブリットの二人の研究者による2001年の仕事がそうだ。彼らは背表紙効果を「説明の深さの幻想」と呼び、「適用範囲を見誤られた素朴科学《フォーク・サイエンス》」だとしている。[原注5] 彼らの調査のターゲットは「人々がトイレの内部の仕組みをどの程度理解しているか」だ。被験者たちにトイレはどのように動いているのかの説明にどれくらい自信があるかを数字で示してもらった。その後で、トイレはどのように動いているのかを、可能な限り詳しく口頭で実際に説明してもらった。説明をしてもらった後に、〔被験者の説明の精度について〕自信を再び数字で示してもらった。このとき、なんと先に聞いたときと比較してはるかに自信がなくなっていると被験者たちは認めたのだ。借りてきた知識に頼っていたことに、そして自分の無知に、そのときになって初めて気づいたというわけだ。[原注6]

2013年、認知科学者のスティーブン・スローマンとフィリップ・ファーンバックは、行動科学者トッド・ロジャースと認知心理学者クレイグ・フォックスとの共同研究で、背表紙効果は政治的な意見にも当てはまることを実験で示した。これはつまり、借りものの知識に頼っていることを自覚することさえできれば、自分の考えを疑うことができ、ひいては〔偏った〕考えを中和する効果があるというのだ。〔スローマンらの〕研究チームは、ある政策をどのように実行するのか、またそれによってどのようなインパクトがあるのといった情報などを、被験者に可能な限り詳しく説明してもらったところ、被験者がもっていた強固な政治的な見解を穏健なものへと誘導することに成功したのだ。[原注7] このメカニズムを活用することで介入〔技法〕にもたらされる顕著な利益が、少な

訳注1　原語は“Unread Library Effect”で、直訳すると「未読図書館効果」。所有しているか否かによらず、書籍のタイトルだけを知っているがその中身を精査していないで知ったかぶりしてしまうことを表すものとして「背表紙効果」とした。

くとも二つある。第一に、話すことを会話のパートナーにほとんど任せることで、あなたのほうは相手に耳を傾ける機会ができるうえ、こちらが相手の考えを変えようとしていると相手に感じさせないようにできるということ。第二に、相手は他の誰かに強いられてではなく、自分から疑いを持つようになること、この二つである。

無知であることの模範例を示すことは、背表紙効果を暴くための効果的な方法である。というのも、その名前からも明らかなように、背表紙効果は会話のパートナーが知っているとは本当は言えない情報をもとに成り立っているからである——本人はそのことに気づいていないだけなのだ。要するに、こちらとしては相手に本人の知識の限界を認識してもらいたい。そのための具体的な方策として、あなた自身に知識の限界があることを示し、自ら模範を示す必要がある。これには三つの大きなメリットがある。

1　あなた自身が背表紙効果を克服するチャンスになる。つまり、物事を実際よりもよく知っているという勘違いをしてしまうことが減る。

2　「分かりません」と言っても大丈夫な雰囲気になる。そして、あなたのパートナーも知らないことを認めてよいのだ、という許可を暗黙裡に伝えられる。

3　会話のパートナーが自分で知っていると思っている知識と、実際の知識とのあいだのズレを指摘するための、ささいなようだが効果的な戦略となる。

これをどのように実際の会話に応用するのか、いくつか例を挙げておこう。例えば、次のように言ってみるとよい。「不法移民に対する大量強制送還がどのように遂行されているのかについて、私は詳細をよく知らないのです。利点もあれば難点もあるとは思うのですが、そのどちらのほうが上回るのかについても全く分かっていないのです。そうした政策はどのように実施されるものなのでしょうか？　誰がそのコストを負担しているのですか？　いくらくらいかかるものなのでしょう？　実際はどういうふうに実行されるのですか？　繰り返しますが、はっきりした意見を持つには私は詳細を知らなさすぎるのです。でも、詳しいことを聞いてみたいと思っています」というように。これを実践するとき、恥ずかしがってはならない。はっきりと説明を求め、詳細を訊ねて、相手がどのようにしてその詳細を知り得たのかについて鋭い質問で追及し、そしてこちら自身の無知を折りに触れ認めよう。多くの会話では、自分の無知を認めれば認めるほど、会話のパートナーはより快く、あなたが理解できるような説明しようと歩み寄ってくれるものだ。それに、パートナーが説明しようとすればするほど、彼ら自身の知識の限界にも気づきやすくなる。

先の例において、もしあなたの会話のパートナーが移民政策のこの論点についての専門家ならば、あなたはよいレクチャーというご褒美を得ることができる。そうでなくても、無知であることの模範を自ら見せることで、パートナーが背表紙効果に気づくよう誘導することができる。会話のパートナーが、自分がその道に通じていることを疑い始め、背表紙効果に気づきだしたら、その効果が染み渡るのをじっと待とう。それを待つ間に質問を浴びせ続けてはならない。

大事なことなので繰り返すが、この作戦は強固な見解を中和するのに役立つばかりか、こちらが無知を隠さず進んで認め、考えを変える用意があることを体現することにもなる。無知であることを正直かつ知的に示すことは、熟練した会話のパートナーが持つ徳である――しかも、それを達成することはかなり容易なのだ。

よりよい会話の手本を示すための方法

手本の示し方、背表紙効果を指摘する方法、そして相手の考えに介入するいくつかのやり方を紹介しよう。

1 知らないときは「知らない」とはっきり言うこと。
何かを知らないことは恥の印ではない。むしろ、正直で、謙虚で、表裏がないことを公に示していることになる。「知りません」と言える人は賞賛しよう。

2 ストレートな質問を投げかけたときに、相手に話をぼやかされたり回答を拒否されてしまったら、全く同じ質問を自分にするように頼んでみること。（この節の冒頭で扱った、姦通をはたらいた女性に投石すべきかどうかについての事例を参考にすること。）
簡潔な回答をしてみせて（つまり、相手にしてほしいことの手本をしてみせて）、それからすぐに全く同じ質問を相手に投げかけよう。

3 効果的で成功した会話のために重要となる、行動の手本を見せること。すなわち、傾聴、正直（とりわけ、知らないことを認める態度）、裏表のなさ、好奇心、オープンな態度、公平性、思いやり（相手の意図を悪くとらないこと）、考えがどう正当化されているのかに対する集中、謙虚さ、ユーモア、ギブ・アンド・テイク、そして自分の考えを変えることに対する用意、こういったことである。

4

目下の話題について確固たる立場を取るのに十分な知識を持ち合わせていないことをまずは認めること。そしてパートナーの考えについて、できるだけ詳しく説明を求めよう。

スローマンとファーンバックの研究が示したのは、人が複雑なトピックについて説明をしようとすると、しばしば背表紙効果が露わになり、結果として主張がトーンダウンすることだった。[原注8] このことを忘れずにいよう。パートナーに詳しい説明を求めれば求めるほど（例えば、「法執行機関のどの部署が大量強制送還を担当するのですか？」とか「予算はどの部署から捻出されていて、それがいくらくらいか分かりますか？」であるとか、「現在、移民の強制送還を規定しているのは、どの法律でしょうか？」や、「そういった法律に対してどのような反論がありますか？」あるいは、「強制送還される人はどこに収容されるのでしょうか？」はたまた、「予想される問題は何でしょうか？」など）、その効果は強まる。

5

自らの背表紙効果も隠さないようにすること。

あなたにとって重要な政治トピックを選び、できるだけ詳しくどういう仕組みになっているのか説明してみよう。それが与える影響や、どのように実行されるのか、できるだけ具体的に言うようにしよう。追加の練習として、コーヒーメーカーや科学的な現象についても同じことをやってみよう。例えば、電気機器の半導体はどのように機能しているのだろうか。こういう事例はよい練習になる。複雑な政治的な立場は異なり、ネットを見れば簡単に答えが確認できるからだ。

6　明晰さの手本を見せること。業界用語・専門用語は避ける。

できるかぎり明晰であるように努めよう。また、あなたが量子物理学者でもない限り、「量子」ということばを使うのは避けるように。[原注9]

7　悪い手本をみせないこと。

話を遮ったり、無礼な態度で接してはならない。相手から親切かつ礼儀正しく接してほしいのならば、まずは自分が親切かつ礼儀正しくなることだ。最も重要なことは、自分の見解に寛容の精神をもって接してほしいのであれば、こちらがまずパートナーの見解に対して思いやり《チャリティ》の態度をもって接することだ。

#2 言わんとすることを言うこと

ジェームズ・ダモアは、有名な「グーグル・メモ」という文書を著したことで知られるグーグルのエンジニアだが、彼は2017年に同社から解雇されている。伝えられるところによると、「ジェンダー・ステレオタイプを永らえさせた」ことがその理由である。ダモアはグーグルからの依頼に応じて、このIT界の巨大企業が抱える問題だと彼が考えたことについて、意見を述べたあとのことだった。彼は後に一連の出来事について、ポートランド州立大学での公開イベントで話してくれた。

グーグルで4年ほど働いたところで、自分のチームが包摂性《インクルージョン》の面で問題を抱えていることに気づきました。昼食会に来ない人や、ミーティングで発言しない人がちらほらいたのです。なので、グーグルで行われていた多様性と包摂についての会議に出たんです。しかし、がっかりしたのは、〔今いる〕チームの全員をどうやったら包摂できるかを話し合うのではなしに、グーグルの多様性、特に人種とジェンダーの多様性についてばかり話されていたのです。人口の50パーセントは女性なのに、グーグルには20パーセントしか女性がいない、これは性差別だ、といった具合です。そこで何か意見を求められたんです。実は私はグーグルに入る前、大学院で生物学をやっていましたし、心理学についてもちょっとは知っていました。なぜITに興味を持つ女性が少ないのか、理由も分かっていました。だからあのメモを書いたのです。グーグルをより多くの女性にとって魅力を感じられる場所にし、職場の問題を実際に解決し、ジェンダーについて議論しなくても済むようにするためには、そういったことを考慮に入れなくてはいけない、ということを説明しようとしたんです。[原注10]

この事例からは、グーグルの企業文化が抱えている数多くの問題（例えば、フィードバックを求める際に、経営者が歓迎したのは、多様性についての特定の言説に合致するするような意見のみを求めたこと）が窺えるが、誤解が生まれた原因の一つは、グーグルが「多様性《ダイバーシティ》」と「包摂」という言葉を標準的ではない仕方で用いた点にある。ダモアは、「多様性と包摂」をチームのすべてのメンバーの参加率を向上させることという意味で用いており、これはこれでなるほど理解できることだが、それが経営サイドがこれらの語で意図しているものとは異なっていたことは明らかだろう。彼の言葉遣いは丁寧ではあったものの、露骨な話し方をしてしまった結果、この用語をめぐる誤解のせいで、ダモアはグーグルから解雇されることになったのだ。

言葉の意味

一見、重要な問題についての議論に見えるが、実のところただの言葉の意味についての不同意にすぎないというケースは多い。[原注11] 辞書にどう書いてあるかを訴えたくなるような場合は、そういう状況に巻きこまれていると言ってよい。〔言葉の意味について裁定してもらおうとして辞書に訴えるのはあまりよいやり方とは言えない。なぜなら、人々は〔同じ〕言葉を複数の異なった仕方で用いるし、その意味も文脈によって変わるからだ。例えば、「信仰」や「女」がそうだし、それから今見たばかりだが「多様性」という言葉がそうだ。〕

例えば、誰かがこう言ったとしよう。「政府が気に入らない」と。このときにその人が言わんとしたのは、政府の介入や、腐敗、官僚制度、権力の過度の集中、その人の価値観に反する規制が気に入らない、ということなのだとしよう。〔他方で、〕他の誰かが政府を気に入っている、と言ったとしよう。その際に〔「政府」という言葉で〕実のところ意味されていたのは、安全、安定、社会保障やインフラのことだったりする。もしこの二人が「政府」についての会話をすることになったら、ほとんどすべての政策について同意している場合でさえ、言い争いになってしまう恐れがある。このような衝突はイライラするものだ。というのもそれは、本質的な対立のように見えて、実のところ言葉の意味についての対立だからだ。そういう苛立ちやミスコミュニケーションは、事前に言葉を定義し、その定義について同意を得ることでいくらか減らすことができる。

言葉の定義に関する意見の対立は、道徳《モラリティ》[訳注2]をめぐる会話を容易に脱線させかねない。なぜなら、同じ言葉でも人によってかなり異なるものを意味することがあるからだ。ボゴジアンが前著『無神論者養成マニュアル』〔*A Manual for Creating Atheists*〕で説明したように、宗教家と無神論者は「信仰」という言葉の意味について意見を異にしている。[原注12] したがって、二者が会話を続ける前には、特にこの言葉の意味を明確にすることが重要なのである。

政治において、リベラルは福祉事業を先進国の道徳的な責任だと考えるのに対して、保守派はそれを施しを与えることで人の努力する気を挫く行為と見がちである。つまり、リベラルは福祉事業をケアと危害という観点から見ている一方で、保守派は公正・公平性の観点から見ているというこ

訳注2　原語“morality”は多くの場合「道徳性」、「道徳観念」等と訳されるが、本書では人が依拠する大事な価値観やその体系全般を示すものとして用いられている節があり、実質的には日本語でいうところの「生き方」に近いものだとも考えられる。

とができる（この点について詳しくは7章で扱う）[原注13]。この場合、「福祉《ウェルフェア》」という言葉は、〔名詞として〕機能的には同じことを意味しているが、聞く人によってその倫理的な含みは変わってくるということだ[原注14]。ここでは、政府による施しはふさわしいかどうかとか、貧困問題を緩和するためにはどうしたらいいのかなどについて直接話せば、倫理的なニュアンスを帯びた「福祉」という単語を使わないで済む。公平性や、誰が何を受け取るのにふさわしいかについて話し始めると、いとも簡単に過熱した口論へと脱線してしまうということ、これに注意すること！　会話の中心となる語（「真理」、「女性」、「福祉」等）の意味について同意できないようであれば、別の話題に切り替えるか、あるいは会話を打ち切ってもかまわない[原注15]。

言葉の意味について共通了解を得る方法

左記のシンプルな方法で、語の意味についての不同意をきれいに解消し、会話が脇道に逸れるのを防ぐことができる。

1　あらかじめ語を定義しておくこと。
「［X］という言葉でどういうことを意味してますか？」あるいは「［X］という言葉をどのように定義していますか？」というフレーズを使ってみよう。

2　語が用いられている文脈を理解しようと努めること。

「他の文脈でもその言葉を同じように使っていますか？　もしそうでしたら、具体例を教えてもらえませんか？」と訊ねてみよう。例えば、「［X］という語がどういう意味で使われているのか、まだ分からないのです。同じ語［X］が同じ意味で使われている、なにか別の文脈での例はありますか？」というように聞いてみよう。

3　相手の定義にあわせること。

パートナーに定義を訊ねて、相手が定義を与えてくれたのであれば、その定義を受け入れて先に進もう。もし、会話で重要になる語に対して相手が与えた定義が受け入れられないのであれば、別の話題に移るか会話をそこで終了しよう。

4　語がもつ道徳的なニュアンスに気をつけること。

ある語が道徳的なニュアンスを帯びている場合、それを用いるパートナーは自分の考えの正しさを信じこんでいることが多々ある。これは、そのような考えをすることでよりよい人間になれると思っているからだ。[原注16]　つまり、善い人間にしてくれるような考えをまず信じて、そこからその考えを裏付ける証拠を探しにいく、というふうに逆行してしまっているわけだ。（つまり、道徳心が理性を上書きしてしまっている。）例えば、道徳の問題についての推論は、しばしばこの〔悪い〕パターンに落ち込んでしまう。ジョンは善良な人々はXと考えるのだと考えている。善良な人は一般にXと考える、とジョンは考えている。自分は善良な人間だ、とジョンは考えている。したがって自分はXだと考えるべきだ、とジョンは考えている。ジョンはそれから、Xを裏付けてくれるような証拠を探して、結果としてXだと考えることにな

りがちである。それでもあくまで、彼は自分が見つけた証拠にもとづいてXだと考えているのである。[原注17]

#3 質問すること

ソクラテスから学ぶべき教訓はずばり、会話で一般的な話題ではなく、具体的な質問に集中すること、というものだ。

ソクラテスは、誤った考えを持った人々を揺さぶり起こす能力でよく知られている。彼が多くの場合で用いたやり方は、注意深く練られた論証をつきつけるのではなく、考え抜かれたターゲットを定めた質問をするというものだった。次に挙げるのはソクラテスの質問の例で、門弟であったプラトンによって書かれた対話篇から取ってきたものだ。[原注18]

- 人間であるとはどのようなことだろうか？　徳があるとはどのようなことだろうか？（『ソクラテスの弁明』、『メノン』）
- 勇気とは何か？（『ラケス』）
- 正義とは何か？（『国家』）
- 法律に従わなくてはいけないのはなぜか？（『クリトン』、『国家』）
- 死ぬことにも値するのは何か？（『ソクラテスの弁明』、『クリトン』）

● 刑罰が正当化されるのはどのようなときか？（『ゴルギアス』、『国家』、『法律』）
● 個人の責任はどのくらい重要なのだろうか？（『ゴルギアス』、『国家』、『法律』）
● 最も善い人生とはどのようなものか？（『国家』）
● 他人に対してどのような義務があるのだろうか？（『国家』）

どの場合でも、ソクラテスによる探求は、明確に打ち出された質問をめぐる形でなされている。彼が対話を制御しえていたのは、論点が絞られていたからだ。会話が迷子になってしまったり、不明瞭になってくるようなことがあれば、ソクラテスはもともとの問いに立ち返っている。彼は背表紙効果が起きていることを示そうとはしているが、あくまで質問することに集中しており、〔一般的な〕話題には意識を向けていない。

較正済みの質問

開かれた質問《オープン・クエスチョン》とは、パートナーが自分の考えを自らの言葉で、ある程度の長さを使って答えるような質問のこと（1語で済む「はい」とか「いいえ」とかの答えではなく）だが、これが会話の取っ掛かりとなる。プロの人質交渉人クリス・ヴォスは、特定の開かれた質問を「較正済みの質問《キャリブレーテッド・クエスチョン》」と呼んでいる。[原注19] 較正済みの質問は、「どのように」や「なにを」といった内容を訊ねるもので、〔英語だと〕「how」や「what」で始まる疑問文を指す。「how」や「what」で始まる質問は、はい《イエス》／

いいえ《ノー》といった回答とは相容れず、〔英語でいうと〕「can」、「is」、「are」、「does」、「do」で始まるような質問とは異なっている。[原注20] 例えば、「このことについてどういう印象をお持ちですか？」と訊ねてみよう。「このことをよいと思いますか？」の代わりにである。迷ったら、「どのように《ハウ》」か、「何が《ワット》」をまずは試してみるとよい。

名医が問いかける質問は、較正済みの質問のよい例である。「痛みを感じますか？」という質問では、はい／いいえの答えしか返ってこない。そうではなく、熟練の医師というものは「今あなたが感じている感覚についてどういう風に表現できますか？　たとえば痛みであるとか」という風に聞くものだ。

閉じた質問《クローズド・クエスチョン》とは、1語ないしごくごく短い回答、特に「はい」か「いいえ」を求める質問だが、その先の議論が続かない上、会話を気まずいものにしてしまう。法廷弁護士が反対尋問で証人を追い詰めるときによく用いる技法でもある。法廷の文脈だと、回答を求められている人から同意を引き出そうと追い詰めていることになる。そういう方法が役に立つこともあるが、用いる場合は分別をもって臨むべきだ。あなたが会話をさあしようかというときに、尋問をされたいと思うだろうか？　もちろんそんなことはないだろう！　他の人だってそうだ。閉じた質問は、会話のパートナーが率直ではないときには使うのもありだろう。たとえば姦通をはたらいた女性に投石するか否かをめぐる、先に扱った例のようなときがそうだ。そういう場合は、はい／いいえで答えられるシンプルな質問は、便利に使えることもある。

どんな会話でも較正済みの質問を訊ねられる方法

1　話題を一つ選択したならば、それをさらに絞りこみ、問いの形で明確に述べること。

「確認なのですが、ここでの問いは［X］か、というものですよね？」のように言ってみよう。パートナーの反応をみて、質問を較正すること。もし質問を修正する必要があれば、新しい案を再度言うことだ。「なるほど、分かりました。問いは［X］か、というもので合っていますか？」というように。これは閉じた質問が役立つ事例でもあるが、あくまである程度、問いの方向が分かってきてからであることに注意したい。

もし、あなたが提案した問いの定式化にパートナーが不満なようなら、こう言ってみよう。「どういう問いがよいと思いますか？」あるいは、「私たちが話すべき問い、あなたであればどうやって言い表しますか？」でもよい。こういう質問それ自体が、較正済みの質問になってくれる。

2　もし会話が迷子になってしまったら、最初の問いに立ち返ること。

ここで使えるフレーズがこれだ。「私たちはXについて話していましたよね、その問いに一度戻ってみませんか？」あるいは、「Xについて話し始めたはずなのに、どこかで脇道にそれてしまったようですね。Xの話題に戻りませんか？」。

別の方法として、最初の問いに戻りたくないときには、あえて戻らないという手もある。

会話がより興味深い方向に迷いこんでいき、あなたもそちらについて話すのに乗り気ならば、別の問いを立てて新しい議論を始めてしまえばよい。

3 誠心誠意で臨むこと。

よい問いとは、あなたが心の底からそれへの回答を探求したいと思うものであって、別の何らかの目的を果たすために質問しているのではないことが、なにもしなくとも自然と伝わるようなものだ。[原注21] 人はそういう真心をみせてくれる人に敬意を示し、そういう人が現れないかと望むものだし、小細工をする人のことは信頼しない。あなたが心の底から議論している問いに興味をもっているのならば、それは伝わるはずだ。[原注22]

4 主張を問いの形に偽装しないこと。主義主張を誘導するような問いかけは避けること。

例えば、「共和党員が貧困に苦しむ人々の苦境に無関心になってしまったことについてどう思われますか?」のような問いが〔悪い〕例だ。こういう質問は「誘導」質問だというべきで、較正済みの質問のように見えるのはみかけだけだ。というのも、この質問は「共和党員は貧乏な人に冷淡」ということに相手が賛成しているという仮定のもとに成り立っているからだ。これは、自説の主張をしているのに主張はしていないというふりをしているか、はたまた主義主張があるのにないふりをしていることになり、いずれにしても誠心誠意のコミュニケーションとはいえない。このようなことをすると、会話の相手がこちらの持っている仮定を共有していないとき、あなたは痛い目にあうだろう。

5 「どのように〔How〕」や「何が〔What〕」の入った較正済みの質問を訊ねてみること。

較正済みの質問は、開かれた質問の一種で、会話の方向をあなたが望む方向にもっていく機会をもたらしてくれる。閉じた質問（はい／いいえで答えられるもの）を使うのは、〔相手の意図を〕明確に確認したいとき、〔議論の〕混乱状況を収めたいとき、パートナーの考えをあなたがちゃんと理解できているか確認するとき、といった場合を除き、一般的には避けるべきだ。

#4 極論の持ち主の存在を認めること

アメリカ南部の諺で、おそらくセールス界隈が出処だと思われるが、こういうものがある。「あなたがどれだけものを知っているかなど誰も気にかけない、あなたがどれだけ気にかける人なのか分かるまでは」。このシンプルな言葉が何を言わんとしているのかを腹の底から理解するまで、著者の一人リンゼイは必要以上の時間を――10年以上――費やしてしまった。

字面だけ見ると、この諺は次の二つ〔の解釈〕のうちのどちらかを言っているように見える。すなわち、人があなたがもつ知識のことを気にかけるのは、〔一つ目、〕あなたが〔対象について〕夢中になっているときだけだ（つまりあなたがその事柄について大いに気にかけているいるときだけだ）、あるいは〔二つ目〕、あなたが話しているその相手のことを気にかけているときだけだ。そのどちらであっても、相手の意見を変えるためには役に立たない。これら二つの視座からこの諺を理解しても、セールスには役に立つかもしれないが、道徳にまつわる意見の分断を超えたところで行われる会話にはまるで役に立たない。〔一つ目の読みにしたがって、〕夢中になって語れば話に耳を傾けてもらえるかもしれないが、それによって人を説得できることはめったにない。むしろたいていの場合は逆に、狂信者であるとか、浮世離れした人というようなイメージが付いてしまうだろう。（路傍伝道者[訳注3]のことを考えてみればすぐに分かるだろう。）同じように、〔二つ目の読みにしたがって〕対人関係での信頼だけでは道徳的な分断の橋渡しには不十分なことが圧倒的に多いのだ。リンゼイの親しい友人の多くは、宗教・政治について劇的なほどに異なった意見をもっているが、友人として彼らのことを気にかけたところで、こちらの話を聞いてもらえるようになるのが関の山なのである。〔話を聞くだけの段階を超えて、〕友人たちがリンゼイの意見やそう考える理由に納得するようになることは、まずありえない。

リンゼイはこの諺が実は道徳のレベルにも当てはまるのだとあるとき気づき、それ以来、異なる見解を持つ人と会話する方法が劇的に変わった。この南部の諺の謎を解く鍵は、動詞「気にかける《ケア》」の目的語が本当は何なのかを把握することにある。それは「話題を気にかける」ことではないし、「相手を気にかける」ことでもない（もちろんそうすることは重要な要素の一つではあるが）。そうではなくて、気にかけるべき事柄とは、パートナーの立場からみて、正しいことは何なのか、ということなのである。つまりこの諺の要点は、価値観を共有せよ、ということにあるのだ。[原注23]

道徳のレベルから例の諺を解読してみるとこうなる。道徳的な分断を乗り越えてパートナーからの信頼を勝ちとるためには、パートナーのこと、特にパートナーが気にかけている価値のことを、こちらも気にかけていることを示せるようにならなくてはならない。パートナーから自分が味方のチームだと思われる必要はないが、信頼してもらうためには、あなたを敵チームからは切り離してみてもらう必要がある。これを怠ってしまうと、あなたの言いたいこと（あるいはあなたがそれを言う理由）を気にかけてくれる人はほとんどいなくなってしまうだろう。この点を理解することが、道徳的な分断を超えて会話するためには重要なのだ。

こういった信頼を築くのは簡単ではないし、できたとしても時間がかかる。この本で紹介する多くのツールやアプローチは、大事な局面、つまりあなたと違う倫理観の持ち主と接するような局面で、あなたがきちんと信頼に足る人間であることを証明する方法のレパートリーを増やしてくれるだろう。逆に、こうした信頼を確実に損ねるための方法が少なくとも一つある。そして、それは全くもってよくみられる。「あなた側」の陣営のうち、会話のパートナーが最も恐ろしいと思っているような人たちとあなた自身を切り分けられない限り、パートナーからの信頼を勝ち取ることはまず不可能である。そうなってしまうと、宗教、道徳、政治といった相手が最も重要だと考える話題について、あなたがどれだけの知識を持ち合わせていようと、全く気にかけてはくれなくなる。

訳注3　街角など、公の場で信仰を広めるためにスピーチを行う宗教者のこと。キリスト教の福音派と結び付けられることが多く、伝道にはパンフレットの配布や音楽演奏を伴うこともある。「野外説教」、「屋外説教」という訳も当てられる。

極論の持ち主は行きすぎる

政治や道徳をテーマにした会話では、道徳の範疇で互いに賛成できる論点を見つけることが、ほとんどの場合に役に立つ。ほぼすべての会話において容易に合意を見出すことができるポイントが一つある。それは自分の側の極論の持ち主《エクストリーミスト》がいかに行きすぎているかを指摘することだ。

会話のパートナーがあなたとは真逆の政治観をもっている場合、相手はあなたの側の極論の持ち主のことを信用していないだろうから、そのことに同情を示すことで、互いに賛成できる論点をいとも簡単に作ることができる。私たちを取り巻く分極化されたメディア環境のせいで、相手は「あなた側の」極論のことを、あなたの陣営におけるより穏健な立場についてよりもよく知っている、ということも多々あるだろう。同じことは、あなたの立場を支持するよい議論を、相手がどれくらい知っているかについても言える（相手の立場についてのあなたの知識についても同様である）。特に「流血沙汰は見出し記事へ〔残酷なニュースほどよく報じられる〕」という格言に従ったメディアによって、この狂った状況がさらに加速してしまっている。別の言い方をすれば、分断の向こう側にいるパートナーは、「あなたの側」の極論の持ち主の見解を、不当なことだがあなた個人に結びつけることがよくあるということだ。極論は、派閥主義、分極化、無根拠な懐疑主義、不信、自己防衛、そして（腹立たしいことに）相手側の見解のアンフェアな戯画化、これら〔のネガティブな印象〕を強化してしまう。[原注24] さらにひどいことには、一方が極論をぶつと、それと対立する側も極論で応酬するということになりかねない（ネオナチ[訳注4]とアンティファ[訳注5]〔の対立〕のことを考えてみればよい)。こういった欠点は、しかしながら、あなたの利点に変えることができる。きっぱりとあなたの側の極論を否定すればよいのだ。

極論の持ち主の存在を認めることは、簡単に、かつ直ちに得られる同意でもあるし、ほとんどすべての道徳をめぐる分断において使える手段である。これによってパートナーは、あなたは「逆側」の人ではあるが、逆側の中でも飛び抜けておかしな問題には気づいていて、そういう極論には与しない人で、また狂信者でもないのだ、と分かってくれるようになるだろう。この認識は意見の隔たりを埋めるのにも役に立つ。というのも、あなた個人とあなたの派閥とを切り分けることで、パートナーとあなたが同意する重要な共通基盤を明確にすることができるからだ。[原注25]

例えばの話だが、あなたが支持する大義のためのデモ隊が、暴力的になり器物破損するに至ったらどうするか? 穏健派の声を押しつぶそうとしていたら? キーキーとわめく子どものように振る舞い、意見を述べようとする人に怒鳴りつけていたら? 社会秩序をめちゃくちゃに破壊し、関係のない無実の人を困らせていたら? 誹謗中傷に訴えてきたら? こういった振る舞いにはすべ

訳注4　ナチス・ドイツの崩壊後にも未だにその思想を熱烈に信奉する人々(「ネオ」は「新」の意味)。白人至上主義、反ユダヤ主義、ファシズム的傾向を大まかな特徴としており、ドイツ由来の運動ではあるが米国をはじめ世界の各所にその支持者が存在している。

訳注5　ファシズムに反対〔アンティ〕する運動やそのメンバーのこと。発祥の地はドイツだが、中央組織やリーダーは存在せず、米国を含む世界の様々な場所に支持者がおり、緩やかな連帯をなしている。ネオナチの白人至上主義や人種差別主義に対抗し、ときに過激な実力行使に出ることで知られる(活動時は覆面を着用)。元米国大統領のドナルド・トランプは彼らをテロ組織同然の存在だとして名指しで批判していた。

てノーと言おう。誰の仕業かは関係なくだ。こういった事件の言い訳を用意して自分の陣営を守ろうとするのではなく、自分の側の極論には反対しているという点では、あなたと相手は同じ立場にあることをただちに思い出そう。これが信頼の基礎、ひいては同意できる安全な論点になり、そこからより深い会話を始めることができる。[原注26]

極論は否定すること

いつでも極論を否定する準備をしておこう。簡単なやり方をいくつかを紹介する。

1 「あなた側の立場」がどれくらい行きすぎているのかをはっきり示すこと。

もし〔あなた側の極論の例を〕思い出そうとしてみてもうまくいかないようなら、まさにあなたがその極論の支持者であるという可能性が大いにあり、その場合は考えを穏当なものに変えるべきだ。あなた側の立場がどの点でおかしなことになっているかを知る手っ取り早い方法は、反対側の人に訊ね、耳を傾け、エゴや社会的な立場は一時的に脇に置いておいて、相手の言うことを信じてみることだ。

2 「あちら側」の極論を取り上げないようにすること。

相手が相手側の極論についてどう接するかは、相手の問題である。あなたが自分側の極論を認めるという歩み寄りをしたからといって、見返りとして相手にも同じことを求めてはならない。会話を取引のように扱うべきではないということだ。

3 擁護できないような行動は絶対に擁護しないこと。

あなたが政治的に左派を自認していたとしても、市民社会では、暴動や暴力、警官に危害を加える行為を擁護してよいという免状が与えられるわけではない。〔他方で、〕政治的に右派だからといって、人種差別主義的な言動や、国債の不履行をちらつかせて脅すなど、国家の利益を危険にさらす議事進行をわざと妨害するような政策を擁護するための正当化にはならない。あなたの側の厄介者には毅然として立ち向かおう。そういった極論は、あなたやその立場、価値観を代表するものではないとはっきりと伝えることだ。そして必要に応じて、なぜ〔極論があなたの立場と異なる〕かを説明しよう。もし可能であれば、常に「あなたの側」よりも大きな立場に立つようにしよう。〔具体的には、〕市民社会、生産的な対話、そして極論を排した歩み寄りを支持する立場を取るのだ。[原注27]

4 極論の持ち主のことは「狂人」、「狂信者」、「ラディカル」とみなすこと。

パートナーもそうみなすことにおそらく賛成してくれるだろう。先に紹介した諺「あなたがどれだけものを知っているかなど誰も気にかけない、あなたがどれだけ気にかける人なのか分かるまでは」の実現に向けた橋渡しにもなる。

5 相手の側には思いやり《チャリティ》をもって接しよう。とりわけ、相手の側全体を極論が代表しているかのように特徴づけるのは避ける。（先に述べた3章#1「モデリングすること」を思い出すこと）。

パートナーの立場——あるいはパートナーその人——を極論として扱ってしまうと、防衛反応としてあなたの側――あるいはあなた自身――のことも極論だとみなされかねない。相手の側をあたかも頭がおかしい下劣な存在かのように扱ってしまうと、相手のほうもあなたの側を同様に考えるようになるというのは、ごく控えめに言っても、ほぼ確実だといっていい。

6 自分自身が極論に走っていないか確かめ、極論は会話から漏れなく締め出すこと。

自分が極論を受け入れたり、相手の見解を単純化してしまうのはどういう仕方かを認識しよう（例えば、「保守派はファシストだ」とか、「リベラルは自己満足のおせっかい焼きだ」など）。そして、そういう考えを自分から一掃する努力をしよう。自分の関心をより現実的かつ公平に表現する、他の方法を見つけよう。

#5 ソーシャルメディアを使いこなすこと

ソーシャルメディアで失敗したことのない人はそうはいまい。失敗は数多い。著者二人もこんなことをツイッター〔現X〕でつぶやいたことがある。

「ゲイであることにプライド[訳注6]を持つなんていうことが、一体全体どうしたら可能なのか理解できない。自分が勝ち取ったわけでもないことにどうやったらプライドを持てるのか？」（ボゴジアンのツイート）

「第三波フェミニズムのインターセクショナリティ主義[訳注7]の影響を受けたという男たちはほぼ全員、弱々しくてガリガリの体型なんだが、あれはなぜなのか?」（ボゴジアンのツイート）

「ソーシャル・ジャスティス・ウォリアー運動[訳注8]が実は、思想的指導者の人格障害に端を発していたという見込みは確率でいうとどれくらいだろうか?」（リンゼイのツイート）

ソーシャルメディア上で挑発的な質問を投げかけておきながら、節度のある議論ができるなどと期待するのは、ナイーブなだけでなく、間抜けだと言わざるをえない。そう、他ならぬ著者の私たちがそうだったのだと、まずは断っておこう。「挑発的」であることと「節度を保つ」ことは、ソーシャルメディアという場では同居できない二つの態度なのである。〔先のツイートのように〕二つ

訳注6　多数派とは異なる性的指向・性自認の持ち主でも、卑下することなく、自分のあり方に誇りをもつべきであることを意味する、ＬＧＢＴＱ＋コミュニティでよく用いられるメッセージ「ゲイ・プライド」についての発言。

訳注7　米国の黒人女性法学者キンバリー・ウィリアムズ・クレンショーが発案した概念。黒人女性の置かれた窮状は、黒人であること（人種差別）と女性であること（性差別）という二つの性質が単に加算されたものとして考慮するだけでは不十分であり、それらがかけあわされた特異な状況（交差性）として理解することが必要だと強調するもの。

訳注8　リベラル・左派的な価値観（フェミニズム、ポリティカル・コレクトネス、多様性、包摂性等）を熱心に擁護・推進する人を揶揄する表現。インターネットミームとしてソーシャルメディア上で広まった。

を混同してしまうと、求めていた効果が得られなかった——人々がより深く考え、持論を吟味するきっかけを提供することが私たち二人の目的だった——だけでなく、反対の効果がもたらされてしまった。〔つまり、〕人々は私たち二人を人でなしだと考えたのである。

ソーシャルメディアでは揉めそうな会話を避けること

この本で紹介している科学的証拠にもとづく《エビデンス・ベイスト》会話へのアプローチや戦略が、対面でのやりとりに応用できることについては、様々な文献によって実証されている。〔しかし、〕それがどの程度オンライン環境でも使えるかは、はっきりしていない。効果的な会話を多種多様なソーシャルメディアで行うにあたっては、確固たるエビデンスがない以上、次のことをまず強く勧めたい。すなわち、オンラインで緊迫した問題について議論するのは、本当に必要な場合にだけにすること（そもそもが本当に必要になる場合とはどういう状況なのかは想像し難いが）、そして〔オンラインで〕生産的に議論する方法についての確固たるエビデンスが見つかってからにする、ということだ。ソーシャルメディアでの会話から得られるものは、皆無ではない（ストレスを発散して気分がよくなったりはするだろう）し、確かにいくつかの利点はあるだろう（リアルタイムで相手に反応しなくてもよい等）[原注28]。ただ、それらを除けば、ソーシャルメディアはもともとただでさえ難しい議論というものを、さらに「ハードモード」にしてしまうものだ。分断を煽るような会話や挑発的な内容をソーシャルメディア上でシェアすることについて、一つだけはっきりしていることがある。それは、〔人間〕

関係を破壊し、〔すでにひどい状態にある〕ソーシャルメディアの害悪をさらに強めてしまうということにほかならない。

種としての私たち人類は、対面での会話をできるように進化してきた。たいていの場合、相手の顔を見れば、口調やしぐさ、顔の表情から色々なことを簡単に読み取れる。[原注29]〔他方で、〕テキストでのやりとりではそういった重要なヒントがいっさい得られない。これらの標識がないことによる利益もあるだろうが、それよりも〔交わされる〕内容の深みが失われるという損害のほうがずっと大きい。文字で書かれている主張は多くの異なった意味に解釈されうるという特徴がある。こうした多義性〔による混乱〕の多くは、話しぶりという情報さえあれば解決してしまうようなものなのだ。皮肉はその例の一つで、文字でのチャットだと、口頭で話しているときよりもはるかに気づきにくくなる。そこで皮肉を表すためだけに使う〔「!」や「?」のような〕記号を開発しようという試みがあるくらいだ。[原注30]

加えて、話し言葉では強調する位置を変えることで、語の意味を変えることができる。例えば、「それはフェアではないと私は思います」という発話において、どの語に強調を置くかによって意味が変わってくる。強調する部分を太字であらわすと、「それはフェアではないと**私**は思います」は、「個人的にはフェアはないと思う(が、他の人がどうかは知らない)」ということだし、「それはフェアではないと私は**思います**」は、「〔ふわっと思っているだけで、そこまで確固たる考えではないという意味で〕フェアかそうではないかは正直決めきれない」という意味になる。こういうニュアンスは話し言葉だと明らかだが、書き言葉だと色々と推察しなくてはならない。ひとたび意味を間違って受け取ってしまうと、会話は脇道に逸れ、不毛な分断を煽るだけの議論になってしまいかねない。
　こういった問題のせいで文字によるコミュニケーションはずっと難しいものにならざるを得ないのであって、それはプライベート〔なやりとり〕でも事情は変わらない。ただ、ソーシャルメディアは基本的には公開《パブリック》されたもので、公開の場での会話の力学は非常に異なったものになるだろうし、参加者があなたとそのパートナーという思慮深い二人だけだということはほぼない（この問題についてはすぐ後でまた触れる）。対面の会話は、豊かな「音楽」や「ダンス」とでも言うべき、声のトーンやボディ・ランゲージによって彩られているわけだが、それらを欠く文章でのコミュニケーションはただでさえ難しい。ソーシャルメディア上での会話は、先の要因によって、〔普通の文章コミュニケーションよりも〕さらに困難なものになっている。[原注31]
　さらにややこしいことに、各ソーシャルメディア・プラットフォームはどれも異なったインフラを有しているがために、それぞれが特有の問題を突きつけてくる。例えば、ツイッター〔X〕では一つのツイート〔ポスト〕ごとに２８０文字の上限があり、[訳注9]〔投稿された情報の〕ほとんどが公開されている。原則として、ツイッターで議論はしてはならない。（もしどうしても議論に参加しなければならないと感じた場合でも、やりとりは2往復で止めておこう。このメディアは、繊細な議論をすることには向いていないのだ。必要に応じて、この〔やりとりは2回までにしているというあなたの〕原則を説明したり、メールその他の私信で議論を続けることを相手に提案するために、３つ目の返事を加えてもよい。）ツイッター〔で発言すること〕は、ステージ上で大観衆に向けて一気に演説をぶつようなものだと考えればよい。劇場の最後部座席から野次を飛ばしてくるような客とは、議論をしようなどと、普通は思わないだろう。

フェイスブックはツイッターに比べれば個人的な人間関係をもとに構成されている。なのでフェイスブックは会ったことのある人ならだれでも顔をだす可能性があるファミリー・パーティ[訳注10]のようなものに近い。そういう状況であなたならどういうふうに振る舞うだろうか。ある特定の性的嗜好の道徳的是非について、あなたが大学からの旧友と白熱した議論を交わし罵声を投げつけあっているところを、あなたのおばあちゃんや職場の同僚が見たいと思うことはないだろう。それぞれのプラットフォームには、特定の種類の観客を引き寄せ、満足させるような特定のインフラがそれぞれ備わっている。もし我慢ができず、どうしても〔そこで議論したいという〕気持ちを発散させたいのであれば、せめてどういう観客がいるのかは知っておくべきだ。

ソーシャルメディアでの会話について最後に2点。第一の点は、人が何かをソーシャルメディアに投稿するときは、特に断りがない限り、ほとんどの場合その人は自分の考えが訂正されることを求めているわけではないということだ。たいていの場合、そういう人の目的は自分の意見を確証することにある。シェアした内容に憤慨している人は、他の人にも同じように憤慨してほしいのである。

訳注9　2022年10月に実業家のイーロン・マスクがツイッター社を買収し、2023年7月にはサービス名を「X（エックス）」に改めた。文字数制限は、2023年9月現在、半角280文字（全角140字）に変わりないが、有料版にすることでこの制約を超えた長いポストを投稿することもできるようになった。
訳注10　記念日や祝い事があったときに、自宅を会場として親族や友人を広く招いて飲食を楽しむ米国の文化的催し。日本でいう親族の集まりよりも規模が大きく、カジュアルな場合が多い。

る。わざわざオンライン上に投稿しようとするくらい自分の見解に自信を持っている人は、たいていの場合、その考えを他人に伝えようとしているのであって、批判を受けたがっているわけではない。(つまり、そういう場合は伝令になっているというわけだ。)同じことは読んでいるあなたの側にもいえる。フェイスブックで見た投稿に納得できないとき、あなたは認知的不協和を感じるということだ。認知的不協和とは、自分の世界観に合致しない情報が入ってきたときに感じる不快な感情を指す言葉である。あなたの感じている不協和が、他の人の意見を訂正したくなるような気分を誘発する。自分は親切にも、相手の間違った推論を修正してあげている、と思ったりもする。しかしながら、そうやって始まった議論は、人間関係を傷つけ、相手をさらに殻にこもらせてしまうことになってしまう公算のほうがずっと高い。[原注32]

第二の点は、ソーシャルメディア上の会話の多くは、デジタルな公共空間で行われるということだ。そういう場には障壁や複雑な事柄が高く積み上がっているものだ。うまくいっていると思った会話でも、挑発的だったり喧嘩腰の第三者が一人でも加わってしまうと、とたんに台無しになってしまう。そんな人物が20人ほど、束になってやってくることだってある。もっと重要なこととして、公開の場での会話に臨むときには、人は自分のプライドを賭けているということだ。その結果として、公開の場での議論では、プライベートのときと比べて、人はもともとの立場に、より固執する傾向がみられる。[原注33] 少し想像してみてほしいのだが、あなたがいいところを見せたいと思っている観衆の前に立っているとき、プライベートで一対一で議論しているときと比較して、どれくらい猛烈に自分の立場を守ろうとするだろうか。途中で考えを変えたり議論に「負ける」ことは屈辱的だと捉えられるため、ソーシャルメディア上の議論が多くの場合、悪い方向に捻れてしまうのも、まったく驚くことではないことが分かるだろう。[原注34]

逆に、ソーシャルメディア上で会話をもつことの利点は、主に二つある。そしてそのどちらも、公開のソーシャルメディアで行うことを必要としない。二つの利点は要するに、デジタル・テキストを通じたやりとりは、色々な弱点はあるものの、時間や空間の制約がない、ということでまとめられる。インターネット接続さえあれば、リアルタイム通話が低コストかつ地球上のほとんどすべての場所にいる人とあっという間にできてしまう。それに、答える前に少し考える時間を取ったり、落ち着く時間がほしいと思うような質問をパートナーが投げてきたら、必要なだけ時間をとることができる。[原注35] この性質のおかげで、対面だとしばしば会話を脱線させかねない、感情的なリアクションを抑えることができる。こういう点は確かに、紛うことなき利点だと言える。しかし再度強調しておくと、公開での会話とプライベートでの会話は違うということを忘れてはならないし、揉めそうな話題に触れ始める前には、プライベートに切り替えるようにすることだ。

ソーシャルメディア上で会話するためのベスト・プラクティス

ソーシャルメディアを使うためのシンプルなガイドラインを紹介しよう。

1 投稿はたとえ「削除」したとしてもサーバーには残ることを忘れてはならない（フェイスブッ

ク、Snapchat、その他のチャットメッセージ〔LINEなど〕ですらそうだ）。

何かを書きこむ前に、送った内容が何であれ、とても長い期間、保存されるのだということを思い出そう。

2　怒っているときには決して投稿（やメールの返信、オンラインでの会話に参加）しないこと。

誰かのリプライで「かっとなっている」ならば、それはあなたが完全に落ち着くまで応答すべきではない明らかなサインだ。

3　ソーシャルメディアで誰かがからんできたからといって、あなたに応答する義務はない。

もし、ソーシャルメディア上での白熱したコメントにどうしても返答しなくてはならないと感じたならば、その人に個人的に連絡してみよう。[原注36] 多くのソーシャルメディアではプライベートメッセージ〔DM〕が送れるようになっている。他のやり方としては、メールや電話で、丁重に、投稿の内容について議論できないか訊ねるという手もある。（質問の形で聞くようにすること。命令してはならない。）

4　ツイッターでは絶対に議論してはならない。

一つの投稿の上限が280文字というこのプラットフォームの構造上、発言のニュアンスは伝わりえず、特に問題なのが、大人数が群れて、たいていの場合荒々しく、悪いことをやらかしたとみなされた人に対する集団いじめが起こりやすいのだ。

5　宗教、政治、そして哲学に関するたいていの話題は、フェイスブックの個人ページに投稿しないようにすること。

ソーシャルメディアとしてのフェイスブックに固有のつくりは、宗教や政治、それからたいていの哲学的な議論をするのに適していない。[原注37] また、フェイスブックで宗教・政治に関する投稿に反応することも最小限にするほうが賢明だろう（というのも残念なことに、仕組み上、あなたの反応はフレンドに公開されるようになっていて、そのせいで反応するだけでも自分で投稿するのと同じようなものだからである）。

6　全くもって適切に自分をコントロールできないようであれば、匿名のツイッターアカウントを作って虚空に向かって怒りを吐き出すこと。

〔匿名アカウントを作ったとしても〕人にメンションを飛ばしてはならない（たいてい罵りだととられる）。ただ怒りを解放するだけにとどめること。必要とあれば単語を全部大文字にして強調してもよい。

#6 非難ではなく寄与について論じること

ドナルド・トランプは、〔あくまで〕不動産業界の大物で、リアリティショーで有名になった芸能人であり、政治の経験がいっさいなかったにも拘わらず、どうやって2016年11月のアメリカ合衆国大統領選で当選したのだろう？　この問いに対する答えを誰もが「分かって」おり、誰しもが〔彼が当選してしまったのは〕自分以外の誰かのせいだと分かっている、というような状況のように思われた。選挙の直後から、多くの人は直ちに、誰かしらを——誰でもいいから——責めたてた。これは政治的にどちらの側だったかを問わない。ヒラリー・クリントンとその選挙キャンペーン〔のまずさ〕が責められたし、民主党が、FBI長官のジェームズ・コミーが、ロシア人が、ウラジーミル・プーチンが、バーニー・サンダースが、共和党が、急進派左翼が、FOXニュース[訳注11]をみているような右翼が、「主流メディア各社」が、フェイクニュースを拡散した人々が、ウィキリークスとその創設者ジュリアン・アサンジが、と責められた人のリストはきりがない。

　では、責められた人たちはどのようにに応答したのだろうか？　皮肉なしに「そうです、悪かったのは私です」とでも返したのだろうか？　そうではない。彼らは過失を認めず、他の誰かに矛先をずらして、「では、これこれの件はどうなんですか？」と聞き返したのだ。むしろ多くの人は、自分が非難された行動を倍加させたのである[原注38]。例えば、急進派左翼の大部分は、性差別と人種差別がこうも広くはびこっているということが選挙で決定的に明らかになった、という考えにいまだに執着している。ヒラリー・クリントンが選挙で負けたのは、特定の人種や集団（男性一般と白人女性）全体のせいなのだ、となじる人もいる[原注39]。アイデンティティ・ポリティクス[訳注12]における自分たちの立ち位置がトランプの勝利の手助けをしてしまったかもしれない[原注40]という反省をすることなしに、私たちの社会は度を超えた性差別と人種差別に満ちているという、自分がもとから抱いていた考えを補強し、特権的なアイデンティティ・グループが共犯関係にあるのだと非難するのである[原注41]。『タイム』誌などは例えば、選挙の直後に意見記事を出していて、選挙の結果は「白人男性の逆襲」なのだと述べている[原注42]。もっとはっきり述べておこう。この手のアイデンティティ・ポリティクスに熱心になりすぎると、トランプ陣営の手助けになってしまう、ということだ。より肝心なことは、こうした非難はどれも、誰が誰に向けたものであっても、戦争状態にあるアメリカの政治的な派閥の間で、よりよく、生産的で節度のある会話を生み出すのに何の寄与もなさないのである。

非難してしまうと善意はおしまいになる。責められた人は直ちに防御体制に入ってしまい、問題の解決からは遠ざかり、ラポールは消滅してしまう。[原注43] 何か悪いことが起きたときに、その責任を問われて気分がよくなる人はいない。特にそれが全くもってその人のせいではないというときにはそうだ。オープンに議題を論じることはできなくなり、責められたほうはたいてい、会話の方向を変えようとする。しばしばそれは、その非難の内容を否定する、大して重要ではないのだと主張する、あるいはお返しに非難を投げ返す、といった形をとる。例えば今日、ほとんどすべてのケーブルテレビ局のニュース論説は「それをいうならあれはどうなんだ論法《ワタバウティズム》」で満ちあふれている。これは、評論家やコメンテーターが非難を自分たちの側から逸らそうとするときに、「では〔逆の立場の、ざっくりと似てはいること〕はどうなんでしょうか？」と声高に訊ねるやり方のことである。例として、イスラム過激派についての議論でしばしば耳にするのは、「では〔キリスト教の〕十字軍はどうなんですか？〔あれも暴力的な侵略行為としか言いようがないでしょう〕」というようなものだ。

ハーバード交渉プロジェクトによると、非難を会話に持ち込むよりも効果的な方法があるのだと

訳注11　米国のニュース専門放送局。保守的な傾向をもち、共和党寄りの報道を行うことで知られている。

訳注12　人種、ジェンダー、性的指向、宗教等、特定の個人的アイデンティティを共有する人々の利益をイシューとして行われる政治行動。

いう。それは、非難の代わりに、寄与を協力して見つけようとすることである。[原注44] これはつまり、何が起きたのかについてのより包括的な理解を相手と一緒に模索し、そうすることで問題のすべての側面についての解決策を探究することをいう。〔何についても〕誰もがなにかしらの寄与はしているものだし、多くの問題では寄与者は一人だけではない。しかし非難はというと、〔そのように双方向でなく〕一方向的なのだ。[原注45]

非難は誰かに向けられるものだ。例えば、「あなたがやったんでしょう！」という言葉を考えてみればいいが、これは過去形で、〔あなたが悪いという価値・道徳をめぐる一方的な〕判断を含んでいる。〔それと対比して、〕人の寄与を明らかにすることは、状況がこのようになっているのはどうしてかについてより広い描像を得るための、共同的・双方向的なアプローチなのだ。寄与という考えは、理解と前向きな思考を目的としたものなのである。私たちを取り巻く状況に寄与している諸要素の配置を理解できれば、問題を解決し、前に進むための絶好のポジションにたどり着くことができる。[原注46]

さて、トランプ大統領の選挙の話に戻ってみよう。これは、問題を非難ではなく寄与の体系という観点から考えるためのよい事例だ。寄与というフレームワーク内で訊ねられる問いの一つに、「急進派左翼の振る舞いのどの側面が、トランプが支持者を得て当選したことに寄与していたのか？」というものが挙げられる。政治的な右派からは、〔この問いについて〕外的な視点から応答するだろう。急進派左翼であるような人は、自己反省しつつこの問いを考えることだろう（そしてそうすることで、政治的な緊張関係を緩めることになる）。ここで気づいてほしいのは、これは急進派左翼のせいでトランプが当選したのだと非難しているわけでもなければ、かといって責任のいっさいを否定しているわけでもない、ということだ。寄与がなされるのは、複数の主体が何らかの役割を担っているようなシステムにおいてである。非難ではなく寄与に焦点を移すことで、「誰のせい」かという〔犯人探しの〕諍いを避けることができる。寄与している他の要素は何かという、並行した質問を投げかけることで、誰も非難することなく、状況についてのより完全な見取り図が得られるのだ。

例を出そう。トランプの当選の背後にある寄与〔した要因〕のシステムをマッピングしてみればただちに、興味深く、しかも協力的なブレインストーミング型の会話をいくらでも交わすことができ、政治的立場を問わずに誰もが様々な寄与について検討することができる。FOXニュースやトーク・ラジオ[訳注13]のような右派メディアはどのような役割を果たしたのか？　ロシアの果たした役割が仮にあるとしたらそれはどのようなものか？　民主党そして共和党がそれぞれ為したよかったこと／だめだったことは何か？　リバタリアン[訳注14]や緑の党[訳注15]が果たした役割はどれくらいのものか？　バー

訳注13　一般名詞としての"talk radio"は、政治・社会問題を扱うラジオのトークショーのこと。ここでは、保守系のトーク・ラジオ番組のことを指している。

訳注14　個人の自由を最大限に尊重・確保することを重視する政治(哲)学的・経済学的な立場。規制緩和(撤廃)、福祉・行政サービスの最小化を支持する。「リベラリズム（自由主義）」とは異なることに注意。リバタリアニズムは「自由至上主義」とも訳される。

訳注15　環境問題をはじめ、リベラル・社民主義的な価値観を支持する左派系の政党。

ニー・サンダース〔がもたらした寄与〕はどうだろうか？　こういった開かれた質問を投げかけてみれば、私たちの政治のリアリティをあらしめている複雑な寄与システムの全体像を掴む絶好の機会となる。こういった質問は会話を呼び起こすが、非難してしまえば、防御的な構え、敵意むきだしの、節度を欠いた応答を生むだけだ。モデリングが持つ力を思い出そう。問題に対するあなた自身の寄与を適切に評価することをマッピングして見せれば、自ずと相手も同じように〔当人の寄与を〕検討し始めるだろう。このような「優しい」方法のほうが、白熱した議論と責任転嫁のような「厳しい」方法よりもずっといいのだ。

私たちを引き裂く道徳をめぐる分断は、党派にこだわっているとますます拡がってしまう。[原注47]身内とのやりとりの中でもあからさまに党派的に振る舞うことも問題だ。保守派がリベラルの問題について非難するとき、あるいは逆にリベラルが保守派を非難するとき、それぞれが外部の集団をスケープゴートにすることで、自らの価値基準（そして相手への不信）をさらに正当化してしまう。[原注48]こういったことをしていると党派性がますます強まり、ひいては分断を超えた節度は損なわれてしまう。寄与に視点を移すことで、この問題を避けよう。どんな状況であれ、問題の背景にある寄与のシステムというものは、たいていは複雑なことが分かるはずだ。

非難から寄与に視点を切り替える方法

非難から寄与の議論へと視点を移すための簡単な方法をいくつか紹介しよう。

1 「寄与」という言葉を使うこと。

「どの要素が［X］に寄与しているのでしょうか？」や、「何がそれに寄与しているのか、ご意見を聞かせてくださいませんか？」と言ってみよう。（お気づきだろうが、これは較正済みの質問である。）

2 「XがYの原因となった」のような言い方は避けること。「右翼メディアが共和党員のトランプへの投票の原因となった」のような。

「XがYの原因となった」という形の主張は、証明するのが非常に難しいもので、〈実際のところ〉相手に非難を浴びせるためのちょっとした表現にすぎない。政治や社会力学のような複雑なシステムにおいてはなおのこと、多くの要素が寄与しており、それらは確かに原因の一つではあるのだが、だからといって唯一の原因ではないのだ。

3 自分の側の悪い振る舞いが指摘されているときに、「両方やっている」のような物言いはやめること。

「両方やっている」と主張すると、〈せっかくもってきた〉寄与の視点から〈悪しき〉非難の視点に戻ってしまう。これは過剰防御の例だ。もしあなたが保守派で、リベラルが「保守派は自分たちの信念を押し通すために事実を無視しがちだ」のようなことを述べたとしても、「まあ、そうかもしれないですね、でもそれはどちらの派閥もやってますよね」のような返答をしてはならない、ということだ。このように話を逸らすのではなく、批判されていることをきちんと受け入れよう。ここで使えるフレーズがこれだ。「ええ、確かにそうですね。保守派はそういうことをするときもありますね」。このような反応に留めておくことだ。もし非難を会話に持ち込まざるを得ないような地点に会話が達してしまったら、非難の矛先が会話の相手であれ、相手がシンパシーを感じている政治的な集団であれ、次のように会話のパートナーに訊ねてみよう。「私はこの問題について、民主党のことを非難したいと強く感じております。民主党側であれば、民主党の行動を正当化するためにどのような理屈に訴えるか、説明していただけないでしょうか？[原注49]」。

さらにもう一歩踏み込む勇気があるならば、あなたの側の寄与がいかなるものだったかについて、相手がどう理解しているか話してもらおう。あなたの側の寄与について、相手側はどう見ているのかが分かれば、誰かを非難したくなる衝動は和らぐことだろう[原注50]。

#7 認識論に集中すること

認識論〔epistemology〕【名詞】

ニンシキロン

知識についての理論。特に知識を獲得する方法やその正当性、射程を問題とする。認識論は、正当化された信念と単なる意見とを隔てるものは何かについて探究する学問分野である。

次の会話は、オレゴン州ポートランドにあるコロンビア・リバー矯正施設（ＣＲＣＩ）で実際になされたものだ。[原注51] ＣＲＣＩは出所前施設の一つで、囚人たちが刑期の最後、社会に復帰する直前の時期過ごす場所である。

ボゴジアンがそこで教えた10週間のコースでは、囚人たちのクリティカル・シンキングと道徳的推論スキルを訓練し、それによって犯罪行為を思いとどまれるようにすることを目的としていた。この会話の下敷きになっているのは、ソクラテスが『国家』で問うた「正義とは何か？」という問題である。

ボゴジアン　正義とは何でしょうか？。

囚人６　己が信じることのために立ち上がることとです。

ボゴジアン　では、その人が奇妙なことを信じているとしたらどうでしょうか？　アメリカ人を皆殺しにしてやろうとしている狂信者は？　あるいは小児性愛者だったらどうでしょうか？

［20秒ほどの沈黙］

囚人６　思うに、もし人がしっかりと自立しており、他の誰かが自分のことをどう思おうとも気にせず、自分の信念のために戦ったり、そのために死ぬことも厭わないというのなら、それが男というものでしょう。正しいとか正しくないとかは問題ではありません。

ボゴジアン　では、男であるということは、何があろうとも己の信念を確固として持ち続ける、ということなのですね？　もし仮にですが、あなたが軍隊に入っていて、例えばルワンダあたりで、そこにいる人々をまとめて虐殺するよう命令されて、しかも忠誠についてそのような歪んだ考えを抱いているとしましょう。そのときあなたは、自分の信じている考え、それが国家であれ民族であれなんでもよいのですが、そういったもののために立ち上がって、民間人を虐殺し始めるということでしょうか？　フツ族だろうかツチ族だろうが関係なしに。これは正義にかなった行為でしょうか？　それこそが男らしいあり方ということですか？

囚人5　はい、まさにそうです。ナム［ベトナム］では実際にそういう状況でした。

囚人4　何を言っているんですか？　正義は己の信じるもののために立ち上がることじゃないって言うんですか？

ボゴジアン　私は何かを主張しているわけではありません。ただ皆さんに訊ねているだけです。正義とは何か？　と。さて、［囚人6］が言っていたのは、正義とは己の信じるもののために立ち上がるということでした。ですが、正義は果たして、己が信じるもののために立ち上がることなのでしょうか？　正しいことを信じるのが先で、その後でそのことのために立ち上がる、という順番ではないでしょうか？　違いますかね？

囚　人6　まあ、そうかも。そうかもしれないです。

この対話は、ボゴジアンの研究滞在が終わりに近づいたころに行われたものだが、そこでは囚人たちは互いに助け合い、自分たちの認識論〔知識観〕を問いただしていた。それはすなわち、自分では知っていると思っていることを、どのようにして知ったのか、ということを互いに問い続けたのである。

何かを知っているのだと主張する

この本は、一つだけ深遠な言葉を使ってしまっている。認識論がそれだ。認識論は、知識を探究する分野である。私たちが知っていると思うことを、私たちはどのようにして知るのか、ということを理解しようとする試みだ。会話で最もありがちな失敗とは、人が知っていると主張している内容は何か（考えや、考えの末に至った結論であれ）に着目するあまり、どうやってそれを知るに至ったのか（推論のプロセス）を疎かにしてしまうということだ。

もうすこし、応用認識論について掘り下げてみよう。〔任意の人物、例えば〕フレッドは堕胎は殺人だと主張している。「堕胎は殺人である」というのが彼の結論だ。フレッドのこの考えについて議論したり賛意を示したりしたくなるかもしれないが、それはやめよう。代わりに、彼がその考えに至ったのはどのようにしてなのかを考えてみよう。この考えに至るまでの道のりこそが、認識論と呼ばれるものなのだ。どのようにして「堕胎は殺人である」という結論に至ったのかについて考えるための最善の方法はシンプルだ。彼が知っていると考えていることを、どうやって知ったのか、という疑問を中心に据えて、較正済みの質問を訊ねてみればよいのである。「フレッドさん、堕胎が殺人だと分かったのはどうしてですか？」のように。[原注52] そして、相手の応答に耳を傾けよう。これ以上ないほどに簡単なはずだ。

　フレッドが数ある選択肢の中からどの応答を選ぶのかは分からないが、彼の推論のほとんどいつも、そう多くはないカテゴリーのどれかに当てはまるだろう。

- 個人的な経験や感情（心の中で真だと感じている）
- 文化（「みんな」がそうだと信じているから真だ）
- 定義（定義からして真だ／善い／悪い。例えば、ブロッコリーの食べすぎは定義からして悪い。なぜなら、何事もやりすぎは悪いことだから、のような）
- 宗教（礼拝所でそう教えられたから、聖書にそう書いてあるから真だ）
- 推論（そのように結論づける論証があるから真だ）
- 証拠（信念を保証するに十分な証拠があるから真だ）

　会話のパートナーがどのようにして知識を得たのかについて、つまり、彼の認識論〔知識観〕を理解する方法を紹介しよう。まず最初に、彼の認識論の基礎になっている広いカテゴリーはどれかを見分けよう。次に、具体的な内容について掘り進めていく。（この節の目的を鑑みると、すべきことはこれだけである。後の章では、パートナーが知っていると思っていることを知っているという主張について、明確に理解した上で、どのように会話を進めるのかについて見ていくことになる。）

例えばだが、フレッドが堕胎は殺人だと信じているのは、もしかしたら『マタイによる福音書』1章23節にそのように書かれていると考えているからかもしれない。「見よ、おとめが身ごもって男の子を産む[訳注16]」。だとしたら彼の推論は宗教モードで動いている。あるいは、あなたの質問「フレッドさん、堕胎が殺人だと分かったのはどうしてですか？」に対して、フレッドはこう答えるかもしれない。「自分の母親があとちょっとのところで堕胎しそうだったんです。もし実行されていたら、自分は今こうしてここにはいられませんでした」。そうだとしたら、彼の推論は個人的な経験にもとづいている。はたまた、こう答えるかもしれない。「心臓の脈をとめたら、その時点でそれは『殺人』って呼ぶでしょう」。この場合、当てはまるカテゴリーは「定義」になる。

ただよくあるのは、フレッドが自分の信念を持つに至った推論が、右で挙げたカテゴリーの複数にまたがるというケースだ。その場合、さらに質問を重ねて、もっと深く掘り下げる必要がでてくる。いつもとは限らないが、たいていの場合、一つのカテゴリーがメインの柱となっていて、他の一つ（かそれより多く）のカテゴリーが補強になっている、という場合が多い。宗教的な理由は、例えばだが、

訳注16　聖書協会共同訳。

それが用いられるときにはほとんどすべての場合で、第一の根拠として用いられる。つまり、人が宗教的な信念をもとにしてある結論に至っている場合、その宗教を信仰していることが、特定の信念を持つことについての、最も根本的な理由なのである。(より考えの深い信仰者であれば、自らの信念を正当化する上で、宗教が、あるいは証拠が果たしている役割を控えめに扱い、理由〔を重視する方向〕にシフトしていくのではあるが。)

認識論に着目することで得られる大きな利益の一つで、結論だけに囚われていては分からないこととして、人はしばしば結論に疑問を投げかけられたときのために応答を準備している、ということがある。それはしばしば「トーキング・ポイント」と呼ばれるもので、リハーサル済の主張やメッセージを、よくなされる反論に対して投げ返すものである。認識論に集中することで、どうやって、その結論にたどり着いたのかについての説明を促すことになり、何度もリハーサルされたメッセージを迂回する、新しい〔推論・説明の〕ルートが切り開かれる。

さらに、〔いきなり〕人の信念に疑問を投げかけた場合に、防御的な構えを呼び起こしてしまう見込みは、〔まずは〕その信念に至るまでの理由を問う場合よりも、ずっと高くなってしまう。考えに疑いをかけることは、会話のパートナーを過剰に防御的にしてしまったり、より頑なにさせてしまったりする恐れがある。[原注53] 認識論に集中していれば、このような問題の多くは回避できる。なぜなら、自分の認識論〔知識観〕に探りを入れられるのは、信念・考えそれ自体に挑戦をふっかけられるよりも、危険を感じる度合いがはるかに低いものだからだ。[原注54]

どのようにして知ったのかについて話し合うシンプルな方法

あなたのパートナーが、何を知っていると思っているかではなく、どのようにして知るに至ったかに注目したいときのために、いくつかのシンプルな方法を紹介しよう。

1　人の認識論〔知識観〕を探る前には、短い、肯定的なコメントをすること。

ここで使えるフレーズがこれだ。「それはとても興味深い視点ですね。その結論に至ったのはどうしてでしょうか？」あるいは、「なるほど、素晴らしいですね。たぶん理解できたとは思うのですが、ちょっと自信がないです。〔その議論は〕どうしてそうなるのでしょうか？」というのもよい。（ここで注目したいのは、「どうして○○に至ったのでしょうか？」、「いかにして○○なのでしょうか？」といったこれらの問いは、較正された、誘いかけるような質問であって、「○○を説明してください」のような命令でもなければ、「○○を教えてもらえますか」のような閉じた質問でもないということだ。）こうした、手短だが肯定的なコメントを最初に入れることで、わずかではあるがラポールを築くことにもなるし、あなたの会話のパートナーはより心地よくなり、その結果、自分の考えをシェアしてくれる確率も上がるだろう。

2　「部外者の質問」を訊ねること。

部外者の質問を訊ねることで、自らの考えに親しみのない人にとってその考えがどのように映るのかを考えてもらうきっかけになる。[原注55] 例えば、イスラム教徒はペンテコステ派[訳注17]の異言についての説を奇っ怪なものだと考えている。他方のペンテコステ派は、標準的なイスラム教徒が信じている、ムハンマドが翼の生えた馬（ブラク）に跨って天国に行ったという説を奇っ怪なものだと考えている。サイエントロジー[訳注18]信者にとっては、このどちらとも奇っ怪な話だろう。そしてペンテコステ派もイスラム教徒も同様に、サイエントロジーの信じている、私たちは1兆年前の記憶を持っているのだという主張を、突拍子もないものだと見なすだろう。[原注56] 部外者の質問をすることで、部外者の視点からみると自分たちの考えはどういうふうに見えるのかについて考えるきっかけになる。[原注57] 使えるフレーズとして、「道理の分かる人なら、誰でも同じ結論に至りますか？」がある。[原注58] もし答えが「はい」ならば、続けて「自分は正直で道理の分かる人間だと思っているんですけど、どうも同じ結論には至れないんですよね。どうやったらそういう結論になりますか？」と聞いてみよう。あるいは、「では、どうしてこんなにも多くの異論があるのでしょうか？　いや、二人の人間が同じ証拠を見ているのに、異なる結論になるのはどうしてなのでしょうか？　どちらの考えが正しく、どちらの考えが間違っているのか、どのように確かめたらよいのでしょうか？」というのもよい。

部外者の質問の例をもう少し紹介しておこう。「［どこそこ］に住んでいる多くの人が［矛盾した考え］を信じていますよね。彼らはどうしてそう考えるようになったのでしょうか？」。（ここで注意してほしいのが、「あなたの考え」というように個人の話にしないことだ。「あなた」とか「あなたの」という言葉を使ってしまうと、相手は防御的な構えをとってしまう。）「メキシコシティに住むカトリック信者の多くは、天国への道は教会とのよい関係の先にあるのだと信じていますよね。信仰のみによる救済という発想について、彼らはどのように考えているのでしょうか？」。同じように、「もしそのような考えを信じている人が世界の別の場所で生まれてずっとそこで育ったとしたら、どういう考えになったと思いますか？」という質問もよいだろうだろう。こういう質問をすることで、人が自分とは違った視点からものを考えるきっかけになる。またこれらは、相手が自身の認識論について反省するように促す、ちょっとした方法としてもはたらく。

3

好奇心から会話を始めること。

自分に問いかけてみよう。「私の会話のパートナーは、一体どのようにしてこの結論にたどり着いたのだろうか？　推論プロセスはどういうものだろうか？　なぜ人はこれを信じるのだろうか？　これをよい考えだと考える理由はどういうものだろうか？　この件について何の見解も持たない部外者はどう考えるだろうか？　この人の考えを裏付ける理由はあるのだろうか？」。もしあなたが「一体どうやったらこのような考えを信じることができるのだろうか？」

訳注17　キリスト教のプロテスタントにおける宗派の一つ。「ペンテコステ」は「聖霊降臨」を意味し、聖霊の影響下で無意識的に外国語を話す「異言」という現象を重要視する。

訳注18　L・ロン・ハバードが創立した米国に拠点を置く宗教団体。人間が持つ不死・不滅の精神的本質を「セイタン」（魂のようなもの）と呼び、それが世代を超えて肉体に宿るという狭義を持つ。精神医学に対して批判的な立場をとっている。

ろうか?」と心の底から疑問に思うのであれば、相手から学ぶという態度をとるようになるはずだし、苛つくこともなくなるだろう。[原注59]

4

人の推論が全くもって理に適っていない場合はおそらく、当人は何らかの(道徳的)信念を正当化するためにそうしているのであり、しかも他のやり方では正当化され得ないような信念である可能性が高いこと。

ここで使える質問が「その推論プロセスを他の主張をするときにも使いますか? それともXのときだけでしょうか?」というものだ。あるいは、「あなたがそれと同じ推論プロセスを用いるような、何か他のテーマの例はありますか?」と訊いてみるのもよいだろう。例えばリンゼイは最近、次のような議論に出くわした。「レイプを防ぐために女の振る舞いを変えるべきだ(例えば、公共の場では酒を飲みすぎないようにする)というのは、『レイプ魔が他の〔よりだらしない〕女性をレイプできるようにしよう』と言っているも同然である」。こういった場合、この推論を他のどのような事例で用いているかどうか、丁寧に訊ねてみよう。もし他のケースでも用いるというようであれば、最もよい例はどのようなものであるかも聞いてみよう。(最善の例を聞くことは時間の節約になる。)他の文脈で同じ推論をしている例を、あなた自身が挙げる必要があるかもしれない。例えば、「用心深さを発揮すべき他の場面についても、同じことをおっしゃいますか? もし人が強盗に遭わないために行動を変えて、例えば財布を〔後ろではなく〕前ポケットに入れたりハンドバッグをしっかり抱えたりするとかした場合、それは『強盗が他の誰かを襲えるようにしている』と言いますか?」

など。

　別のやり方としては、例を質問の形で用いて、その推論は他の問題に応用しても意味をなすのかどうか、相手に訊ねてみてもよい。「その推論は次のような議論どう違うのでしょうか？『パラシュートがちゃんと開くかどうかを確認する方法をあなたに教えることはしません。なぜなら、あなたの他にも確認する方法を知らない人がいるからです』」。あるいは、「それは次の例とどう違うのでしょうか？『シートベルトをしろなどとは誰にも言わないようにしています。というのも、いくらいってもつけない人はいるし、つけても死ぬときは死ぬからです』」。補足で次のように訊ねてもよい。「もしこれが同じ推論ではないとしたら、どのように違うのでしょうか？」。ここで鍵となるのは、会話のパートナーには〔結論ではなく〕推論に集中してもらうことである。

5
相手の推論プロセスから他の結論が引き出せないか考えてみること。

　例を挙げよう。〔任意の人物、例えば〕ベスの推論プロセスは次のようになっている。

・敵は対空砲を民間人の居住地域に設置した。
・この対空砲を破壊しようとすれば民間人が死ぬことになる。
・したがって、対空砲を破壊すべきではない。

ベスの結論はこうである。「したがって、対空砲を破壊すべきではない」。だが、同じ前提から全く異なった結論も導くことができる。

・敵は対空砲を民間人の居住地域に設置した。
・この対空砲を破壊しようとすれば民間人が死ぬことになる。
・したがって、戦闘員が設置範囲を拡げてさらに多数の民間人を巻き込むことがないように、対空砲を速やかに排除することが喫緊の課題である。

#8 学びのチャンスを逃さないこと

ボゴジアンは時折、自説にこだわるあまりに視野が狭くなってしまうことがある。〔例えば〕オーストラリアを旅行しているとき、とあるキリスト教系の団体がシンガポールからやってきたという弁証家[訳注19]を呼んで、宇宙の創世について討論するという。その弁証家は穏やかで親切な男だった。それと同時に、ボゴジアンとは著しく見解の相違がある人物でもあった。

ボゴジアンの立場は、宇宙がどのように創られたかを知るための唯一の方法は科学だということ、そして弁証家もボゴジアンも物理学者ではないので、両者とも最終的な判断を下す資格はない、というものである。弁証家の立場は、宇宙は超自然的な存在者によって創られたという事実に、推論によってたどり着く方法があるというものだった。つまり、彼は神が宇宙を創造したのだということを演繹して示すことは可能であると主張したのだ。

ボゴジアンは弁証家の議論を検討しようとはしなかったし、自分の立場の正しさを確信していた。ボゴジアンは彼の言葉に耳を傾けようとしなかった。話をもっとよく聞いて、何か学ぶ姿勢を見せるべきだったが、むしろ己の無知をさらに曝け出し、その態度こそが美徳なのだと誇示するという選択をしてしまった。「私がどれだけ慎み深いか、よく見てください。私には〔宇宙の創世について〕本当のことは分からないと申し上げているわけですから——あなたも分かっていないのですが！」とでも言わんばかりに。〔このとき、〕ボゴジアンは謙遜の皮をかぶったイデオローグ（7章#1で詳しく扱う）に堕してしまっていたのだ。

「宇宙の起源を知る人は誰もいない」と主張することは討論の戦術としては優れているかもしれないが、自分の考えが誤っているかもしれないと考え直す可能性を閉ざしてしまってもいる。別の言い方をすれば、宇宙の始まりがどのようなものだったのかについての知識に、私たちが到達できるのかどうか、きちんと検討するという選択肢を閉ざしてしまっていた。それを実行するためのよい機会を逸してしまったのである。

イデオローグなのはむしろ私たち自身のほうだったということはしばしばある。新しく学ぶことを躊躇しているのはむしろ私たちのほうだった、というのもよくあることだ。こういう失敗は誰もが犯すものである。学びのチャンス〔という捉え方〕は会話における最後の切り札とも言うべきもので、これさえあればほぼすべての場合に、話題を問わず、友好的かつ有益な会話が可能になる。真理を協働的に探求することができない、他人の考えに介入できない、節度を保つことが難しい、そういう場合は学びモードに切り替えるという手が使えるだろう。モードを切り替えれば、極

訳注19　キリスト教の教義に関する論難・批判に対して、神学的・哲学的・論理的に応答する学者。

端なケースを除くほとんどの場合に、会話のパートナーの考えを理解しやすくなる。学びモードを採用すれば、ほとんどすべての会話で軟着陸を決められるようになるし、そこから何かを得られるか、そうでなくとも会話をポジティブに終わらせることができる。

人がどういうふうに考えるのかを学ぶこと（特に独断論者の場合）

見解を異にする人からこそ学ぶという姿勢をとると、相手は話を聞いてもらえていると感じるはずだ。考えを変えることは絶対になさそうな人であっても——実際はむしろ、そういう人こそ——自分の話を聞いてもらいたいものなのだ。ひとたび話を聞いてもらい、理解されたと感じると、相手はより生産的で双方向な対話に心を開くようになる。[原注60] もし相手が心を開いてくれなくても、あなたが使った時間にはちゃんと見返りがある。すなわち、あなたが何かしらを学べるということだ。

これは特に、自分が従っている原理原則を議論の余地なく真だと考えてしまう独断論者についてよく言えることだ。こういう人が相手だと、あなたが何を言おうともあちらには届いていないように思えるだろう。独断的な考えを頑なに保っている人を会話に巻き込もうとするとき、一体何ができるだろうか？　彼らから学ぶこと、これならできるだろう。彼らがどのように考えるのかを学ぶのだ。具体的な方法としては、会話を認識論に戻すことだ。つまり、相手は自分が知っていると思っていることをどうやって知るに至ったのか、理解しようと努めよう。彼らが考えを導出するときに使っているプロセスを学べば、その先で議論をするときに有利な立場に立てるし、「認識論探偵」

としてのスキルを磨くことにもなる。[原注61] 彼ら自身の「背表紙効果」を切り崩すこともできるかもしれないし、相手の考えの背景にある認識論〔知識観〕に疑いを持たせることができるかもしれない。

学びモードの恩恵を得られるケースは、独断論者と話すときだけに限られるわけではない。どんな会話でも効果があるのだ。あなたのパートナーはあなたとは別の人間である。ゆえに、あなたのパートナーの視点はあなたとは異なったものであるはずだ。仮定があなたのそれとは違うかもしれないし、経験も違えば、持っている情報だって違うだろう。パートナーが何を知っているのか、そしてそれをどのように知ったのかについて考えれば、いつでも何かしらを学ぶことができる。そしてその過程で、よりよく、生産的な会話を持つことができるようになるだろう。

学びモードに切り替えるための会話のテクニック

簡単に使える会話のテクニックを三つ紹介しよう。

1　会話のパートナーの認識論〔知識観〕を学ぼうとすること。

　相手が知っていると思っていることをどうやって知ったのか、明らかになるような質問をしてみよう。例えば、「どうやって知ったんですか?」や、「その結論にどうやって至ったのですか?」などだ。

2　〔学びモードであることを〕はっきりさせること。

ここで使えるフレーズがこれだ。「もっと色々学びたいのです」や、「［Xについて］もうすこしお聞かせ願えませんか？　あなたが辿ってきた思考プロセスから学べるものは多いと思っています」。（これがうまくいくのは、あなたが誠実である場合のみだ。そうでない場合は、慇懃無礼な印象を与えてしまうだろう。）

3　節度を保つことがあなたの第一目標である、あるいは生産的な会話が不可能な場合は、学びモードでいってみよう。

もし親戚の集まりをやりすごしたいのであれば、学びモードを緊急脱出口として用いることで、そこでのほとんどすべての会話を節度を持って切り抜けることができるはずだ。[原注62] 学びモードに入り、あなたと劇的に異なる意見の持ち主のことをつぶさにに研究するのだ。そしてできるかぎり、相手がどうやってその考えを形成したのか学ぶように努めよう。

#9 すべきでないこと（反転応用）

〔逆に〕効果的で節度のある会話をしないようにするための方法もたくさんある。左に示すのは、会話を失敗させるためのコツをまとめたリストの一部だ。つまり、ここで挙げた振る舞いをしてしまえば、必ずとはいえないにしてもたいていの場合、会話はうまくいかなくなるだろう。

会話で避けるべき振る舞い

・無作法で節度のない振る舞いをする。
・怒りをあらわにする。[原注63]
・声を荒らげたり、人の発言に被せて発言する。
・わざと無礼な態度をとる。
・人を馬鹿にしたり責めたりする。
・人のことを笑う。
・立場を理解する前に攻撃する。
・会話のパートナーの議論を理解する気がないそぶりをみせる。
・相手の言葉を、最も悪いようにとる。
・人が質問をしたり分からないと言ったときに頭が悪いと責める。[原注64]
・ミスしたり助けや情報、フィードバックを求めた人に罰を与える。
・推測に悪態をつく。
・考えではなくその考えを持つ人自身を攻撃する。（「そんなことを信じるのは間抜けだけだ」。）
・人を「無知、無能、ネガティブ、厄介」なものとみなす。[原注65]
・自分自身の考えについて不誠実である。
・本当は知らないのに知っているふりをする。

・言うべき場面で「分かりません」と言わない。
・考えの内容ばかりに注目して、どのようにしてそう考えるようになったのかを無視する。（つまり、結論ばかりに着目して認識論を検討しないということ。例えば、「死刑は殺人ではない、死刑囚にはそれがふさわしい」が結論だとしたら、「死刑が正当化されると考える理由はなにだろうか？」と問うことをしない。）
・相手が何かを知らないのは肌の色その他の変えられない属性のせいであると言う。
・飲み込まざるを得ない新情報を提示されても考えを変えない。
・ぼやかしてごまかす（特にダイレクトな質問をぶつけられたときに）。
・伝令として振る舞う。
・傷つきやすさを認めない[原注66]。
・自分の側の極論の持ち主ですら合理的なのだと主張する。
・文法の間違いを指摘する（これはやられると鬱陶しい）。
・会話の中で相手が道徳的な重罪を犯したとコール・アウトし、話の流れや内容を妨げる、本筋から逸らす、あるいは話題を支配する。
・話を遮る。
・相手が言いかけていることを自分で言ってしまう。
・相手を会話に無理やり引き込む。
・相手の会話に無理やり引き込まれる。

・議論の最中にスマートフォンをチェックする。[原注67]
・権威の笠を着る。[原注68]
・ネガティブに文句ばかり言う。[原注69]
・自慢する。[原注70]
・もう後がないという状況に追い込まれるまで会話を止めようとしない。

結論

この章で紹介したスキルの中でも最も重要なのは、知っていると主張することについて、どのように知ったのかを明らかにする技術だ。その他のテクニックは、それ〔相手の認識論〕についての理解を促進するための補助スキルだと捉えてもらってよい。もしすべての手段がうまくいかなかったら、そのときは学びモードに切り替えよう。〔あなたが学びモードに入ったことを〕はっきりさせるのである。どのようにして相手がXだと知るに至ったのか知りたい、と明確に述べ、較正済みの質問を用いて相手に助けを求めよう。そうすれば、何はなくとも、どのように人が考え推論しているのかについての洞察が得られることだろう。これを分かっておくことは、介入のための発展的・応用テクニックを使う上でも非常に役に立つ。

最後に、ここまで述べてきたテクニックは、積み重ねでできていることに注意されたい。この後に出てくる発展的テクニックを試す前に、ここまで章の内容に習熟しておくとより効果的だ。これはとりわけ干渉について当てはまる。他人の考えに疑いを持たせることは複雑だからだ。

一に練習二に練習、三四がなくて五に練習だ。

第4章　中級：介入スキルを向上させる七つの方法

——（自分を含む）人の考えを変えるための効果的スキル

#1 友人が間違っていても気にしないこと

人と意見が合わなくても何も問題はない。あなたがどれだけ大切にしている見解についてであっても。

#2「黄金の橋」を架けること

会話のパートナーが考えを変えたときに、恥をかかせないような方法を見つけること。

#3 言葉遣い

二人称「あなた」を避けて、三人称か協働性を感じる言葉「私たち」を使うこと。

#4 行き詰まったら、リフレーミングすること

会話をスムーズに進めるためにモードを切り替えるか、軌道修正すること。

#5 自分の考えを変えること

しかるべきタイミングで考えを変えること。

#6 尺度を導入すること

尺度を使って介入の効果を測定し、どれくらい考えに自信があるのかを把握し、問題を広い視点から考えること。

#7 アウトソーシングすること

「どうやってそれを知ったのですか?」という質問に答えるために、外部の情報に目を向けること。

政治、宗教、哲学における意見の相違を、友人から離れるための理由だと考えたことは一度もない。

——トマス・ジェファソンからウィリアム・ハミルトンへ、1800年4月22日

人の考えに介入しようとなると、中級レベルの会話スキルが必要になってくる。介入を成功させるためには多くの場合、基礎スキルだけを使っていたときよりも訓練と手腕とが要求される。〔中級〕とはいっても、ここで紹介するスキルも〔基礎・初級スキル同様〕簡単に手に入れられることには変わりない。この章で伝授するスキルを使えば、効果的な会話によって人の考えを変えられるようになるはずだ。しかしながら、その成功の如何は、2章と3章で扱った内容をしっかりと自分のものにできているかにも懸かっている。言い換えると、この章で新しく出てくる中級スキルを、ここまでに学んできたスキルのすべてと統合させる必要があるというわけだ。

以降で扱うテクニックの中には、感情の領域ではたらくものもある。そういったテクニックを習得するためには、反論したくなる、自己弁護したくなる、相手を矯正したくなる、というような生来の衝動に打ち勝つ必要も出てくる。それと同時に、感情の領域の外ではたらくテクニックで、知

性的な判断を要請するものも登場する。目下の議論の性質を見極め、適切なものを採用することが必要になるだろう。

この章では介入のテクニックについて学ぼう。介入というのは、相手の認知に介入して、考えを改訂するのを促す手法のことだ。すでに指摘したように、いくつかのテクニックを実行するには自分の感情を抑制することが必要になる。もしかしたら、例えばの話だが、嫌悪感すら催すような考えを持つ相手と対峙したときに、暴言を吐かないように自分を制御することも必要になってくることもあるだろう。同様に、「黄金の橋」を架けて、会話のパートナーが安心して考えを変えられるようにするためには、苛立ちや独善的な考えをいったん脇に置いて、勝ち誇ったような表情をしたくなる衝動を抑えることが必要だ。しかるべきタイミングで「自分の考えを変える」ことも厭わず、実際に変えることもできるようことは、すなわち自らのプライドを脇に置かねばならない、ということでもある。

この章に登場するいくつかのテクニックを習得するためには、知的センスを磨くことも必要になる。中でも最も単純な技法だと、数値を導入して自分の現状を定量化する、という方法を用いる。数値というものはかなり便利で、行き詰まった点を明らかにしたり、人が自説を改めるきっかけとして有効である。ただ同時に、わざとらしい、あるいは誘導尋問だと思われるという危険もある。なので〔数値を〕効果的に用いるためには、基本的なテクニックを使うときと比べても、会話を回すためのより巧みな手腕が求められてくる。

会話のモードをリアルタイムで転換《リフレーミング》し、軌道から外れないように維持するためには、傾聴と学習のためのテクニックをうまく組み合わせることが必要になってくる。それには多少の機転も要る。〔情報源を〕外注《アウトソーシング》することは、ある一定の事実は自分の専門外であるということをきちんと認識することでもある。無知を隠そうとする偽りのプライドは、捨てる必要が出てくる。そうではなく、知らないことは知らないと認められる自信を奮い立たせなければならない。

#1 友人が間違っていても気にしないこと

ボゴジアン　私がそんなこと〔キリスト教で信じられているイエスの復活〕は馬鹿げていると思っているのはご存知ですよね?

ヴィッシャー　〔笑いながら〕まあ、はい。

フィル・ヴィッシャーは『ヴェジテールズ』[訳注1]の作者で、ボゴジアンの親友だ。彼は「普通のクリスチャン」ではない。子どもをキリスト教信仰のシステムに取り込もうとするようなテレビ番組を企画したりもしている。ボゴジアンは信仰にもとづいた信念体系〔=宗教〕から抜け出すことを援助する専門家として活動し続けているにも拘わらず、フィルとボゴジアンはそれでも友人なのである。

友情と同意を混同してはならない

よい人間関係は、健康と幸福をもたらす。他の何よりも——正しくあることによっては決して手に入らないほどの健康と幸福だ。[原注1] 死期が迫っている人が善き人生のための重要な要素として頻繁に挙げるのもこの二つだ。[原注2] 健全な人間関係の基礎としては、正しくあること、あるいは互いの考えに同意していることだけでは、全く不十分である。有意義な人間関係を築き維持できるかの成否を左右するのは、多くの場合、次のような要素である。信頼性、親切心、美徳、共感、よい会話、互いに思いやりと善意を持つこと、誠実性、関心の共有、そして関係を価値あるものと考えること、こういった要素である。

これらの重要な要素のほとんどは、政治観や宗教観とは関係がなく、そのことは何十世紀にもわたる人類の歴史が証明してきた。友情や家族という関係のもとではそういう対立の大部分は脇に置いておくことができるのだ。[原注3] 宗教や政治について同じ意見を持つことは、最初の繋がりを形成するためには役に立つかもしれないが、深い関係をそれだけで築くことができることはほとんどないだろう。宗教観や政治観が同じだというだけで成り立っている友情が持続可能《サステナブル》であることは稀だろう。より深く本質的な繋がりが、後で何か見つかったというのなら話は別だが。実際、こうした見解の

訳注1　野菜を模したキャラクターが登場する子ども向けのCGアニメ。物語にはキリスト教の教えが盛り込まれている。

一致だけにもとづいた友情は、持続可能とは真逆の結果になることも多い。他者との繋がりが希薄な人は往々にして、ささいな意見の差異が現れてくると、より警戒や用心を深めるからだ。宗教的(例えばカトリック信者)ないし政治的(例えばリバタリアン)なアイデンティティといった、道徳についての表面的なラベルだけで繋がった人間関係においては、小さな相違ですらその関係がもつ唯一の基盤を脅かしうるのである。教会を中心とした多くのコミュニティが、どれだけ排他的になっているかを見れば、人間関係におけるこの単純な事実を理解できるはずだ。

意見の相違、特に政治をめぐるそれのために、友情を投げ捨ててしまうなんてことをするのはどうしてなのか？[原注4] もし不幸な事故が起きて、あなたが病気になったり死にかけたりしたとき、あなたの面倒をみて手を握ってくれる人が、自分とは違う政党を支持しているかどうかなど、本当に気にすべきことなのだろうか？[原注5]

意見が完璧に一致することはないという「問題」にどう対処すべきだろうか？ 簡単である。人が間違っていても気にしないことだ。[原注6] とりわけ、間違っているのが友人ならばなおさらだ。友人が何か間違ったことを言ったとしても、それを訂正したり反論したくなる気持ちをぐっと抑えて、放っておけばよいのである。(ある問題について、自分と相手の両方が部分的に間違っているということはありうる。なので、「間違っていても気にしない」という言葉の真意は、もっと深くかつ重要だ。相手が現実について誤った見解を抱いているという確信をあなたが持っているのならともかく、単にそう思っただけで、人間関係を損ねてしまうのは馬鹿げたことだろう。[原注7])

たいていの場合、他人の考えを訂正しようという試みはうまくいかない。[原注8] 意見の相違の多くは、人間関係の根底を切り崩しかねないものであり、友情の質を落とし、表面的な関係の維持すら不可能にしてしまいうる。人の考え――特に道徳的な信念――をよく理解し向き合うのではなく、批判しようという決断は、潜在的なコストをきちんと把握した上でなされるべきだ。特に、目下の意見の相違が道徳に深く根ざしているような問題であるときは、なおさらそうだ。意見の不一致は、道徳についての相違であったとしても、道徳上の失敗であるとは限らない。人が道徳にまつわる考えを持つ〔に至る〕理由は様々で、文化や個人の経験から無知まで、多岐にわたる。もし誰かが推論によって誤った道徳観を持つに至ってしまったとしても、だからといってその人が悪人になるわけではない。ただ単に、その人の推論が誤っていたというだけだ。[原注9]

しかし、もし実質的な意見の相違があるような問題について友人と一歩踏みこんだ会話をすると決めたのなら、それはより深い関係を築くためのチャンスにもなる。そうするには、よいやり方とまずいやり方とがある。よいやり方はいつも、耳を傾けることから始まる。友人の見解がどういうものなのか、そしてどのようにして今の結論に至ったのか、本当に理解できているのか常に自分に問いかけよう。（自分の言葉で表現してみることで、正しく理解できているかを相手に訊ねてみればよい。）そのとき、友人の考えの背後にある価値観を、あなたが気にかけていることを示そう。自分が正しくあることばかりを気にして、充実した人間関係を持つことを軽視してしまうという罠に引っかからないようにしよう。[原注10] もしまだこのアドバイスに納得していないのなら、次のことだけは思い出してほしい。[原注11] 道徳観の異なる相手に影響を与える可能性が最も大きいのは、友情を通してなのだ。友情は、アリストテレスも書いているように、善き人生を送る上でかけがえのないものなのである。

友人（や他人）が間違っていても気にしない方法

1a 「なるほど、分かります」と述べて、遮ることなく友人に話してもらうこと。[原注12]

揉めそうな話題になったとき、とりわけそれが人格に対する批判にまで及んだときには、友人が考えていることをすべて吐き出してもらおう。非難も、訂正も、反証も、防御も、論駁もせずにだ。あなたが耳を傾けていることを示せば、緊迫した空気もほぐれるし、友人の気持ちを分かち合うこともできるのに加え、信頼も形成される。[原注13]

「なるほど、分かります」と口にすることは、あなたが友人に耳を傾けていることを分かってもらうための、強力かつ単純な方法だ。それに、何を言ったらいいのか分からないときにも便利だ。

1b 分からないときは、分からないことは自分のせいなのだと考えてみること。

「分かりません」と口にしてみよう。相手に対して、これこれの仕方で受け取るべきではないとか、見解が誤っているとか、「言っていることの意味が分かりません」などとは言わないようにすること。相手の意見を認めるために、なにもそれに賛成をする必要はない。[原注14]

2 友人があなたの忍耐の限界を超えるような考えを持っているときは、その考えについての会話をもつよう努力すること。

あくまで個人的に、そして誠実にアプローチしてみよう。相手がそういう考えを持っていることについて、あなたの気が気でないこと、そしてそのことについて話したいことを伝えよう。その考えが人間関係に修復しがたい溝をもたらし、友情がそこで終わるということもあるかもしれない。もしそうなってしまったとしても、議論して袂を分かったほうが、怒りや恨みを抱いたままよりもずっとましだ。[原注15] 友人の考えに異議を唱えるのであれば、自分の動機が相手の幸せを願う純粋な気持ちからであり、自分が正しくあろうという願望からではないかを確かめよう。最も大切なことを忘れないように親切でいよう。

4

結婚相談所の格言「正しさと結婚は別物である」を肝に銘じること。

健全で有意義な人間関係が、自分の正しさを立証したい、正しくありたい、他人の行動を正したい、そして議論に勝ちたい、という頑なな欲求のために、不必要にも台無しにされることはよくあることだ。友人が間違っていてもそんなことは気にしないことだ。

#2「黄金の橋」を架けること

「黄金の橋《ゴールデン・ブリッジ》」とは、会話のパートナーに潔く考えを変えてもらい、それでいて恥をかかせないようにするための手段だ。[原注16] 黄金の橋は会話を成功させるためには必須といってよい。[原注17]

次のようなフレーズで、黄金の橋を築くことができる。「誰にでも間違いはあります」、「専門家になるというのは多くの間違いを犯し、そのたびに考えを変えてきた結果なのです」、「私たちは誰もがみな、自分が真だと考える事柄を知ることができるよう、自身と互いのために最善を尽くしているだけなのです」、そして「これは非常に複雑な問題で、この問題をめぐっては多くの混乱があるんです」。また、もっと単純に「大丈夫ですよ」、「心配しないでください」でもいい。こういったフレーズで、会話のパートナーは恥や屈辱感から抜けだすことができる。[原注18] さらに、それまでのやりとりで、あなたが黄金の橋をもって応えてくれるだろうということを示せている場合、相手が考えを変える確率も高くなる。例えば、もし白熱した議論の末にあなたのほうが正しいということが示されたときに、黄金の橋とは真逆の〔最悪な〕対応をしたいならば、「だからずっとそう言ってるじゃないですか」や、「こんなに簡単なことを理解するのになぜこれだけ時間がかかったのか、本当に意味が分かりませんよ」のようなことを言えばよい。こんなことを言うよりも、「あなたがもともとどうしてそういう考えを持つに至ったのか、〔議論を通じて〕分かってよかったですよ」と述べたほうがはるかによいのは言うまでもないだろう。

過ちを認めたら恥をかくことになるのだとしたら、自分が間違った考えをしていたと潔く認められる人はほとんどいないだろう。[原注19] 自分自身にも他人に対してもなかなか認めがたいことになってしまう。これは、道徳をめぐる問題で自分が間違った側にいると認めなくてはいけない場合や、自分の道徳的アイデンティティ（つまり、自分は善良な人間だという感覚）が揺るがされているときに最も顕著になる（7章と8章を参照のこと）[原注20]。例えば、ワクチンは危険だから自分の子どもには接種させないと考える人は、〔自分の過ちを認めるとすると〕自分の子育てが無責任で危険だということを認める必要が出てくる。これははっきりいって難しい。ここで黄金の橋があれば、そうした重圧を取り除き、無知を認め考えを改めることのハードルがぐっとさがる。ここで使えるフレーズがこれだ。「そうですね、その初期に発表された研究が正しいとすれば、たしかに、ワクチンが自閉症の原因になることを恐れるのは、理にかなっていると言えるでしょうね」。黄金の橋がとりわけ重要になるのは、相手が特定の問題について詳しく知っていると信じている場合、特定の道徳観に深くコミットしている場合、そして個人的・道徳的アイデンティティについての困難に直面している場合である。〔これらの場合、〕相手は誤りを認めて考えを改める代わりに、高すぎるプライド、強すぎる不安、あるいは恥をかくことに対する過剰な恐怖のせいで、誤った結論を守り続けようとしてしまうのだ。[原注21]

黄金の橋を架ける方法

1　自分が欲するのと同じものを相手にあげること。
　自分が馬鹿や無能だと感じたり、矢面に立たされたり、その話題では間違えている側にいるということが分かったら、他の人にどうやって助けてほしいだろうか？　もし、何か言ってほしい言葉が具体的に思い浮かぶようであれば、そうした心に響く言葉を口にすることをまずは考えてみよう。[原注22]「なるほど」のようなささいな一言でも、黄金の橋としては十分なこともある。

2a　黄金の橋では通行料を取らないこと。

考えを変える道を示しておきながら、歩いて渡ろうとしたときに（つまり、考えを変えようとしたときに）罰金を課すようなことはしてはいけない。〔つまり、〕「ようやく分かりましたか」とか「だからそう言ったじゃないか！」というようなことは言わないようにする。飲み込みが遅いことを責めるようなことも言わない。ただ、橋を渡るのをやさしく見守ろう。[原注23]

2b

人を辱めないこと。

「こんなことも知らなかったんですか」、「やれやれ、ようやく分かりましたか」、「そのことを思いつかないなんて信じられませんね」のようなことは言ってはならない。特に、過去に相手が抱いていた考えが、現在のあなたにとって好ましくないものだったからといって、相手を粗末に扱ってはならない。人を辱めるということは、未発の手榴弾のようなものだと思ってもらいたい。ハーバード交渉プロジェクトも指摘しているように、「感じのいい手榴弾などない」のである。[原注24] 手榴弾は橋を傷つけたり吹き飛ばしたりするもので、橋を架けてくれるものではない。

3

自分が攻撃されていると感じたときこそ、黄金の橋を架けること。

人から個人的な攻撃を受けたら、その攻撃は〔自分という個人に対するものではなく、〕目下の話題についてのものなのだと理解し直すことにしよう。耳は傾ける、が、反撃はしないようにするのだ。代わりに、相手の言葉を翻訳しよう。もし人から「銃がどれだけ子どもを殺してきたのか分からないほど、あなたがものを知らないとは思いませんでしたよ」のようなことを言われたら、次のような応答ができる。「銃規制に関する私の立場は、子どものことを全く気にしていないように聞こえたかもしれません。〔ですが、私も〕子どもたちの福祉や安全について気にかけているつもりです。本当です。実際、私もあなたと同じことを懸念しています。子どもの安全を守るためにどう対策すればよいのか知りたいのは、私も同じです。どうやったらこの問題を解決できるのか、一緒に考えてみませんか？」[原注25]（3章で扱った較正済みの質問になっていることに注意せよ）。この応答は、会話をリフレーミングしている（この技術については本章の後半で扱う）と同時に、黄金の橋を架けることで、怒りや個人攻撃を受けたときにしばしば生じる恥や罪悪感、気まずさにも対処している。

4 黄金の橋を架けて怒りから逃れること。

会話が白熱してきたときには、クール・ダウンする時間をとろう。ここで使えるフレーズはこれだ。「この手の問題は本当にやっかいですよね。分かります。私も困ってるんですよ」。（状況によっては、加えて「この話題についてはもう十分に話しきりましたよね。別の話をしましょうか」と言ってもよい。）このタイプの黄金の橋は、いわば緊急避難口として機能し、それによって新しい情報を自分のペースで、場合によっては一人で、熟考する時間を確保できるようになる。[原注26]

5 はっきりと合意することで黄金の橋を架けること。

会話のパートナーが「私は誰もが税金を公平な割合で払い、誰であっても同じ法律が適用されるような世の中を望んでいます」のようなことを言ったとしよう。そのとき、「同意見です。思っていたよりもずっと、私たちの間に共通点は多いようですね」と述べることも、黄金の橋を架けることになる。会話を協力という枠組みに切り替えることになり、問題の解決策を模索するのに役に立つ。[原注27]

6 黄金の橋を架けることで、すべてを正しく理解せねばならない、あるいは関連するすべての知識を持たねばならない、というプレッシャーを軽減すること。

　ここで使えるフレーズはこれだ。「あらゆることを知っている／分かっていることが求められる人なんていませんよ。だからこそ、必要に応じて頼れる専門家という人たちがいるんじゃないですか」。（これは3章で扱った「モデリング」の一種で、後に紹介する「アウトソーシング」につなげることもできる。）パートナーが自分は間違えてしまうかもしれない、と思っているときにこそ、この黄金の橋は特に有効だ。

7. 自分自身が無知であることや疑問に思っている理由にふれること。

　ここで使えるフレーズはこれだ。「私も以前は［X］や［Y］、それに［Z］だと考えていました。後にそれはすべて間違いだと分かったのですがね。［A］や［B］、［C］だと学んだときに、私は考えを変えたのです。個人的には、それが考えを再考するには十分な気づきでした」。こう述べることで、パートナーは「面子を保つ」ことができるようになる。なぜなら、以前のあなたは持っていなかったが、今は持っている情報があり、それを今の相手が持てば、考えが変わるということは十分あるのだと、相手に伝えることができるからだ。[原注28]別の言い方をすると、相手が愚鈍あるいは邪悪であるか否かが重要なのではなく、当人が問題の全体像を掴めていないことが問題なのだ。第2章で紹介したソクラテスの格言を忘れないでほしい。人間は、悪いことだと知りながらそれを欲することはないのだ。

例を出そう。もともとキリスト教徒だったが、聖書が奴隷制度を容認していたことを知り、信仰を捨てた人々がいる。そういう人たちも、以前は聖書は道徳的に完璧なのだと信じていたのかもしれない。その考えを疑う理由を見つけるまで、例えば『出エジプト記』が父親に娘を奴隷として売り渡す方法を教示していることに気づくまではそうだったのだろう。[原注29] 元キリスト教徒は、友人にこう言うかもしれない。「私もかつては聖書は道徳的に完璧だと思っていました。ただ、それを疑う理由を見つけてしまってからは話が別です。例えば『出エジプト記』21節では、娘を奴隷として売り渡す方法を父親に教示するくだりがあります。いろいろ調べてみたら、聖書は道徳的に完璧だということを疑う理由が他にも色々見つかったんです」。[原注30]

一点だけ注意しておこう。「私も昔は［X］や［Y］、それに［Z］なんてことも信じていました。後にそれはすべて間違いだと分かったのですが。［A］や［B］、それから［C］ということを知って、考えを改めたんです」と言うのは、聞く人によっては、相手を舐めた発言だと取られることもある。文脈や声のトーン、人柄によっては、非難として理解される可能性もある。〔というわけで、〕このテクニックは慎重に使おう。

#3 言葉遣い

人質交渉人が、人質の安全を確保するという目的を達成するためにどういう言葉遣いを用いているのか、ジャスティン・P・ボロウスキーの論文から紹介しよう。ボロウスキーが強調するのは、人質犯と交渉人との間の協力関係を形成するための特定のスキル——それと特定の考え方——の必要性である。ここでいう協力関係さえあれば、人質犯が交渉を打ち切ろうとするのを思いとどまらせることができる。特に、「彼ら」という言葉を使うことで、ある種のチームワーク感を演出していることに注目してもらいたい。

例えば次に紹介する会話では、人質犯は逃走用の車両を要求した後で、人質を殺すと脅している。交渉人の応答では、人質犯も人質をわざわざ傷つけたいわけではないと自分は分かっていること、そして「彼ら」（この場合は交渉人の上司）によりよい条件を提示するために、互いに協力して考え続けるべきであること、これらを伝えている。

人質犯　さもなければ、この女を殺す。（脅迫）

交渉人　ええ、でもあなた自身で何度も仰っているように、あなたはこの女の子を傷つけたいわけではないのですよね。あなたが傷つけたいわけではないことを、私も分かっています。

人質犯　やるといったらやる。

交渉人　何か他の案を考えてみましょうよ。彼らにも提示できるような。[原注31]

ボロウスキーが説明するように、ここで交渉人は「この状況で私たちは運命共同体だ」、つまり、人質犯と交渉人は「『彼ら』（交渉人の上司）を相手にして協力している」とでもいうべき関係を築くことができた。[原注32]交渉人はこの場面で特別な言葉遣いを用いることで認識を形成し、それによって最終的にはよい結果を得られるようにしたのである。[原注33]

「彼ら」なる言語表現を導入することで、交渉人と人質犯とは、二人で協力しあって別の陣営に対峙する、という構図ができあがる。このような認識の一致を作り出すことで、交渉人は人質犯に降参するよう説得する立場に立てるのだ。[原注34]

脱人格化すること：「あなた」ではなく「あれ」について語ること

「あなた」という表現は避けよう。「あなた」という言葉を使ってしまうと、会話が人についてのものになってしまい、パートナーが守りを固めてしまう。[原注35]「そういう考え」とか「その主張」と言うようにして、「あなたの考え」とか「あなたの主張」と言うのはやめよう。とはいっても、極端にやらなくてもいい。「あなた」を会話の語彙から完全に排除しようとするべきではないし、またそんなことは不可能だ。「すみません。分かりませんでした。もう一度あなたから説明してもらいたいのですが、お願いできますか？」と言わざるを得ないケースもあるだろう。（この表現は「すみませんが、○○していただけますか？」という質問の形式を取るものであって、質問の体をした命令「説明してください」とは異なることに注意しよう。）こういうときに使う「あなた」は、人格としての相手を厳密な尋問にかけていることにはならない。

言葉遣いを変えるための、ささいだが効果的な方法

このテクニックを使うのはとても簡単だ。

1　協調的な言葉を使うこと。

「私たち」は、協調を示す言葉として素晴らしく効果的である。社会学者のワインスタインとドイチュバーガー（１９６３）も書いているように、「『私たち《ウィー》』は、英語の中で最も魅惑的な単語の一つである。この言葉が使用されるとほぼ自動的に、相互性と相互依存の観点から構成された関係が予期される」（p.４５９）。多くの場合、「あなた《ユー》」という表現は「私たち《ウィー》」に置き換えることができる。例えば、「どうしたら私たちにそれが分かるのですか？〔How do we know that?〕」や、「私たちで、それについてもうすこし考えてみませんか？〔Why don’t we think about it more?〕」といったように。

「私たちを《アス》」もまた、協調を示す言葉として非常に有効である。「私たちで一緒に、公平な視点から、考えてみましょう〔Let's [let us の短縮形] figure out how to settle this impartially.〕」。そして、「私たちはそれをどうやって確かめられるのですか？〔How can we test that?〕」などだ。[原注36] とにかく、迷ったら、「私たち《ウィー》／私たちを《アス》」を使っていこう。[原注37]

　もしそうするのが難しすぎるか、あまりにもぎこちなくなってしまう場合は、ニュートラルな言葉遣いに切り替えよう。三人称や「（一般に）人《ワン》」などだ。例えば、「一般的に、人はどうやったらそのことを分かることができるのでしょうか？〔How could one figure that out?〕」など。以下の#2も参照のこと。

2 ニュートラルな言葉を使うこと。

「あなた《ユー》」、「あなたの《ユア》」という表現を使うのはやめよう。「あなたは○○と考えるんですね」や、「あなたの考え」といって言い方はまずい。「あの／その《ザット》」や、「（一般に）人の《ワンズ》」のようなニュートラルな言葉を使おう。例えば、「そういう考え《ザット・ビリーフ》」や、「人の考え《ワンズ・ビリーフ》」といったように。

3 考えや信念について話すこと、それを信じている人についてではなく。

　人が持ついくつかの（あるいは一つの）考えにもとづいてその人にレッテルを貼るのは、特に慎重であるべきだ。例えば、「ビルの考えでは、医療は誰でも無料で利用できるようにせねばならず、そのために費用は税金から賄われるべきだ」と言うほうが、「ビルは社会主義者だ」と言うよりも、ずっと正確・公平にして具体的だ。同様に、「マリアはその意見に反対している」も同様に、「マリアは医療費が出せない人が命を落としても全く気にしない」

4　よりも、「マリアは（ビルの意見に）同意していない」のほうがずっとよい。[原注38]「反対です」ではなく「疑問です」と言うようにすること。〔相手の見解に〕反対することは、敵対的な反応の引き金になることがある。一方、「疑問です〔I'm skeptical〕」と言えば、こちらは説得を受ける構えはあるが、まだ納得したわけではない、というメッセージを伝えることができる。

#4 行き詰まったら、リフレーミングすること

会話のリフレーミング〔捉え直し〕とは、別の表現を用いることで視点を変え、そうすることでその問題に対して別の――望むらくは双方の納得のいく度合いがより高い――捉え方ができるようにすることである。ほとんどすべての質問、話題、会話は、リフレーミングする〔＝捉え直す〕ことができる。[原注39]

例を出そう。ボゴジアンと彼の妻は、仕事と私生活でやることが多すぎて、完全に参ってしまっていた。そんなときに、娘が思いがけず学校を休むことになった。ストレスと疲労が溜まった二人の会話の一幕を見ていただきたい。

ボゴジアン　用事のついでにあの娘《こ》を連れて行けるけど。

妻　その言い方は聞いていてあんまり嬉しくないよ。娘と過ごすことが雑用か任務みた

いに聞こえる。

ボゴジアン　そうだね。

［沈黙］

ボゴジアン　全くその通りだ。

［沈黙］

ボゴジアン　代わりにどう言うべきだったんだろう？

妻　うちの娘と一緒に過ごせて嬉しい人〔＝ボゴジアン〕がいるよね？

ボゴジアンの妻は正しかった。「雑務」、「任務」から「機会」にリフレーミングしたほうが、父親と一緒に過ごすという提案を、娘が受け入れやすくなることは明らかだ。さらにここで重要なのは、このやりとりはボゴジアンが自身の考えをリフレーミングするきっかけになったのである。

リフレーミングのやり方は色々ある。中でも単純明快な方法は、会話のパートナーが状況をネガティブに捉えている場合に、ポジティブに捉えるように向きを変えるというやり方で、まさにボゴジアンの妻が先の例で実行したものである。もう一つの方法は、話題を変えて、その背景にある利害や感情、前提にトピックを移すことだ。[原注40] 政治の問題、例えば銃規制について話したいというのであれば、安全、安心、権利といった背景にある利害や、そういった利害の間の最善のバランスはどのようなものか、というように話題をリフレーミングするのだ。そうすれば、政治問題化した話題を、安全の問題へとリフレーミングすることができる。

道徳やアイデンティティにもとづいたリフレーミングするやり方は7章で再び扱うとして、「アメリカ人」や「人間」といった、一般的に当てはまるアイデンティティ（「超越アイデンティティ」と呼ばれる）に訴えることはリフレーミングのための有効な手段といえよう。[原注41] 互いの共通点に言及するだけで、会話をその点についてのものにリフレーミングすることができる。ここで使えるフレーズが「よく分からないのですが、一人の親としては、子どものことを考えると銃については神経質になってしまいます。あなたがよいお母さんだということは分かっています。でも銃もお持ちですよね。どうやって折合いをつけていらっしゃるのですか？」。この事例では、親であることが超越アイデンティティへのアピールになっている。つまり、双方の共通点に注意を向けているのである。共通するアイデンティティ（よき親であること、そしてよきアイデンティティを肯定すること）に焦点を当てることで会話をリフレーミングし、揉める余地が少ない別の新しい文脈を作り出すことができるのだ。

最後になるが、リフレーミングは決して〔話題の〕「転回」ではない。あくまで、疑問や難点に別の角度から光を当てる試みなのだ。リフレーミングとは、より開かれた、ネガティブな要素の少ない対話を促進する一つのやり方なのである。

会話に行き詰まったときのリフレーミングの方法

1　共通点を軸に会話をリフレーミングすること。

例えば、銃の〔保持・使用の〕権利をめぐる議論では、あなたとパートナーの両方とも、最終的に重要なのは安全と自由のバランスだ、と考えているということがほとんどだろう。そういうときは、バランスをとるための最善の方法、あるいはそのようなバランスを取りたいと思う動機は何なのか、という話題へとリフレーミングしてみよう。ここで使えるフレーズがこれだ。「結局のところ、人々の安全と自由を守りたいという一点については、私たちの間に違いはないわけですね。ただ、そのゴールにたどり着く方法についてはぴったりと意見が一致しているわけではないようです。どうやったら〔安全と自由の〕バランスを取ることができるのか、もっと率直に話してみませんか？」。共通点や合意できる点が確保できたら、もともとの問いに戻ればよい。こうすることで、安全と自由についての議論を、二つの、ときに相反する利点の間のバランスをどう達成するのかという、より協調的な議論へとリフレーミングすることができるのだ。

2　質問をリフレーミングして、揉める余地を少なくすること。[原注42]

「なるほど、分かります。今ふと思ったのは、別の見方をしてみれば、私たちの間の意見の相違は避けられるかもしれない、ということです。私たちはどちらも、最も優れた機会を市民に確保することが大事だと考えているのだと思うのです。どうお考えでしょうか？」と言ってみよう。リフレーミングが特に有効なのは、皆が苛つきを感じているときだ。[原注43] 要するに、あなたが言わんとすることをより有益な表現に翻訳し、共通点や背景となる関心を探り、超越アイデンティティに訴えることだ。

3　相手から「その通り」という反応を引き出すためには何と言えばよいのかを考えること。[原注44]

それに応じてリフレーミングを行おう。状況によって様々な意味を持つ、「はい《イエス》」という一言とは異なり、「その通り《ザッツ・ライト》」という反応は、相手の立場を理解し、考えを受け入れているというシグナルになる。気をつけてほしいのは、「その通り《ザッツ・ライト》」は「あなたが正しい《ユー・アー・ライト》」とは異なる、ということだ。もしパートナーが「あなたが正しい」と言っていたら、正しいのは「あなた」という人であるということに相手はまだ「こだわって」いて、〔人ではなく〕考えを受け取ることからは遠ざかっているわけだ。[原注45] 多くの場合、「その通り」を確保するための道のりは、問題の捉え方をネガティブなものからポジティブなものへとリフレーミングするためのやり方と共通するものだ。

#5 自分の考えを変えること

ボゴジアンがツアーでオーストラリアに訪れていたときに、公営ラジオ局が宗教の話題を扱うこと（BBCニュースが英国国教会に関する話題も扱うようなこと）にまつわる倫理的な問題について、激しい議論を行った。とある青年は、報道にバイアスがかかる可能性があるというかなり当たり前の主張をし、報道に偏見が紛れ込まないようにする安全策があるかは疑わしい、と言った。〔だが〕ボゴジアンもその発言をした青年も驚いたことに、その議論に反対する立場を取っていたある女性がこう言ったのだ。「そのようなことは考えたこともありませんでした。仰ることは全く正しいと思います。ええ。確かにその通りです」。ボゴジアンも会話のパートナーもびっくりして、長い沈黙が続いた。そうした長い沈黙はたいていの場合、内省と、人が考えを改める可能性を意味している。どちらにせよ、それは会話の成功だと言っていいだろう。

しかるべきタイミングで自分の考えを変えること

会話のどの時点であっても、誤った考えをしていたことに気づいたときに使えるフレーズがある。「自分の考えは間違っているかもしれないと、たった今気づきました。考えを改めます」。これだ。このようなことはめったに起きないので、これを聞いた会話のパートナーはかなり驚く可能性が高い。

当然ながら、ここにも罠はあるから注意してほしい。このフレーズを口にするのは、心底そう思っているときだけにしよう。「考えを改めます」という一言は、それゆえ、ある種の招待状のようなものだといえる。考えを改め、模範を示すという美徳を示し、そうすることで周りの人々にも同じようにするよう誘っているのだ。それに、これは究極のラポール構築法でもある。これを言った人を嫌うことは不可能に近い。

例えば、バイク乗りがヘルメットを被るべきか否かは、政府が口出しすべきことではない、とあなたは考えているとしよう。その選択はバイク乗りが決めるべきことで、その理由は事故が起きたとしても影響を受けるのはバイク乗りだけだからだ、と考えている。その見解に対して、あなたの会話のパートナーは次のように応じた。ヘルメット着用を義務付ける法律が廃止されてしまうようなことがあれば、税金を原資にしたメディケイド[訳注2]の支出が、多くの州で劇的に増加してしまうだろう、と。つまり、ヘルメットを被らないという選択は、バイク乗り以外の人々（納税者だけでなく、当然ながらバイク乗りの家族、友人、同僚、雇用主、そして直接的・間接的にこれらの関係者から影響を受けるすべての人々）にも影響を及ぼすことを意味している。[原注46]さらに、あなたはこの議論に説得されて、バイクのヘルメット着用を義務付ける法律についての自分の立場を考え直すようになったとしよう。そういうときにはこう言うのだ。「いやあ、そちらのほうが正しいように思えてきました。この件については考え直す必要がありそうです」。

#6 尺度を導入すること

会話に尺度（数字）を導入することで、会話が行き詰まってしまう局面を抜け出し、新たな洞察を得て考えを改めやすくなり、介入がどれくらい成功したのかを測定できるようになる。

「1から10でいうと……」

「1から10でいうと、X［という考え］が正しいということにどれくらい自信がありますか？」と訊ねてみよう。自信の度合いを数値で表してもらうことには、相手が自分の考えの正しさにどれほど自信を持っているのか知ることができることに加え、二つのメリットがある。

1　介入の効果がどれほどかを測定できる。
2　問題を別の視座から捉えることができる。

それぞれ紐解いてみよう。

効果を測定すること

議論すべき問い（3章#3「質問すること」を参照のこと）が定まったら、すぐに「1から10の尺度でいうと、X［という考え］がの正しさについて、どれくらい自信がありますか？」と訊ねてみよう。（この尺度が気に入らないようなら、1から100までの範囲で聞いてもよい。相手が自分の考えについての自信を数値で表すことをそもそも拒む場合は、このテクニックを使うのは諦めよう。）会話の直後にもこの質問を繰り返して、前後の数字を比較してみるのだ。例えば、「連邦政府はマリファナを合法化した州を厳重に取り締まるべきだ」という主張について、あなたと議論する

訳注2　米国の低所得者向け医療給付制度。アメリカには国民皆保険制度がないため、米国民は各自で民間保険に加入する必要があるが、そのためのお金がない人を政府が支援するもの。

前の自信として10の値を付けていた人が、会話の後の自己申告では9になったのだとしたら、10パーセントぶん変化したことになる。つまりあなたは、人の認知に介入し、疑問を植えつける能力を測定するための、はっきりとわかる離散的な指標を手にしたことになるのだ。

新たな視座を導入すること

「アメリカ社会そのものが家父長制だ！」という主張が、フェミニストの中でも極端な立場を取る人から発せられるのを聞いたことがあるかもしれない。その手のフェミニスト思想にどっぷり浸かっているのでもないかぎり、この主張は奇っ怪に映るかもしれない。しかし、自分がそのように感じると相手に伝えたところで「確かに仰る通りです。大げさですよね。修辞的な効果を出そうとしたんですが、そういう表現をするのはあまりよくなかったかもしれません。指摘してくださってどうもありがとうございました」のような反応が返ってくることはまずないだろう。代わりに、「いいえ、そんなことありません！」、「いいや、そうですよ！」の水掛け論が始まることだろう。〔社会がどれだけ家父長制的であるかは〔白黒はっきりするものではなく〕程度の問題なのだが、冒頭の発言ではそうした程度・度合いといったものはブルドーザーで均したかのようにないものにされている。〕

〔こういうときは〕代わりに、問題を尺度で表すように相手に頼んでみよう。ここで使えるフレーズが、「社会がどれだけ家父長制的であるかの度合いが気になってます。サウジアラビアの家父長制の度合いを、たとえば10点満点中9点だとしましょう。アメリカは同じ尺度でいうとどのあたりにありますか？」。もしアメリカの家父長制の程度が10点満点で2点だったとしても、「アメリカ人は家父長制社会を生きている」と言うのは完全な間違いというわけではない。完全に正しいというわけでもないが。尺度を訊ねてみることで、「その通り」か「そんなことはない」しかないような、オール・オア・ナッシング思考から脱却できる。[原注47]

〔フェミニズムとは〕全く別の政治的立場についての例も考えてみよう。「この国の政府は専制的だ！」と言われたら、「どのくらい専制的なんですか？　中国の毛沢東政権が10点満点9点の専制政府だとしたら、今のアメリカはどのあたりになるでしょうか？」と訊ねてみよう。確かに、アメリカ政府は専制的とも言える——一部のケースでは実際に専制的な——行動を取ることもあるが、「その通り」、「そうではない」という二元論では、微妙な差異を伝えることができない。

尺度を導入して介入する方法

1　「1から10の10段階評価だと、Xの正しさにどれくらい自信がありますか？」という質問を、会話の始めと終わりに訊ねること。

前後の数字を比べて、自分の〔介入の〕効果を確認しよう。

もし考えの正しさについてパートナーの自信の度合いが9や10の場合、6章や7章で扱うテクニックが必要になる。尋常ではないほど大きな自信を伴う道徳的信念は、多くの場合、アイデンティティにまつわる関心事と関係している。相手の自己申告で、自信のほどが9や10のような場合は、その結論に至った認識論を探り当てることがよりいっそう重要になってくる（3章#7「認識論に集中すること」を参照せよ）[原注48]。逆に、めったにないことだが、相手が自信の程度を2や3と評価して、自分の主張の正しさに確信をほとんどあるいは全く持っていないという場合もある。そういうケースでは、なぜそうも確信が持てていないのかを探ればよい。

2 議論が「そうです！」、「違います！」〔という水掛け論〕のパターンには嵌っている（例えば、「アメリカ合衆国は人種差別的だ」、「いや、そんなことはない」）ことに気づいたら、比較尺度を用いること。

例えば、「1950年代と比べて現在のアメリカは、どれくらい人種差別的ですか？」と聞いてみよう。尺度を考えることで〔相手の自信の程度は〕より正確に測定され、それによって相手の見解を突き止め明確にでき、新たな視座が得られ、会話を軌道に戻すことができる[原注49]。

3 議論が行き詰まりに差し掛かったら、問題どうしの重要度を比較する尺度を持ち込むこと。

人種差別は重要な問題かどうかと訊ねると、それだけで怒りを買い、不信の原因となることもあるだろう。しかし、「1から10の尺度でいうと、人種差別という問題は気候変動と比べてどれくらい重要ですか？　数字でいうと、人種差別はいくつで、気候変動はいくつですか？」と訊ねれば、相手の考えがどれだけ強固であるか、そして相手との意見の相違が〔議論して検討する〕時間を使うに値するものであるかどうか、明確になる。

4　尺度を使ってパートナーの考えを遡ってみること。

尺度を使った質問には別の聞き方もある。「1から10までの10段階で、1が自信全くなし、10が完全に確信しているのだとしたら、自分の考えが正しいことにどれくらい自信がありますか？」。ここで「8くらいですかね。」と言ってきたとしよう。ここで「あえて6にしなかったのはどうしてですか？」や、「何がどう変わったら6になりますか？」などとは聞かずに、続けてより大きな数字について訊いてみるのだ。「純粋な興味で聞くのですが、9にはしなかったのはどうしてですか？」。こうすることで、パートナーがもともと持っていた疑いが見えるようになる。[原注50]

5　「尺度を導入すること」の、さらに発展させたバージョンの使い方を紹介しよう。もし10段階評価で7以上なら、次のように言ってみるのだ。「Xの正しさについて、私の自信は10段階でいうなら3くらいなのです。どうやったらあなたの選んだ9ほども確信を持てるのか見当がつきません。私が何か見落としていないか確かめたいと思っています。検討するのを手伝っていただけませんか？」[原注51]

このように尺度質問を使うことで、相手の認識論〔知識観〕を一歩一歩、本人から案内してもらえるよい機会が得られる。これは効果的だ。〔あなたと相手の間にある〕認識論的なギャップを、あなたが自分自身で考えて質問をひねり出さなくても、相手が自分で説明してくれるからだ。つまり、あなたが見逃しているポイントを相手が明らかにしてくれるわけで、これによって相手の確信の度合いが下がることもあるし、ひょっとしたらその過程で相手が本人の無知に気づいてくれることもあるかもしれない。[原注52] さらにいえば、もし相手の考えに対する自信が、それに至るまでの認識プロセスによってきちんと正当化されているのであれば、あなたのほうも〔その考えに対する〕確信の度合いを修正・向上させることもできる。このテクニックは、3章#7「認識論に集中すること」と3章#3「較正済みの質問」とを、4章#6「尺度を導入すること」と組み合わせたものであることに注目されたい。

6 会話の記録を取ること。

確信の度合いを下げるために何が効き、何が効かなかったのかの記録をつけよう。〔テクニックを〕洗練させる、要らないものは捨てる、このプロセスを繰り返す、これが秘訣だ。

#7 アウトソーシングすること

自分の主張が正当化されていないのに強く確信してしまっている人は多い。[原注53] 人が専門性を持てるのは、せいぜい二つか三つの領域に限られるはずなのに、不釣り合いなほどに自分の考えに高い確信を置いてしまうのだ。[原注54] これに対処する一つの方法として、「背表紙効果」が発生していないか疑ってみるというものがあった（3章）。もう一つのやり方は、アウトソーシングという方法だ。

アウトソーシングとは、「どうしてそうだと分かるのですか？」という問いに答えるために、外部の情報に目を向ける戦略全般を指す言葉である。[原注55] その目標は、会話のパートナーが何かを知っていることを自分がどう正当化しているのか気にさせること、あるいは、自分がアクセスすることができなかった何かがあることを相手に気づかせることである。あなたが、例えばだが、所得税について誰かと意見を異にしていたとしよう。会話の相手は所得税を憎んでいる一方、あなたのほうは、所得税は文明社会にとって有用であり、また〔それを支払うことは〕その成員であるための必要条件だと考えている。いくつか質問をしてみて、相手がどうして所得税を心底不当で煩わしいものだと考えているのかが分かってきた。どうやら、大きく稼いだら課税額が跳ね上がってしまい、可処分所得が減ってしまうと考えているようなのだ。ここで、累進課税制度についての相手の理解は不正確かもしれないということに、どうアプローチするのが最善だろうか？「その理解は間違っていますよ」とだけ言うのはだめだ。「そうです」、「違います」の水掛け論に陥ってしまうからだ。こういう論争に対処する一つのやり方は、外部の情報を議論に持ち込むというものである。税が主題のときには、これはそこまで難しいわけでもない。というのも、〔税に関する〕多くの情報源や専門家は容易に見つけることができるし、彼らの見解が一つの答えに収斂していることは珍しくないからだ。本当に難しいのは、より複雑な問題、特に倫理的・道徳的な問題をどうにか解決しようとするときである。〔このような話題を扱うときには、〕スマートフォンを取り出して検索する前に、まずは「答えはどこで見つかるか？」という問いに対する同意を相手に取り付けておこう。[原注56]

この手の問いを扱うときには、会話が「どの情報源／専門家／その他を信頼すべきか？　またそれはどうしてか？」という別の問いへと移行することもあるだろう。[原注57] また、会話のパートナーがどこから情報を仕入れているか分かることもあるだろうし、そうなれば相手の認識論〔知識観〕を理解することがより簡単になる。外部の情報源について同意が得られるようであれば、それはよいことだ。もしそれが無理でも、アウトソーシングを試みれば多くの場合、相手がある情報源を権威あるものだと考えているのはなぜかについてより深く理解できるだろうし、そうでなくとも、あなた自身が参照できる新しい情報源を知ることができる。[原注58]最後に、〔論題について適切に考えるためには〕どういった分野の専門知識が関わってくるのか、と相手に訊ねるだけでも、自分が思っているほどものを知らないのかもしれない、と当人が考えるきっかけにはなる。[原注59]

外部の情報を会話に取り入れるためのベスト・プラクティス

1　会話が終わりに差し掛かるタイミングでアウトソーシングすること。

例えば次のように言ってみよう。「それはなんとも言えないですね。信頼できるデータを見せていただければ、考えを変える準備はあるのですが。次に話すときにでも何かあったら教えてください。もしそれが十分に説得的なものであれば、考えを変えます」。この一つの発言で、いくつかのテクニックが同時に使われている。「認識論に集中すること」〔3章#7〕、「モデリング」〔3章#1〕、「学びモード」〔3章#8〕、「黄金の橋」〔4章#2〕の四つである。〔証拠を相手に要求するのは、あなたの側の証拠を差し挟むのとは違う。詳しくは5章を見よ。はっきりと求められるまでは、こちらから証拠を示そうとしてはならない。そして、たとえはっきりと求められたときであっても、相手が本当に証拠を出してほしいと思っているのか、確認の質問をしよう。〔相手の信念と〕衝突するような証拠を提示することは、「バックファイア効果」の原因になり、パートナーがさらに自説に引きこもることにもなりかねない。)

黒人ミュージシャンのダリル・デイヴィスは、ときにこのテクニックを――特に相手が間違った考えを抱いていることを指摘したいときに――使用し、KKKのメンバーを改心させることに成功した。[原注60] デイヴィスは彼らと頻繁に顔を合わせ、別れ際にKKKの主張を裏付ける情報を求めたのである。デイヴィス自身は、そんなものは見つかりっこないと考えていたのだが、彼の狙いは、KKKのメンバーが自らの調査によって〔自身の主張に対する〕疑いの種を蒔くことだった。[原注61]

2

会話の途中で行き詰まったら、使える質問がこれだ。「独立した、中立的な第三者は、どういう情報源を信用に足りると判断すると思いますか?[原注62]」。

別の聞き方として、次のように訊ねてもよい。「もし、この見解に賛成している専門家に対して、立場を異にする人の中で最も手強い議論を展開しているのは誰かと訊ねたら、それは誰になりますかね?」。これは「部外者の質問」(3章#7)の一種でもあることに注目してほしい。

3

アウトソーシング(および5章#3で扱う「反証」)のための質問として、他のフレーズも紹介しておこう。

・「この問題にけりをつけるための具体的な証拠としては、どういうものがあるでしょうか?[原注63]」。

・「独立の第三者を説得するためには、どういう証拠があれば十分でしょうか?」。

・「誰であれ合理的な人であれば説得しうるような証拠とは、どのようなものでしょうか？」。[原注64]
・「その証拠から引き出される結論に対して人が疑いを持つ理由があったとして、それに対する最も優れた反論はどのようなものでしょうか？」。これに続けて次の質問をしてもよい。「これらの〔意見が対立する〕二人の著名な専門家がそれぞれ持ち出す最善の議論とはどのようなもので、またそれらはどの点で間違っているのでしょうか？」。

4 アウトソーシングと「黄金の橋」を組み合わせること。

ここで使えるフレーズはこれだ。「そのことについては取り敢えず保留にしておいて、私たち《ウィー》のところにもっと情報が入ってきたら、後で戻ってくることにしませんか？」。（チームを表す言葉「私たち」を使い、「あなた」は使用していないことに注意しよう。先述〔4章#3〕の「言葉遣い」を参照のこと。）その場で考えを変えるよう相手に迫らないようにすること。問題をいったん脇に置き、後で再び検討することにし、その提案をする最中に「黄金の橋」を架けるという手もありうるのだ。[原注65] アウトソーシングと黄金の橋を組み合わせることで、緊迫した雰囲気を和らげることもできる。そうすることで、相手が恥をかくことなく、またその場で意見を変えねばならないというプレッシャーを感じることもなくなり、自分のペースで新しい情報を分析、検証、採用してもらえるようになる。

5 もしもアウトソーシングを試みる中で、会話のパートナーに考えを裏付ける証拠を提示する求めた際に、相手から「証拠を探す意味などない。どんな証拠があっても考えを変える気はないから」という応答がなされた場合には、その人の考えは証拠にもとづいていないということ。

証拠にもとづいた考えを持つということは、定義からして、自分の考えを変えるような証拠が見つかる可能性に開けていることを意味する。どんな証拠を見せられても考えを変えないというのであれば、その人の考えは証拠にもとづいたものではない。よって、〔そのような場合は〕アウトソーシングをしても意味がない。このようなケースは5章「反証」で詳しく論じることにしよう。

6

アウトソーシングが使えるのは経験的な[訳注3]質問についてのみであること。

アウトソーシングがうまくいくのは、世界についての検証可能・テスト可能な命題か、検証可能な事実が対象の場合に限られる。「道徳的アウトソーシング」と呼ばれるものがありえない理由は簡単で、アウトソーシングはそもそも道徳についての問いには使えないからだ。道徳についての問題はそもそも、解決が非常に困難なのである。

なので、相手が「道徳の専門家」の場合、例えばローマ法王、お気に入りの神学者、自分の母親、1回だけ会ったことのある賢い人、はたまたトークショーの司会などであるときには、道徳的アウトソーシングを試したりしてはならない。もし会話のパートナーが、彼らにとっての「道徳の専門家」をアウトソーシング先として頼ったときには、こちらが取れる手

訳注3　"empirical"の訳。個人の経験に限らず、具体的に観察・測定できる事柄を指す術語。「実証的」という訳語があてられることもある。

段がいくつかある。
・ここで使えるフレーズがこれだ。「X〔という人物・聖典〕を、道徳に関する権威として私は認めていません」。（とはいっても、こう言うと相手に防衛的な構えを取らせてしまうこともあることに気をつけてほしい。相手にとっての専門家をあなたが認めないことを理由として、あなたには倫理的な欠陥があるのだとパートナーが考える可能性もある。）
・次のフレーズも使える。「そうなると問題なのは、我こそは道徳の専門家だ、と公言する人がたくさんいて、しかも彼らの見解が対立しているということです。なので、結局このことを私たちはどうやって理解すればいいのか、という当初の問題に戻ってきてしまいますよね」。
・もし会話がより思慮に満ちたものであれば、次のように言ってみよう。「道徳の専門家を私たちの議論に持ち込むと出てくる問題は、その人物の権威を認めるためにはその人の道徳体系をすでに取り入れている必要がある、ということです。例えば、私たちはどちらもサイエントロジーの信者ではないので、〔創立者〕L・ロン・ハバードの道徳についての宣告には従わないでしょう」。

7

「さらに情報を集めるために読むべき専門家は誰ですか?」と訊いてみること。

そうすると次のどれかが起きるだろう。(a) ここでパートナーは関連する専門家の名前を挙げることができず、その時点で相手が情報不足だということがパートナー自身にも明らかになる。あるいは、(b) パートナーはバイアスがかかっていることでよく知られた人物の名前を挙げる。その場合、次のような補足の質問をするとよい。「その情報源〔・人物〕にはどれくらい権威が認められているのですか？」、「その〔情報源の取る〕立場への反論で、最も強力なのはどういうものでしょうか？」あるいは、(c) パートナーは、あなたも参考にすることができるような信頼の置ける専門家の名前を挙げる。

8 「その意見に反対している著名な専門家を3名教えてもらえませんか？」と訊いてみること。この質問は「説明の深さについての幻想」（3章）を暴くのに有用だ。

9 会話が行き詰まったらこう言うこと。「どうやら私たち〔の会話〕は行き詰まってしまったみたいですね。いったん、両方が賛成できるような意見／情報／証拠だけを使うことにしませんか？」。

結論

プラトンの対話篇『ゴルギアス』の中でソクラテスは言っている——論駁するよりも、されるほうがいいのだ、と。ここで〔著者の〕プラトンが言わんとしたこととは、間違った考えを持つのをやめる側になるほうが、人が間違った考えを持つのをやめさせる側になるよりもよいということだ。これこそ、まさに介入で起きていることだ——人の認知に介入しようとしたあなたが、結局、自分自身の認知に介入して考えを改める、ということはしばしばある。これは介入の中でも最上の形と言えるもので、もしもそれが起きたら、逃げずに受け入れることだ。間違った考えを信じるのをやめる機会を得られたということなのだから。

とは言え、誤った信念を持っていることが明らかにされるのを歓迎できる人ばかりではない。〔反論・反証に〕抵抗し、もともとの考えにしがみつこうとする人がほとんどだろう。動転してしまう人も多いはずだ。あなたに向かって暴言を吐いてくる人だっているかもしれない。そういう場合には、「黄金の橋」を築くこと、そして協力的な言葉遣いを用いることがきわめて重要になる。〔臨機応変に〕判断力をはたらかせることも同じくらい重要だ。ときには友人の話にただ耳を傾け、相手が間違っていても気にせず、そのまま会話を継続するほうがよい、ということもある。

会話の中で、自分が間違っていることに気づいたら、そのことをきちんと伝えよう。「考えを改めました」というフレーズは、信じられないくらいに強力で、力を与えてくれる。相手に手本を見せる行動の例として完璧なだけでなく、パートナーとの友情をさらに深める可能性も秘めている。それに、もし嫌いな人と話しているときであれば、この言葉によって意表をつき、関係をリセットできること請け合いだ。

第5章　上級：揉める会話のための5つのスキル

——会話の習慣の見直し方

#1　ラパポートのルールを守ること

言い換え、同意している点のリスト化、こちらが学んだことへの言及、それらすべての後に反駁。

#2　事実を避けること

事実を会話に持ち込むべからず。

#3　反証を探ること

どのような場合に偽になるか考える。

#4　そうですね。そうすると……

「しかし」という言葉を話すときの語彙から除去すること。

#5　怒りとつきあうこと

汝自身を知れ。

退屈な連中（bore n.）　こちらの話を聞いてもらいたいと思っているのに、ひとり勝手に喋り立てる連中。

——アンブローズ・ビアス[訳注1]

本章では、揉める議論を切り抜けるのに役立つ五つの道具とテクニックを伝授しよう。まず最初に学ぶのは、合意が得られていない状況において「ラパポートのルール」を使う方法である。ここで求められるのは、会話のパートナーの話に誠実に耳を傾けることに加え、相手の立場を自分の言葉で、当人と同じか、あるいはそれ以上に上手に言い直した上で、その主張に対してオープンに反論するスキルだ。続いて学ぶのは、いかにして事実を避け、確証ではなく反証に着目するかという、直感に反するスキルである。（これはつまり、どういう証拠があればある考えが正しいことになるのかにではなく、どういう条件を満たせばそれが間違いになるのかに着目するということだ。[原注1]）「しかし／でも《バット》」という言葉を会話の語彙から除去せよという助言はすでにした。これは簡単に聞こえるが、実行するのは難しい。意見が対立したときに、パートナーに対して「そうですね。でも……」という相槌を半ば無意識的に返してしまうという自然の習性は、抗いがたいものがある。最後に、会話を脱線させてしまう、怒りという問題について具体的なアドバイスを授けたい。怒り、フラストレーション、攻撃性についての重要な事実を学ぼう。怒りの衝動を抑える方法、そして会話のパートナーが怒ったときの最善の対応について学ぶことになる。

ネガティブな感情、とりわけ怒りに対処するためには、そういった感情を引き起こす引き金が何なのかを、会話に臨む前に把握しておく必要がある。あなた自身の感情にリアルタイムで耳を傾け、管理することも必要になってくる。緊迫した議論の最中にこの対処をとることが不可能な場合には、会話から立ち去ることができるように自分を訓練しておくことも必要だろう。

この章で紹介するスキルが上級に分類されているのは、会話の習慣をいくらか変える必要があるからだ。(4章で紹介した中級スキルのそれよりも高いレベルで。)感情をコントロールすることも求められる。これらはどちらも難しいものなのだが、政治的・道徳的な分断を超えて効果的な議論をするためには欠かせない。これらの高度なスキルは、最初は直感に反するようにも思われるかもしれない。というのも、人と関わるときに私たちが自然にしがちなことの逆をいくからだ。しかし、これらのスキルを学び、練習することで、次第に自然なものだと感じられるようになるだろう。これはどのスキルでも同じことだ。

最後に〔注意しておきたいのが〕、この章で触れるテクニックは一歩間違えれば裏目に出るということが十分にありうるものだということだ。ゆっくり取り入れていこう。前の章の中級レベルのアプローチに慣れて、効果的に使えるようになってから、上級スキルをレパートリーに加えることを勧めたい。

#1 ラパポートのルールを守ること

次の短い対話は、2章で紹介した「路上の認識論者」アンソニー・マグナボスコ(以下、AM)が、道端で出会ったケリー(以下、KS)という人物と会話する様子である。話題は信仰、信念、そして神についてだ。

訳注1　西川正身編訳『新編　悪魔の辞典』岩波書店、1997年、164-165頁。

AM　仮に、あなたが困難なときを乗り越えられたのは神が助けてくれたからではなくてあなた自身の努力のおかげだったとしたら、どう思いますか？

KS　それはもう信仰の問題になってくるんじゃないですかね。

AM　信仰があるから、〔困難を乗り越えられた要因が〕神ではなかったと分かる、ということですか？

KS　いいえ、そうではなくて、信仰というのは、それ〔神のご加護〕が本当に人生を導いているものなのだと信じる、まさにそこに生まれるものだと思うんです。

AM　確認のため、今の言葉を言い換えさせてください。もし仰っていることと違うなというときは、教えてくださいね。あなたの見解を間違って解釈したくはないのです。つまり、あなたが言っているのは、その状況を抜け出せたのは神のおかげだということで、そうも確信していて、それを知っているとも言える理由は、あなたがそれ〔神のご加護〕が起きたという信仰を持っているからだと。こういうことでしょうか？

KS　自分よりもずっと力強く、遥か手の届かない何かがいるという信仰を持っています。信念と言ってもよいでしょう。原注2

批判する前に……

ロシア生まれのアメリカ人でゲーム理論の研究者であったアナトール・ラパポートは、会話で反論や批判を伝えるときのためのルール一覧を作成した。[原注3] これらのルールは現在、ラパポートのルールとして知られており、アメリカの哲学者ダニエル・C・デネットの言葉を借りれば「相手を戯画化したくなってしまう傾向に対する最良の解毒剤」である。[原注4] ラパポートのルールは、デネットの著書『思考の技法――直観ポンプと77の思考術』で綺麗にまとめられている。他人との関わりを成功させたいという目標を達成するためには、次のステップを順番に踏むことだ。

1 相手の立場を、明確に、鮮やかに、そして公平に、表現し直すこと。パートナーに「ありがとうございます、そういう言い方をしたほうがよかったですね」と言わしめるほどに。
2 同意している点をリスト化すること（特に、その論点が一般的だったり広く共有されているようなものではない場合）。
3 相手から学んだことがあればそれに言及すること。
4 反論や批判の言葉を口にしてもよいのは、これらすべてのステップを済ませてから。[原注5]

ラパポートのルールをきちんと守ることはときに難しい。特に議論が白熱しているときはそうだろう。ただ、これを守れば会話がぐんと節度を備えた効果的なものになる。

まず第一に、ルール1を守れば、こちらが会話のパートナーの意見を真剣に理解しようとしていることを分かってもらえる。

第二に、ルール2に従うことで、互いの共通点が何かがはっきりする。これが特に重要になってくるのが、政治的、宗教的、道徳的な垣根を越えるときで、共通となる土台と協力的な枠組みを保つのに有用である。ルール2を守れば、互いに賛成できる点が明らかになり、会話が行き詰まったり白熱したりしても、そこに立ち戻り、ラポール形成を通じて会話を再び前に進めることができる。

第三に、ルール3を守ることで、互いに学びあい、尊敬しあうという〔理想的な〕態度の手本を示し、そのような姿勢を育むことにも繋がる。会話のパートナーから何かを得られたことをあなたが口にすれば、相手も同じようにしてくれるようになるかもしれない。教育学や矯正についての研究文献において、これは「向社会的モデリング」と呼ばれているものだ。[原注6] 向社会的モデリングとは、他人に真似してほしい行動を自分で実演することを意味する。ラパポートのルールの場合は、相互に尊重しあうこと、オープンであることをモデリングしようとしているわけだ。たとえ互恵的な関係にはならなくとも、ルール3を守って会話のパートナーの見解を価値あるものと考えていることを示していれば、ある程度は協力関係を保つことができるだろう。

ラパポートのルールは、本書の1章から3章までで紹介した様々なスキルや戦術、考えが混ぜ合わさった合金《アマルガム》のようなものだ。(「モデリング」〔3章#1〕、「傾聴」〔2章#4〕、「伝令はむしろ撃て」〔2章#5〕、「学びモード」〔3章#8〕等)。これを他のアプローチと組み合わせて用いることで、会話はより効果的、魅力的、かつ生産的なものになるはずだ。それに、このルールは油断や浅慮を防ぐための一種の安全装置にもなる。なぜならルールに従うことで、批判、異議、反論する前に、まずは相手の立場を理解することになるからだ。要するに、このルールは節度を失することを防ぐ予防薬になるのだ。

#2 事実を避けること

キリスト教原理主義者で聖書にもとづく創造論者であるケン・ハムは、ケンタッキー州グラント郡にある全長510フィート〔約155メートル〕のノアの方舟の実物大レプリカ「アーク・エンカウンター」の責任者である。ハムは、〔自分の立場に不利な〕事実が持ち出されても決して考えが揺さぶられないタイプの人として完璧な例と言えるだろう。彼は、『創世記』の洪水の話を、文字通りに、かつ度し難いほどに信じているのだ。

2014年2月に、ハムは科学コミュニケーターのビル・ナイとの公開討論会を行った。ハムとナイの二人は、創造論と進化論についての自分の考えを改めることがあるとすれば、それは何によってか、という質問を受けた。ナイの答えは「エビデンス」、そしてハムの答えは「何があっても変えない」だった。ハムは、どんな証拠を突き付けられても自分の信念を変えることはないということをはっきりと明言している。[原注7]

ここでハムは、何か考えを変えるに足りるような証拠を現時点では持ち合わせていない、と言っているわけではない。そうではなくて、どんなものであれ証拠によっては考えを揺さぶられないと述べているのだ。それは厳密な査読を経た科学的な研究であっても変わらない。[原注8] 彼にしてみれば、この問題はとっくに解決済みなのだ。ハムは、自分の信念が覆されるようなことなどありえないと信じている（このあとの#3「反証を探ること」を見よ）。ナイは討論のときに（そしてそれ以降も続けて）、多くの、本当に多くの事実を提示しているが、そのどれもハムの考えを変えるまでのインパクトは持たなかったということになる。ハムのような人を相手にするときには、事実〔の列挙という手〕は避ける必要があるのだ。

だからといって、証拠を無視したり、無視するよう他人に勧めたりすべきだということにはならない。ただ、会話に事実を持ち込むのは、適切なタイミングで細心の注意を払って行わなければ、逆効果《バックファイア》になる可能性が高いということだ。

ダメな事実はダメ！

エビデンスにもとづいた意見を持とうと日々努力している人にとって最も受け入れがたいこと、それは世の中の誰しもがそのような考えを持とうとしているわけではない、ということだ。エビデンスにもとづいて考える人が犯しがちな過ちとは、会話の相手が特定の証拠さえ目にすれば、それまで持っていた考えを持ち続けることはなかろう、と考えてしまうところにある。多くの人々がこれこれの考えや方法を信じているのは、彼らがそもそもその考えをエビデンスにもとづいて定式化していないからにほかならない——エビデンスが足りていないからその〔間違った〕考えに留まってしまっている、というわけではないのだ。同じことが、十分に理由づけられた議論にもとづいて考えを定めることにも言える。理由づけがきちんとなされた議論を厳密に検討することで考えを決める、という人はごく少数だ。さらにややこしいことに、ほとんどの人は自説を裏付ける証拠を実際に持っているのだと信じてしまっている。（ケン・ハムにしても、自分を騙してこのように信じることで、現在のキャリアを築いたといえよう。）自分がすでに信じていることを支持するような論点しか考慮に入れないためにそうなってしまうのだ。

　ほとんどの人は、証拠にもとづいて考えを決めることが得意ではない（なぜなら、すでに信じていることを反証することよりも、確証することのほうに意識を向けがちだから）。これは、ただ単にエビデンスへのアクセスが限られているからという話ではない。私たちはすでに信じていることや、信じたいことを裏付けてくれるような証拠を都合よく選択《チェリー・ピッキング》し、それにもとづいて意見を決めてしまいがちだからだ。[原注9] ほとんど誰もが、まず〔自分がとる〕意見のほうを定めてしまい、それからその意見を裏付ける証拠や説得力のある論証を見つけて自説を補強する、という順番をたどる。[原注10]

　創造論はその完璧な事例だ。進化論を支える証拠はこれ以上ないほどに圧倒的であって、科学的には全く議論の余地はない。ところが、アメリカ人の実に34パーセントもの人が進化論を完全に否定しており、たった33パーセントだけが「人間やその他の生物が進化したのは自然のプロセスのみによって進化したという考えを表明している」[原注11]。数少ない例外はあるにしても、これは〔進化論否定派の〕人々が進化論を裏付ける証拠にはいっさい出会ったことがないだとか、あるいは関連するような論証を全く聞いたことがないからではない。むしろ、証拠とは別の他の様々な要素が効いているのだ。道徳的な理由はその一つだろうし（創造論を信じたり、あるいは信じるふりをするほうが道徳的に優れた人物なのだと考えている等）、社会的な要素もあるだろう（地元のコミュニティでは全員がそれを信じているか、信じているふりをしており、それに合わせることのほうが、本当は何が正しいのかを追求するよりも必要性が高いといった場合）[原注12]。これらのどのケースにおいても、道徳や社会が理性に優先しているのである[原注13]。

証拠――または「事実」――を提示したところで、道徳的、社会的、あるいはアイデンティティのレベルで重要になるような意見を改めるに至ることはほぼない。（思い出してほしい、考えと矛盾するような証拠を突き付けられると、自分の考えのほうが正しいのだとますます信じ込んでしまうというバックファイア効果が起きるのだった。2章の原注34を参照のこと。このバックファイア効果がひとたび起きてしまうと、信者は信仰へのこだわりをさらに強めて、あなたのイライラは募り、ひいては会話の機会は台無しになってしまうことだろう。事実〔を振り回すこと〕こそが、バックファイア効果を引き起こしてしまう主たる原因なのだ[原注14]。）証拠を持ち出しても説得に失敗してしまうことの背景には、多くの心理的・社会的な理由があるけれども、中でも筆頭に挙げられるのは、〔一般に〕人は「善く」あることを深く気にしているということである。これが意味するのは、〔研究から得られた〕エビデンス〔から得られる含意〕にも一致しているのだが、価値を置いている仲間や他人から得られたフィードバックのほうが、人の考えに与える影響という点では、事実よりもはるかに有効だということだ[原注15]。

反ワクチン派を例に考えてみよう。よき親でありたいというのが彼らにとっての最大の関心事であり、ワクチンについての彼らの誤った考えは、他に抱いている考えとの連環の中に位置づけられている。「自然」はよくて「人工的」はよくない、というような発想である。そこから、よき親であるためにはワクチン接種を拒絶することが重要だ、と結論づけているのである。（もし彼らが子どもにワクチン接種をさせた結果、何か悪いことが起きたらどうなるか？　そんな選択をしてしまったことについて彼らは自分たちを許せるだろうか？　さらに言えば、彼らは間違っており、命を救えたかもしれない医療から子どもを遠ざけてしまっていたらどうだろうか？）結局、人に事実を突き付ければその人の考えは変わるだろうという、誰もが期待する事態は、ほとんど起こりはしないのだ。

まずなにより、傷つけないこと

事実や証拠を突き付けないほうがよい理由の一つは、会話のパートナーに、当人の立場を守る理由を与えないようにするためである。これが特に当てはまるのは、そうすることによって相手が馬鹿か間抜けに見えてしまい、しまいには「負けて」しまうようなケースだ（もちろん、ディベートだったら別の話だ。しかし、ほとんどの会話はディベートではないし、ディベートであるかのように扱うべきでもない）。それから、相手が多くの時間や労力、資金をその考えに費やしてきていて、その考えを支持する何らかのコミュニティ（宗教、空想にもとづく武術、母校）に属している場合もそうだ。

あなたのゴールが会話のパートナーの考えを変えるきっかけになることだとしよう。それを達成するために、「ディベート・モード」に入り、事実や証拠、そして慎重な議論を突き付けるつもりもきっとあるだろう。だが、会話のパートナーが抱いている考えをやめさせようとして説得してしまうと、相手はかえってその考えにますます執着することになる可能性が高い。事実を突き付けてしまうと、それに抗って自分の意見に固執するための理由を与えてしまうことになる。そうなれば、あなたが持ち出した事実を無視し、自分の立場を強めてくれるような事実を都合よく選んで議論するようになってしまうだろう。

相手の考えを変えようというつもりで事実を突き付けることは、道徳的、社会的ないしアイデンティティに関する懸念がないという非常に稀な状況を除いては（こうした場合については7章で詳しく扱う）、会話のパートナーが自説に立てこもる理由を与えることになってしまう。自分の考えに向けられた反論に対して防御策を練り、その演習を行う機会を提供することにもなる。そして、誤った考えが堅実な証拠と健全な推論にもとづいているのだと相手が信じてしまうことにもなりかねない。

では、どうしたらよいのか？

証拠を突き付けるのがダメなのであれば、どうしたらよいのだろうか？　この問いへの答えとして、いくつかの競合する候補があり、どれも効果的な使いみちがある。

1　問題点や矛盾点を暴くような質問をしてみること。例えば、もしサムが魂は7ポンド〔約3・18キログラム〕の重さがあると信じているのだとしたら、「4ポンド〔約1・8キログラム〕しかない赤ちゃんにも7ポンドの魂があるのでしょうか？」と訊ねてみよう。[原注16]

2　認識論に集中すること。なぜ相手がそのように考えるのかをきちんと理解したら、結論（魂の重さは7ポンド）と、その結論に至った経緯とされるもの（「ドイツの科学者が、人が死んだときに死体の体重を測ったら7ポンド減っていた」）の間の繋がりを断ち切るような、ターゲットを定めた質問をしてみればよい。

3　上記二つのアプローチを、反証についての質問と組み合わせること（下記#3「反証を探ること」を参照のこと）。これはつまり、どんなエビデンスがあれば考えを変えるのか、相手に訊ねてみるということだ。魂の重さについての主張と、その主張に至った方法の信頼性の両方について訊ねてみる。使えるフレーズはこれだ。「仮にですが、実験結果が再現できなかったとしましょう。その場合、考えを変えますか？」。

会話の中で事実を持ち出していいタイミングは一度しかない。それは、会話のパートナーがはっきりと要求してきたときである。そのときであっても、念のため再度確かめよう。正確さに自信がないときは事実を持ち出してはならないし、〔そこで言われた事実が間違っていないかを〕後でパートナーのほうでも確認するように伝えておこう。会話で事実について話しているときは、留保を述べることで知的謙虚さの手本をこちらから示そう。ここで使えるフレーズはこれだ。「間違っているかもしれませんが、私の理解だとXです」（3章#1「モデリングすること」）。人が事実を求めるのは、好奇心からではなく、討論を始めたり、はたまた（始めようとしている議論で勝つために）あなたの無知を暴くためだということがある。この手の罠は、「間違っているかもしれませんが」、「私の知る限りでは」と言っておけば、すべてではないにしても避けることができる。

会話で事実を上手く扱う方法

1 会話に事実を持ち込まないこと。

会話のパートナーが持論に固執する理由を与えることで、会話を討論にしてしまわないようにしよう。あなたのゴールが相手に疑念を植えつけることなら、なおさらだ。

2 自分自身をコントロールできず、会話に事実を持ち込まざるを得ないと感じた場合は、事実を反証するような質問をしよう。事実を持ち出すのであれば、質問の形でしたほうが、言い切るよりもよいというのが大原則だ。質問すれば相手は質問に回答しようとするが、言い切ってしまえば口論になってしまう。

次のように訊ねてみよう。「どんな事実や証拠がはっきりすれば考えを変えますか？」こう聞けば、どのような事実を持ち出せばよいのかが分かる。ここでより重要なのは、相手が問題をどのように概念化しているのかが分かるようになる、という点だ。受胎の瞬間に魂が身体に宿ると考えている（中絶や幹細胞研究をめぐる議論の口火となるような考えだ）人には、どういった証拠があれば考えを変えるのかを訊いてみればよい。相手が「受胎の瞬間に魂が身体に宿るのではないことの証明」だと返答したのであれば、一卵性双生児の定義に関する事実について訊ねるとよいだろう。宗教的伝統によれば、双生児は二つの魂を持つはずであるが、受胎の瞬間には、一個の精子によって受精した卵子が一個あるだけなのだ。[原注17] この事実を伝えたあとに、今まさに持ち出した証拠で考えを変えるに至ったのか、確認する質問をすればよい。

3

求められている事実を出せるのであれば、出すこと。ただし慎重に。もしできない場合は、次のフレーズが使える。「それについては手元に情報がありません。調べてからこちらから折り返しますよ」。

事実を持ち出すように言われたのであれば、それが本当に会話のパートナーが望んでいることなのかを再度確認すること。

もし本当に望んでいるようであれば、事実を持ち出す前に次のフレーズを言ってみよう。「もしかしたら間違っているかもしれませんが、私の理解だとこうです。……」。こうすれば、謙遜の手本《モデル》を示すことになるし、自説も反証されうることも伝えることができる。

#3 反証を探ること

反証する〔disconfirm〕【動詞】
ハンショウスル
語源：接頭辞"DIS"〔否定〕＋動詞"CONFIRM"〔確証する〕
ある事柄(言明、仮説等)が真ではない、あるいは真ではない可能性があることを示すこと。

反証〔disconfirmation〕【名詞】
ハンショウ
語源：接頭辞"DIS"〔否定〕＋名詞"CONFIRMATION"〔確証〕、動詞"CONFIRM"〔確証する〕から
仮説等を反証するプロセス、あるいはその結果：その事例。原注18

私（ボゴジアン）は父の友人の一人D氏と次のような会話をしたことがある。D氏は経済的観点からいっても社会的観点からいっても保守的な考えを持つ人で、ラスベガスにある55歳以上の退職者向けのコミュニティに暮らしていた。その当時で60代前半だった。会話は前置きなしに次のように始まった。

D　氏　マスコミは反トランプに偏っているのは明らかだろう。君がどうしてそれを認めも信じもしないのかが分からない。

ボゴジアン　認めも信じもしないですね、実際のところ。そう言えるためのよい具体例が何かないか考えているところです。何かご存知ですか？

D　氏　もう言ったじゃないか、ロシア関係のたわごとだよ。あれは全部デタラメじゃないか。全部そうだ。やつら［リベラル派メディアというエスタブリッシュメント］はトランプをハメようとしているに違いないんだ。

ボゴジアン　［数分間、トランプに対する疑惑の数々が虚偽であることについて、語る］なるほど、では、あなたの考えが変わるとしたら何が必要でしょうか？　つまり、どんな証拠があれば、彼が実際に選挙前にロシアと共謀したことを納得してもらえますか？

D　氏　なぜ全部ウソかってことは、たった今説明したところじゃないか。

ボゴジアン　仮定の話をしているんですよ。どういう証拠があれば説得されますか？　どのような物事に説得力を感じますか？　そのような証拠を私が出せるとは言っていませんよ。ただ、どういうことによって考えを変えるのかを知りたいだけなんです。

D　氏　ああ、証拠はないね。ぜんぶデタラメなんだから。

ボゴジアン　そうですか、ええと、どうやら説明があまりうまくできなかったみたいです。これならどうでしょう。もしウィキリークスが、トランプ陣営の要人が書いたメールを暴露して、そこに共謀の詳細が書かれていたら、あなたはそれを信じますか？

D　氏　いや、信じない。それもフェイクだろう。

ボゴジアン　では、裏付けがあったらどうでしょう？　他のリーク元からの別のメールとか。

D　氏　もう言ったじゃないか。それもフェイクだろう。

ボゴジアン　では、プーチンがロシアのテレビに出てきて、選挙前にトランプと共謀したのだと全世界に告白したらどうでしょう。信じますか？

D　氏　いいや。それはアメリカの評判を貶めるためにやっているのだろう。例えば……。

［少しの間］

ボゴジアン　遮ってすみません。もしトランプが宣誓して認めたらどうでしょう？　それなら信じますか？

［長い沈黙］

D　氏　それは分からんね。

どんな条件が満たされれば考えが間違いになるのか？

相手に疑いを持たせ、考えを変えることを促すのに役立つ、最も効果的なテクニックとは、「どういう条件を満たせば［※ここに問題にしたい考えを挿入する］は間違いになるのか？」と問うてみることだ。[原注19]　これが反証と呼ばれるテクニックである。[原注20]

もしも、仮定の話として、あるいは原則的に、考えが反証され得るのだとすれば、その考えの逆が確証され得るということを意味する。言い換えれば、間違いになるような条件が何かしらある、ということだ。もし考えが反証可能ではないのであれば、そういう条件は全くないということになる。それはすなわち、絶対不変の真理だということになるのだ。[原注21] 例えば、「地球外には知的生命体が存在する」という言明は反証可能である。というのも、カール・セーガンの言葉を借りれば、私たち人類が宇宙史上初〔かつ、現在のところ唯一〕の知的生命体である可能性があるからだ。どんなことにも、それをする最初の存在、というのがいるものなのだ〔なので、地球の人類がたまたま知的生命体であり始めた最初の存在だった、というだけかもしれない[原注22]〕。

論理学や数学の真理は反証可能ではないという見解は、広く受け入れられている。例えば、7＋5が12と等しくならないような条件などというものはない。同様に、特定の言明は定義からして正しくなる。例えば、「独身男性とは、結婚していない男のことだ」は、反証可能ではない。なぜなら、「独身男性」とはまさに、「結婚していない男」のことだと定義されているからだ。[訳注2] なので、独身男性が結婚している男ではないような条件などというものは存在しない。7＋5が12と等しくならないような条件は存在しないのと同じである。

会話のパートナーが考えが間違っていることになりうる条件をなにかしら認めた場合、その考

訳注2　経験によらずア・プリオリに成立するこのような概念的真理のことを、哲学では「分析的言明」と呼ぶ。本文の「独身男性（バチェラー）」の例は、米国の哲学者W・V・O・クワインが例として用いたことで知られる。

えは反証可能だということになる。[原注23] 考えが間違いになるような条件などないとパートナーが言うのであれば、その考えは反証可能ではなく、その人は自分の考えを絶対不変の真理だとみなしている。反証不可能な考え、例えば「人間のクローンをつくることは道徳的に間違っている」、「堕胎は道徳的に正当化できる」、「同性愛者が養子を取ることは認めるべきではない」を信じている人は、自分たちの考えが時代を通じて無条件に成り立つ真理だと思っている。

人の考えを変えようとするとき、よくあるやり方とは、相手に何かを教えようと尽力する（多くの場合、証拠を示したりすることで）か、別の考えをしたほうがよいのだと説得を試みたりすることだ。つまり、メッセージを伝えるだけの「伝令」になってしまっている（2章#5「口をつぐむこと」を思い出してほしい）。これではダメだ。会話のパートナーに考えを改めてもらうことが目標なのであれば、最も容易かつ迅速な方法は、反証についての質問をぶつけることなのだ。[原注24]

エイリアンがビール満載のトラックを乗っ取った

友人と車で移動している途中で、前をビール会社のトラックが走っていたとしよう。友人がこう言う。「あのトラックはビールでいっぱいだ！」。あなたはこう応答する。「どうやって分かったの？」。友人の返事はこうだ。「なんでかって、それは『ビール』と車の横に書いてあるからだよ。運転手は配達員の制服を着ているし、目的地に向かう途中ということでしょう」。

ここに異論がある。「どうやってそうだと分かったのですか？」は、人が考えるのを促す強力な質問だが、最善のものではない。最善の質問とは、「その考えが間違いだとしたら、それはどういう場合にですか？」なのだ。どうしてか。「どうやってそうだと分かったのですか？」は、人が望むようにはなかなか機能しないからだ。友人と車で移動していて、ビール会社のトラックとおぼしきものが見えたとしよう。そして友人が大声で「あのトラックはビールでいっぱいだ！」と叫んだとしよう。これに「なんでそうだと分かったの？」と返してみよう。すると友人はあなたのことを馬鹿だと思うか、あるいは明白な理由を述べることだろう。『ビール』と車の横に書いてあるからだよ」というように。つまり、「どうやってそうだと分かったんですか？」で相手の認識論〔知識観〕がおよそどのようなものかは分かるが、だからといってそれで考えを変えてくれることはないのである。覚えておいてほしいのは、人は自分の考えを裏付けるような証拠を一生懸命探そうとするが、考えと矛盾してしまう証拠には目をつぶってしまう傾向があるということだ。多くの場合、この認識論的な盲点をダイレクトに叩くことが、疑いを植えつけるためには必要になってくる。[原注25]（似たような現象はもっと複雑な問題にも当てはまる。道徳、政治、経済問題でもそうだ。）

　同じように、反例を突き付けるのもあまり効果がない。それどころか、相手をもっと頑なにさせてしまうこともある。「あの運転手は乗っ取り犯かもしれないじゃない」のような反例をあなたが出したとしよう。それに対する、もっともな反応はこういうものだろう。「ちょっと待ってよ。あの運転手が乗っ取ったっていう証拠もないのに、そんな可能性を真剣に考える必要ある？」と。あなたが「どうやってそうだと分かったの？」と訊ね、しかも反例を示したことで、相手はそれに応答するための理由を考えることになり、それによってむしろ、今の自分の考えは正しいのだという確信をさらに深めてしまうのである。ここであなたは、本当に本当の意味で、相手がさらにひどく自説にこだわるようにしむけてしまっているのだ。このような場合、あなたは反転介入をやらかしてしまっている。疑いを植えつける代わりに、自分の考えはやはり正しいという相手の確信の度合いを高めてしまっているのだ。

介入に熟練した人は、もっとよいやり方を知っている。分かっていると思っていることをどうやって分かったのか、という質問が重要なことには変わりないが、熟練者がよく使うのは、反証についての質問だ。つまり、他人の認知に介入することに手慣れている人は、「どういう条件が満たされればその考えは誤りだということになるのか」に類する質問を訊ねるのである。この事例だと、オープンな形をとった、反証についての質問とは、「トラックがビールで満載だという考えはどういう場合に間違いだったことになるの？　つまり、どういう条件が満たされればその考えが正しくなかったことになるの？」である。[原注26]これに対する友人の応答として、考えられるのは次の四つのパターンだ。

1　「この考えが間違っているわけがないよ」。

2　「エイリアンがトラックを乗っ取り、積荷のビールを捨てて、代わりに光線銃でも積み込んでいるというのなら、この考えは間違っていることになるね」（荒唐無稽でありえない）。

3　「もうビールをすべて配達し終わったところで、再度積み込むために戻っているところなら、この考えは間違っていることになるね」（ありえる）。

4　「分からないよ」。

（1）について、「自分の考えが間違っているわけがない」と相手が言うようであれば、その人の考えは反証不可能だということになる。この場合、どんな証拠を提示したところで、考えを変えてくれることはないだろう。ここで注意したいのが、「友人の考えは反証不可能だ」と言ったからといって、「［ビールが満載だという］考えそれ自体が反証不可能だ」と言っているわけではないということだ。言及されているのは、彼の考えがどうなっているかということだけなのである。

（2）は荒唐無稽でありえない条件ではあるが、それでも自分の考えが誤りになるような条件を示してはいる。つまり、彼の考えは反証可能だということだ。とはいっても、反証する難易度は理不尽に高くなっているが。

（3）が（2）よりもずっとありえそうなことは明らかだろう。（3）でも、友人の考えは反証可能だということになる。

（4）のように、相手が「分からない」と言った場合、その人の考えは反証可能とも反証不可能とも言える。これを確かめるには、もう少し色々と訊ねてみる必要がある。この章の目的ではないので、これ以上深くこの手の応答については触れない。なぜなら、さらに問いかけることで、相手の考えがどのカテゴリーに属するものかが分かってくるからである。

まとめると、反証可能な考えについて、次の三つのカテゴリーがある。

1　反証可能ではない。
2　反証可能ではあるが、かなり荒唐無稽な条件を要求する。
3　反証可能。[原注27]

それぞれの場合に応じた、会話の戦略を順に見ていくことにしよう。

1　反証可能ではない考えの場合：「間違っているわけがない！」

誰かが知識に関する主張をしたということは、その人は何かを知っていると公言したということである。ある考えが反証可能なのか反証不可能なのかということも知識に関する主張の一種だ。考えが反証不可能だということは、つまり、誤りになるような条件が全く存在しないということで、ひいては、その人は現実についての関連領域について絶対的な知識を持っていると主張していることにほかならない。もしエミリーという人が、「宇宙のどこかに知的生命体がいる」という考えは反証不可能だと、それが仮定だという前置き付きであれ主張しているのであれば、エミリーは宇宙についての具体的な諸条件について——それも絶対的な確信をもって——知っているのだと主張していることになる。

これはとても重要なことなので、もう一度言い直しておこう。自分の考えは反証可能ではないと言う人は、その考えが関連している現実の側面について、絶対的な自信があると主張しているのに等しいのだ。具体的には、特定の「事態」は起こり得ないと、その手の人は主張しているということだ。先の例だと、エミリーは人間以外の知的生命体が宇宙のどこかに存在すると主張している。彼女の考えは認識論的に封印されていて、改定され得ない。こういう状況を哲学では「認識的閉包《エピステミック・クロージャー》」、あるいは文脈によっては「ドクサ的閉包《ドクサティック・クロージャー》」と呼ばれている。[訳注3]

自分の考えは反証不可能だと言っているパートナーと実りある会話をするためには、どのような方法があるのだろうか？　使ってはならない方法を先に言っておこう。それは反証を持ち出すことだ（この直前の節「事実を避けること」の内容を思い出してほしい）。この節の冒頭にあったトランプ大統領〔当時〕についての会話に話を戻そう。反証か事実かを持ち出してしまうと、D氏は自説にもっと固執してしまい、トランプはロシアと共謀した可能性があるのだとボゴジアンが説き伏せようとしてきている、と言わせてしまうような隙を与えてしまうことになる。反証不可能な考えを主張する会話のパートナーに対して採るべき方法はこうだ。質問の形で、その考えが間違っていることになるようなありうる状況や理由（ただし証拠ではない）を示す、これである。ビール会社

訳注3　認識論の文脈における「認識的閉包」の一般的な意味とは、「ある人が命題『p』を知っており、しかも『p ならばq』であることも知っているならば、その人は命題『q』も知っている」ことが成立することを認める原理のことである。本書ではそれとは若干異なる意味でこの概念が使用されているように思われる。なお、ボゴジアンは「ドクサ的閉包」という表現を前著で導入しており、そこでは次の文献（のプレプリントらしきもの）を参照している。Baltag, A., Smets, S., & Rodenhäuser, B. (2012). Doxastic attitudes as belief-revision policies. In *Proceedings of the ESSLLI workshop on strategies for learning, belief revision and preference change*, University of Opole.

のトラックの事例で言えば、「最後の配達を終えてビールをすべて降ろした後だったとしたらどうですか？」と訊けばよい。どういう条件を満たせば考えが誤りになりうるのかを示すことは、反証不可能な考えの状態を、反証可能なものへと変える効果的な手段になるだろう。

　もし、反証についての質問を繰り返してもうまくいかなかった場合（「タイヤがパンクして修理から戻ってくるところだったらどうですか？　あるいは、冷却システムが壊れて、修理屋から戻ってくるところだったら？」）、会話の目標を考え直したほうがよいかもしれない。自説について揺るぎない自信をもっていて、（少なくとも本人にとっては）本当に反証不可能なものだと思っているような場合だ。そういうときには、どういう条件のもとでなら考えが誤りになるのかについて議論をしても、ほとんど意味がない。考えが間違っていることになるような条件などないのだと、はっきり断固として言うような人は、どんなありうる状況をぶつけてみたところで無視するだけだからだ。[原注28] 考えが本当に反証不可能なのかどうかは、ただ反証可能性に関する質問／条件を示した上で、それに対する相手の反応から見定めるしかない。

　この手の会話から何かを得られるのは、たいていの場合、認識論（人が知っていると考えていることをどうやって知ったのか）から離れて、アイデンティティそして道徳の問い（7章でより詳しく扱う）に話を移したときだけだ。後者の問いとは、次のような質問のことだ。「どういう個人的資質を持っているとそのような見解を支持するようになるのですか？　反対する人はどうですか？」（アイデンティティ）、「その考えを放棄することはあなたにとって何を意味しますか？　考えを放棄するとどのような状態になりますか？」（アイデンティティと道徳）、「そのような考えをしない人は悪人ということになるのでしょうか？　そうであろうがなかろうが、どうしてそうなるのですか？」（道徳）。注目してほしいのは、ここでは反証についての質問から、較正済みの質問「何を意味しますか？」に切り替わっている点である。

この切り替えは重要だ。というのも、反証不可能な考えが信じられている理由は多くの場合、それが当人にとって善い人間であるとはどういうことかについての感覚と結びついているからである。（ビール会社のトラックの例は、反証という考えを説明するための方便であって、現実的とはいえない。ビール会社のトラックの積荷がどうなっているかについて反証不可能な考えをもっている人間などゼロだといっていいだろう。トラックにビールが満載かどうかは、人の生き方になんら直接的な道徳的意義も持たない。）ある特定の考えを持つことで善い人間になれる、と考える根本的な考えのことを、ダニエル・デネットは「信念についての信念」と呼んだ。[原注29] この根本となる考え（「Xだと信じるべきだ、なぜなら善い人はXだと信じていて、Xだという考えを棄てると悪い人間になってしまう」）こそが、理にかなった反証の基準を理解し承認することの妨げになっている。

さて、このような会話は、仮定の水準（「もし地球だけでなく火星にも生命が誕生していたら？」）、あるいは事実の水準（「火星は太陽から遠すぎて生命は活動を維持できない」）を出ていないようにも見える。しかし実のところそれは、当人にとって善い人（善人はそのような考えを改めたりしない）であるとはどういうことか、あるいは悪い人（悪人はそのような考えを信じない）であるとはどういうことかという〔生き方の水準の〕話なのである（ここでは、例えば、「神が地球だけに生命を創られた。これが私の宗教の核となる教義で、善人ならそれを信じている」というような考えを想定していただきたい）。

こうしたわけで、人が自分の信じていることを改めることがめったにない理由は、自分の考えが誤りになる条件を想像できないからではないことが分かる。むしろその理由は、考えを改めてしまうと、自身の（道徳的）アイデンティティが傷つけられかねないという点にある。[原注30] 別の言い方をしよう。他人の考えを変えさせるというのは知性や認識論の問題にとどまらず、道徳〔生き方〕の問題にもなってくるということだ。（これこそが、議論に事実を持ち込んでも相手の考えを改めさせるのにはほとんど役に立たないもう一つの理由である。）人は反証可能性に関する質問に真剣に応じるのを拒むことで、自分の考えを守るという道徳的に正しい選択をしたと感じることができる。[原注31] 注射器交換プログラム[訳注4]に反対している人のことを考えてみよう。そういう人が考えを変えるためには、不必要な苦しみの多くを軽減することができる大義に自分が反対してきたという事実に、真っ向から向き合う必要があるだろう。

2 反証可能だが、かなり荒唐無稽な条件を要する場合：「キリストの骨！」

反証についての質問をするにあたって、突拍子もなくありえないことを言って戸惑わせようとしてくる人がいる。[原注32]「そんなことを一体誰が信じるというのだろうか？　へんてこすぎる。そんなことは万に一つもないような状況だろう。なんでそんなことを言うような人がいるのだろうか？　ましてやそんなことを〔本気で〕考えるなんて」というようなことを考えてしまっていたら、あなたはこの領域に足を踏み入れているということだ。そこから会話を先に進める前に、それまでの議論と、あなたのゴールとを振り返るよい機会だ。パートナーはもしかしたら精神的に不安定なのかもしれない。そういうときは会話を切り上げたほうがいいだろう。どちらか怪しいときは切り上げておこう。

荒唐無稽な反証条件が、他のことについてはまともに考えられる人によって信じられているというケースは、神学の分野では溢れるほどある。「どのような条件が満たされれば、キリストが復活したという考えを改めますか？」という反証可能性を問う質問に対する、荒唐無稽な応答のよい例は、「［そのようなことを言うのであれば、キリストが復活していないという証拠に、］キリストの骨を見せてくださいよ」というものだ。[原注33] この返答の背後にある発想とは、あなたがキリストの骨が入った袋を持ってくれば、その人はイエスが神の子であると信じるのはやめる、ということだ。なぜなら、［地上に骨が残っているのであれば、聖書に書かれているように］イエスが天に召されたということはありえなくなるからだ。とはいっても、この手の返答を持ち出してくる人も当然、超自然的な力でもはたらかない限り、キリストの骨を探し出して持ってくることなど不可能だと分かっている。さらに重要なことは、仮にあなたや他の誰かが実際に骨を持ってきて、それがキリストの骨だと主張したところで、彼らはその主張を否定することは間違いないということだ。[原注34]

訳注4　薬物乱用者が依存対象の薬物を摂取するときに、他の乱用者の注射針を使い回すことで、ＨＩＶその他のウィルス性感染症が広まる恐れがある。これを防ぐために、乱用者を逮捕したりするのではなく、薬物摂取に使用できる新しい注射針を提供するという形で支援すること。ある種のハーム・リダクション。

この〔キリストの骨についての〕事例が興味深いのは、会話のパートナーが、その骨がキリストのものではないということを証明するのに全力を尽くす、という点だ。使えるものならなんでも巧みに使うことだろう。骨の鑑定方法（威信の高い大学の専門家のところに持っていく）、どのような議論が十分な反論になりうるか（「これはキリストではない他人の骨の可能性があります！」）、そして骨の真贋を見分けるためのさらなる調査方法、こういったことをよく知っているはずだ。これは仮想の事例ではあるが、重要な点を示している。〔自分のある主張について〕荒唐無稽なほどにありえない反証条件を設定するような人でも、反証という発想それ自体や、認識論、あるいは科学の道具立てへのアクセス方法を理解していないわけではない、ということである。

この事例から学ぶべきことはまだある。袋に本物のキリストの骨が本当に入っているのだとしよう。しかも、それが事実であることを支持する圧倒的な科学的コンセンサスも得られているとする。このとき、相手が持ち合わせているありとあらゆる反論材料を出し尽くしたとしても、この反証言明を提示した人が〔キリストの〕復活についての考えを改めることは、まずないだろう。どんな科学の発見にも究極の確からしさというものはありえない、というような話を引き合いに出してくるかもしれない。私たちは通常、こういった主張を不用意に、あるいは誰かを侮辱するために行ってはいない。〔だが、〕何百万人ものキリスト教徒たちは、これと全く同様のことを行って、『創世記』6節から9節に出てくるノアの方舟が史実であるという考えを正当化しようとするのである。地球全土を襲った洪水や、その他の話の詳細がありえないにも拘わらずである。[原注35] 荒唐無稽でありえないような反証条件が提示されるのは、認識論的な理由ではなく、道徳的な理由からなのだ。

荒唐無稽なほどにありえない反証条件が提示されると、その人の考えは反証可能であるかのように見えるかもしれないが、実のところそうはなっていない。なぜかというと、その考えは事実や証拠の水準で信じられているのではなく、むしろ道徳上の動機によって信じられているからだ。ここであなたが取り組まなくてはいけない課題は、その考えそのものでもなければ、相手がその考えにどのようにしてたどり着いたかでもない。取り組むべきは、その特定の考えをするべきだ（あるいはすべきでない）という考えである。つまり、それは相手の「信念についての信念」にほかならない。

たいていの場合、荒唐無稽なほどありえない反証条件を持ち出してくる人は、自分の考えが客観的には反証可能ではないということは分かっている。ただ、それでもそのような反応を示すのは、その人物は公平で理性的かつ心が広い人物であると――自分自身に対して、あなたに対して、あるいは見物人に対して――示したいからである。荒唐無稽なほどありえない反証〔条件〕で応じてくるような人と関わるのは困難で、ストレスがたまる。なぜかというと、そういう人物は、自説に対する自信が証拠にもとづいて正当化されていないということを（ある程度は）自分でも分かっているにも拘わらず、道徳的な必要性を感じてその考えに固執しているからだ。この点で彼らは不誠実だというだけでなく、大事にしている考えを捨てたくないがために、自信と（客観的な）証拠のなさとのギャップを埋め合わせる方法を求めてしまってもいるのだ。

この〔大きな自信と少ない証拠の間にあるギャップの〕埋め合わせは、たいてい次のような形を取る。一つ目は道徳的な過剰反応（気分を害した・憤慨したと主張する、反証についての質問をしたあなたを、例えば罪人、異端者、不信心者、偏屈者、人種差別主義者と言って中傷する）、二つ目は自分の認識論をごまかすこと（自信を裏付けるためにでっち上げられた方法を持ち出す（信仰に訴えかけるなど）、秘密の／〔自分にだけ〕明らかにされた／隠された情報を持っていると主張する、あるいは好みの結論を支持するようにデザインされた全く新しい認識論を考案する）、そして三つ目は社会的マニピュレーション（あなたを追放する、あるいは仲間や家族との間を仲違いさせるといって脅す）、こういったものである。[原注36]

事態をさらに複雑にするのは、会話のパートナーが、質問に対する反論の演習のような何らかの訓練を受けていることもありうる、ということだ。キリスト教における弁証論の訓練や、政治・思想運動界隈の教化〔洗脳の技術〕がその例だ。では、一応は反証可能ではあるが、荒唐無稽なほどありえない条件を課せらているような考えの持ち主に対して、反証についての質問をどのように使えばよいのだろうか？

やり方の一つは、当該の反証条件が、なぜ他でもなくそのようなものになっているのかを訊ねてみることだ。可能な限り詳しく説明するよう訊ねてみよう。なぜ他の異なる基準ではダメなのか、と。例えば、会話のパートナーがビッグフットが存在すると考えており、その反証条件は、その地域のすべての動物を捕まえてきて、そのどれもがビッグフットではないと確かめられたときだ、と言ったとしよう。そういうときはこう訊ねてみよう。「ちょっとよく理解できていないのですが、〔ビッグフットの存在を〕疑うハードルをそこまで高くしているのはどうしてなんでしょうか？　もっと単純に、ビッグフットの死体が現時点で1体も見つかっていない、ということだけでは、疑うには不十分なのでしょうか？」（もし4章#6で扱った「尺度」をその時点で導入しており、相手の示した度合いが10だったとしたら、次のように訊くとよい。「なぜこの事態だけでは、あなたのその考えへの自信を9・9まで下げるのに十分ではないのでしょうか？」）。ここでの目標は、相手がもっと理にかなった反証条件について話すようになること――そして疑問をもつようになること――である。そのための一つの方法は、次のように訊くことである。「あなたが定めたこの件の反証条件は、他の事柄に比べてかなり高くなっていますが、それはどうしてですか？」。

もっと理にかなった反証基準について語ることが相手の好奇心や疑念を掻き立てないようであれば、あなたが同じ考えについて検討する場合に用いる反証基準は何になるか、パートナーからあなたに訊ねるよう、お願いしてみよう（3章#1「モデリングすること」を参照のこと）。ここで使えるフレーズがこれだ。「すみませんが、ビッグフットが存在するという考えが反証されるのはどのような場合か、私がどう思うのかについて、あなたから私に訊いてもらえませんか？　その後で、もしよろしければ、あなたの意見を聞かせてください」。（注：「アニマルプラネット」チャンネルの番組『ビッグフットを探せ』〔Finding Bigfoot〕は9シーズンも続いている。そんな勇敢で容赦のない探検家たちでもいまだにビッグフットを見つけられていないのだとしたら、筋金入りのビッグフット信者が何をもって反証基準としているのか、まるで明らかでない。）

もしこれらの方法のどれも効果がないようであれば、ギアを上げて、表面には顕れていない道徳、価値、あるいはアイデンティティ〔に関する見解〕について直接訊ねてみよう。こう聞いてみればよい。「ビッグフットの存在を信じると得られる価値で、信じないと得られないものとは一体何でしょうか？」。（この質問はビッグフットに関するものなので奇妙に見える。だが、奇妙な考えというものは往々にして人が内心に抱いている願望、価値、アイデンティティといった関心の上に成り立っていたりする。例えば、多くの人は幽霊の存在を信じているが、その理由は、幽霊が存在するならば死後も存在できることになるからである。ビッグフットが存在するという考えにしても、世の中には私たちが知っている以上のものがあるのだと思いたい、という欲求の身代わりであるのかもしれない。）あるいは、先の例に戻るならば、こう聞いてもいい。「キリストが復活しなかったことを示す理にかなった証拠を受け入れて、キリスト教の信仰を棄てた人がいたとしたら、その人は人間としてどのように善くなる、あるいは悪くなるでしょうか？」。もしこの質問が重すぎるようならば、〔キリスト教の部分を〕イスラム教、ヒンドゥー教、あるいはサイエントロジーに置き換えてみよう（別の言い方をすれば、3章#7で扱った「部外者の質問」を用いよ、ということだ）。例えば、「ヒンドゥー教の基本教義を否定する理にかなった証拠を受け入れて、信仰を棄てた人がいたとして、その人はどのように善くなる、あるいは悪くなったりするでしょうか？」。

より深刻な話題と反証との関係についての質問をしたり、あるいは違う考え（先の例だと、キリスト教からヒンドゥー教）に切り替えたりすると、相手の防衛反応を引き起こす可能性はぐっと下がり、何度も練習済みのお決まりの応答ではない見解を引き出せる可能性が上がるだろう。さらに言えば、親切で、慈愛に満ちた立派な人柄ではあるけれども、同じ考えを持っていないという人々を、対話相手は知っていることだってある。この手の質問は、反証についての質問をより効果的にすることができる。その理由は、荒唐無稽なほどありえない条件でのみ反証可能な考えを支える条件について、人々がより深く反省するきっかけになるからである。

3 考えが反証可能な場合：「〈考えを変えるために〉必要なのはこれです……」

人が反証可能な考えを持っており、その考えを変えるのに必要とされる理にかなった条件を提示できるようであれば、残された作業は、その条件が成立しているか、あるいは成立する可能性はどれくらいかを見定めることだけだ。ただ、始める前に、相手が考えを変えるためには正確には何が必要なのかを明確にしてからにしよう。

こういう会話のパートナーを想定してみよう。その人は、イランの核開発は平和目的なのだと主張している。具体的には、イランのハサン・ロウハーニー大統領〔当時〕が繰り返し主張してきたのと同様に、原油価格の暴落に備えた一種の経済保護装置なのだ、と述べている。[原注37] そういうときは、こう訊ねてみよう。「あなたの考えを変えるには、何が必要でしょうか？　仮にでもいいですが、どういう証拠を私が持ってくれれば、考えを改めますか？」。それに対し、相手がこう応えてきたとしよう。「イランの高官が、完全に平和目的ではないということを認めたら、です」。そうしたら、追加の質問をして軌道を微調整しよう。「『高官』というのはどれくらい階層の高い人のことを仰っていますか？」とか、「大統領以外だったら、誰の言葉であれば受け入れますか？　監督者評議会の誰かですか？　監督者評議会の一人ではなく複数人ですか？　イランの高級官僚のうち、何人くらい必要ですか？」。このように、満たさなければならない条件が何なのかを正確にはっきりさせておかないと、後でその条件で十分であったかについて意見が割れてしまう可能性がある。

考えを変えるために必要なのは正確には何なのかについて、パートナーと合意が得られたら、その情報源や情報事態が正しいものかをどうやって確かめればよいか、という方向に話を向けよう（4章#7「アウトソーシングすること」である）。このプロセスを起動させるときは、どこに向かうかはパートナーの導き《リード》に従おう。[原注38] ここで使えるフレーズがこれだ。「はい、そのことについてはY〔という媒体〕でXだと書いてあるのを読みました。もしその内容が正しいならば、これで十分でしょうか？」。もしここで「はい、それで十分ですね」と言うようであれば、「よかった。では、考えは変わりましたか？」と続けて返そう。もしここで「いいえ、十分ではないですね」あるいは、「その情報源はインチキです！」と応答してきたら、必要な情報はどうやったら得られるのか、という話題をもう一度立ち返ろう。あなたがイランについて何の知識もなく、世界地図でどこにあるのかも分からないなら、学びモードに切り替えて会話に臨もう。そして質問をすれば、パートナーの「背表紙効果」が露わになるかもしれない。

考えが反証可能な場合には、伝令の役割は引き受けないことが肝要だ。事実を伝達してはならないし、さらに重要なことは、あなたの〔考え方における〕福音〔のような教義〕を伝えようとしてはならないということだ。そんなことをすれば、反証のためのプロセスが台無しになってしまう——会話のパートナーが、自分の考えを振り返り、本当に正しいことを正しいと納得するという能力を失ってしまうからである。このように、自分で反省・納得することを促すほうが、直接正しいことを伝えるよりも、はるかに考えを変えてもらうのに効果的なのだ。たとえパートナーがすでに心を開き、精神的に影響を受けやすい状態になっていたとしても、相手のそのような状態を利用してあなたのメッセージを押し付けてはならない。そんなことをしてしまえば、こちらから疑念を伝えることで相手が持論に対して謙虚になる手助けをしているわけではなくて、相手があなたの考えを受け入れるように無理やり押し付けることになる。こういうアプローチは宗教の伝道や押し売りでよく見られるが、人の道を外れていて低俗だ。[原注39]

反証についての質問を会話に盛り込む方法

1　議論するための質問が決まったら（3章#3「質問すること」）、パートナーが自分の考えにどれくらい自信があるのかを訊ねよう（4章#6「尺度を導入すること」）。

(a)　答えが「10」であれば、パートナーのその考えは反証不可能だということになるが、こう訊ねて確認してみよう。「念のために確認しておきたいのですが、あなたが考えを変えることになるような証拠は、仮にであっても、存在しえないということですか？　そういう理解でいいですか？」。もしその通りだと言われたら、次の選択肢がある。学びモードに切り替えて、反証についての質問をいくつかし、相手の考えについて学ぶ。なぜそう考えるのか訊いてみて、相手の認識論〔知識観〕がどうなっているのかを探究する。道徳やアイデンティティ〔といった生き方の水準の話題〕に話を切り替える。「善い人は自分の考えを改める意志を持つべきか否か」という点について介入を試みる、等々。どれもうまくいかなければ、〔会話を切り上げ、〕立ち去ろう。

(b) 答えが「10段階で9」であれば、その考えは反証可能だということになる。すぐに次のように訊ねてみよう。「なるほど分かりました、10ではなく9なのですね。ちょっと気になったんですが、なぜ10とは言わなかったんでしょうか？」あるいはこうでもいい。「新しい事実として何が分かれば、その自信を8、あるいは7にずらしますか？」[原注40]。

(c) 答えが1から10の間のどこか（9を含む）であれば、先の(b)でやったように、どうしたら自信が下がるのかを訊ねてもいいし、次のようなちょっと外れたようにも見える質問をしてもいい。「なぜあなたの自信は[言われたよりも高い数字]ではないのですか？」。これは6章#3で扱うテクニック（オルターキャスティング）だが、こうすることでパートナーは、今信じている理由は何かではなく、自身の考えを疑う理由は何かを考えやすくなる。つまり、確証ではなく、反証にフォーカスを置くことができるのだ。

(d) 反証可能ではあっても荒唐無稽でありえない条件を課せられている場合は、会話を続けるか否か、どちらかを選ぶ必要がある。続けることを選んだのであれば、反証についての質問や部外者の質問をして会話を進めよう。最後に、もし言えそうな雰囲気であれば、不誠実だと思う相手にはそう感じたということを正直に伝えよう。このようなケースでは、相手を合理的な人としてオルターキャスティングし（6章#3「オルターキャスティングすること」）、その上で、合理的な人が信じるべきはどういうことなのか、という方向に会話を組み立て直すほうがよいだろう。

2 反証不可能な考えをもつ人との会話を進めたいのであれば、次のような質問を、簡単な補足も加えつつだが、このままの順序で訊いてみよう。

認識論についての質問

「そうすると、その考えは証拠にもとづいているわけではない、ということですね?」。

「考えを改めようとしないのは、他の考えについても同じですか、それともこの考えについてだけですか? この考えが特別なのはどうしてですか?」。

「変えたくない考えとして、他にはどのようなものがありますか?」。

道徳についての質問

「この考えを改めないことが、善いことになるのはどうしてでしょうか?」。

「この考えをやめても、善い人であるということはありえますか?」。

「この考えを信じていないけれども善い人であるような例は誰かいますか?」。

認識論から道徳に質問を移すことで、特定の見解を持っている本当の理由を垣間見ることができる。別の言い方をすれば、反証可能ではない考えは事実上すべて、実は道徳的な理由で信じられているのだが、認識論的な理由で信じられているように見せかけられているのだ。

ここで気づいてほしいのは、こういった質問をすることで、特定の考えそれ自体に直接触れることなく、相手の考えについて話しやすくなるということだ。〈最初から相手の考えそのものに〉直接触れてしまうと、会話のパートナーが防衛態勢をとってしまうリスクがある。こうした質問はきっと、実りある会話の始まりになってくれることだろう。人を凝り固まった現実観に閉じ込めてしまうような心理的、道徳的、そして認識論的なメカニズムを垣間見ることができるのだから。

3　尺度で10を選び、そこから考えを改めようとしない人に向けて反証についての質問をしようと試み、失敗したら、次の会話テンプレートを使ってみよう。

(a)　「10年前を思い返してみてください」。(もし相手が若かったら、聞く年数を変えてみよう。たとえば18歳なら5年にする等。)

(b)　続いてこう訊ねよう。「10年前、この件についてではなくて、何についてでもよいのですが、考えを変えたことはありますか？　つまり、10年前と今とで、あなたの考えは完全に同じですか？」。

(c1)　もし10年前と考えが完全に同じだと答えたら、15年、あるいは20年に年数を増やして同じ質問をしてみよう。

(c2)　一つでも考えを変えたことがあると答えたら、こう言ってみよう。「10年前、今は信じていないことをあなたは信じていたわけですね。では、10年後に今の自分を振り返っても同じことを言うと考えてもよくはないですか？　つまり、10年後に、10年前は真実ではないことを信じていたのだということに気づくということです。いかがですか？」。(注：「真実ではない《アントゥルー》」は、「間違い《フォルス》」よりも優しい表現だ。基本的には「真実でない」を使おう。そのほうが防御態勢をとらせにくい。ただし、強く言わなくてはいけないような状況になったら、「間違い」を使おう。)

(d1)　10年後に今を振り返ってみて、間違った考えをしていたことに気づくこともあるということを相手が認めたならば、そのときは目下話題となっている意見に注意を向けることにしよう。こう訊ねてみるといい。「目下話題になっているまさにこの考えが、後で振り返ったときに間違いだと分かることになるようなものではないと、どうして確信できるのですか？」このように会話を展開させていくと、相手のありのままの認識論〔知識観〕を垣間見ることができる。それから、これは較正済みの質問でもある、ということも心に留めておこう。

(d2)
もしも相手が、記憶する限りは完全に同じ考えのままだ、と述べるようであれば、その人はあなたに対して、あるいは自分自身に対して不誠実であるか、あるいは極端なドクサ的閉包のせいで苦しんでいるのかのどちらかだ。つまり、その人の信念・考えの体系は完全に閉ざされていて、修正の対象になることはない。こういう稀なケースでは、会話を続けるか否かの決断を下す必要がでてくる。

この一連の流れを地ならしとした後であれば、相手はさらなる反証についての質問をより受け入れやすくなっているはずだ。最後に注意だが、このお手軽なテクニックを常用しすぎないことだ。使いすぎると、反証についての質問を聞く技術が上達しない。

#4 そうですね。そうすると……

突然だが、即興コメディの世界を覗いてみよう。

即興の舞台という文脈では、どう状況が進むのかという台本がなく、「はい、それで《イエス、アンド》」はこういうふうに進む。役者の一人が、舞台上で何かアイデアを示し、他の役者はそれを引き受けて、そのアイデアの上に自分のアイデアを重ねていく。

誰かが例えば、「うわぁ、夜空にこんなにたくさんの星を見たことはないなあ」と言ったりする。その状況で、舞台に居合わせている役者がなすべきことは、ただ一つしかない。その言葉に合わせて、何か新しいことを付け加えるのだ。例えばこのような感じで。「そうだよね。月からだと空がこうも違って見えるんだ」。

この台詞はシンプルなものだが、最初の役者が設定した状況をそのまま引き受けた上で、別のアイデア（つまり、彼らが街からかなり離れた場所にいる――かなり遠い場所である月に実際にいるということ）をつけ加えている。この肉付けによって、最初に口火をきった役者がさらに会話を続ける糸口となる情報が与えられ、この場面の展開の可能性がぐっと広がる。

もし、２番目に登場した役者が最初の役者の提案に乗っからなかったらどうなるか。例えば、「いや、星は一つも見えないけど……。真っ昼間じゃないか」と返したらどうか。せっかく芽が出始めた場面の展開が止まり、最初の役者は、観客が興味を失わないように、場面をどうにか再び盛り上げられるような返しを絞り出さなくてはならなくなる。経験からいって、観客は何か興味深い《クール》ものが舞台上で展開するのを見たいと思うものだ。役者が、場面の基本的な事実をめぐって揉めているのを見たいわけではない――そんなものは、言葉にならないほど退屈な

だけだ。[原注41]

さらば、「でも」よ！

話し言葉から「でも《バット》」という言葉を除去しよう。代わりに、「それから《アンド》」を使うこと。何か考えを繋げるときには、可能な限りいつでも「それから」という表現を使う癖をつけよう。

ハーバード交渉プロジェクトの研究者たちは、この癖のことを「それからスタンス」と呼んでおり、即興コメディアンの間でもよく知られたテクニック（「即興《インプロヴィゼーション》」）である。[原注42] この「ええ、それと……」という言葉は、話の要点を「それと」という言葉で繋げることで整理する方法だ。「ええ、それと……」を加えることで、会話のパートナーの意見も自分の意見も同じように妥当なものだということを認めることができる。一見、その二つには対立があるように見えるとしてもだ。[原注43]

「でも」という言葉は、相手を防御態勢にさせてしまうことが多い。対立している相手であればなおさらそうだ。「でも」はアイデアの流れを妨げる会話の障害物になってしまう。「でも」は、表面上であれ得られた同意をなかったことにしてしまうのだ。「ええ、でも」と返すのは、パートナーに同意するまっとうなやり方ではない。むしろそれは、パートナーが今まさに言ったことに異議を唱えるときの言い方であって、あなたがその後に何を言おうとも聞いてもらえなくなるように自分で仕向けているようなものだ。[原注44]

次の二つの表現を比較してみよう。

「そうですね。それから、違法移民の子どもはどうすればいいでしょうか？」

と

「そうですね。でも、違法移民の子どもはどうすればいいでしょうか？」。

「そうですね」から始めないときであっても、「でも」を削って、「それから」に切り替えることはできる。次の事例を比べてみよう。

「それは名案ですね。それから、銃を買いたがるような凶悪犯についてはどうでしょうか？」

と

「それは名案ですね。でも、銃を買いたがるような凶悪犯についてはどうでしょうか？」。

完全に相手の見解に反対していて、「そうですね」と言いたくないときは、代わりに「興味深い／面白い」という言葉を使って、そのあとに「それから」で繋いでみよう。例えばこのように。

「興味深いですね。それから、違法なマリファナ販売で失われた得られるはずだった税収についてはどうお考えですか？」

と
「興味深いですね。それから、公共の場で国旗を焼くような行為にはどう対処するつもりでしょうか?」。
(これは「較正済みの」質問として、「どのように」、「何を」を訊ねるものであり、「はい」、「いいえ」では答えられないことに留意すること。原注45)

ここで、「でも」と「それから」を用いた二つの文の流れに注目してほしい。それぞれの例で、最初の文は、相手の立場を認めており、いきなり否定してかかることを避けている。これが「そうですね、それから」を使うことの核心といっていい。これが驚くほどに効果的なのだ。「そうですね、でも」だと、次にあなたの言うことが反論だ、という雰囲気が出てしまう。これだとパートナーは自分の見解を弁解しようと必死になってしまう。一方、「そうですね、それから」だと、相手の考えをさらに説明してもらうことになるわけで、これにより生産的な会話のほぼすべての側面が活性化される。(ここでヒント。「ラパポートのルール」〔5章#1〕と、「そうですね、それから……」を組み合わせてみよう。こうすることで、相手を認めているという態度が強調され、しかもこちらが傾聴の姿勢と学びモードを採用していることを示せる。ここで使えるフレーズがこれだ。「はい、そうですね、Xと仰っているのですね。分かりました。それから、銃を買いたがる凶悪犯についての考えが気になりますね」。) ここで鍵となるのが、「自分の見解を、パートナーの見解に対する直接の反論ではなく、あくまでそれに付け加えるものとして提示する」ことである。これは、ハーバー

ド交渉プロジェクトの共同創立者ウィリアム・ユーリーの言葉だ。[原注46]

最後に、「興味深い」という表現について注意しておこう。何かが興味深いと言うことは、あなたがそれに賛成しているということを〔必ずしも〕意味するわけではない。「興味深い」は曖昧な言葉で、それが意味するのは、ただ言われたことが関心に値するというだけだ。そこで、猛烈に反対したいことへの応答としては、「興味深いですね。それから……」という台詞を使おう。あるいは、「それからスタンス」を用いることで敬意とともに反対し、その後で自説の説明に移ろう。ユーリーが持ち出す例を見てみよう。「この件についてあなたが思い入れがある理由はよく分かります。それを尊重したいと思います。ですが、私の視点からだとどう違って見えるのか、これだけは言わせてください[原注47]」。3文目に出てくる「ですが」を「もしよろしかったら」というような誘い文句に置き換えると、このアプローチはさらにスムーズになる。

「それから」に至るための方法

「でも《バット》」とはお別れだ。

1 「でも」を会話のための語彙から追放すること。

「そうですね、ですが…」や、「いや、しかし…」の代わりに、「そうですね、それから……」を使おう。誰かが言ったことに反対するときは、「興味深いですね。それと……」や「なるほど、分かります。それから……」を使うこと。

この癖を身につけるのは思いのほか難しい。練習あるのみだ。

2　あなたの見解もパートナーの見解もどちらも正しいということがありうるときは、そう述べること。

一つの文の中であれ、連続する文の間であれ、複数の「それと」を繋げて使うこと。[原注48] ここで使えるフレーズがこれだ。「もしあなたが仰っていることを私がきちんと理解できているなら、あなたはXだと主張されていて、それから、私はYだと言っています。それから、あなたの視点になって考えてみると、Xが正しい理由も分かります。そして、私の視点からみると、Yが正しい理由も分かるのです」。具体例をみてみよう。「キャピタルゲイン課税を撤廃すると、〔税収が減り〕赤字が増えるという欠点があることはよく分かります。同時に、雇用機会を増やすという利点があることも分かります」。

#5　怒りとつきあうこと

心理学者のポール・エクマンは、１９７０年代から感情についての研究を牽引してきたパイオニアである。彼は端的にこう記している。「怒りが怒りを呼ぶ」、と。[原注49] つまり、怒りはしばしば、〔怒りが怒りを呼ぶという〕加速的サイクルの中で生じるということだ。そして、このサイクルは一人の頭の中でも起こるし、人と人との間でも起こる。このようなサイクルのせいで、会話の参加者のたった一人でも怒っている場合、〔感情が〕エスカレートしてしまう傾向があるのだ。カッとなってしまうと、会話を台無しにしてしまうだけでなく、関係を傷つけ、引くに引けなくなり、友人とは絶交になり、それから身体的な危険すら生じうる。[原注50]

会話によって――そして相手によって――イライラすることもあるだろうし、腹が立つこともある。怒りに震えることだってあるだろう。議論によって感情が乱され、まともな大人として振る舞えないほどのレベルに達してしまったならば、その場から立ち去ろう。どうするべきか判断に困る場合は、退出しておこう。コメディアンのグルーチョ・マルクスはこんな気のきいた警句を残している。「怒っているときに話すといい。絶対に後悔することになる最高の話ができる」と。[原注51]

怒りから距離をとる、あるいはそれを克服するためには、自身自身の、そして会話のパートナーが抱えている怒りをきちんと認めることがまず必要だ。早ければ早いほどよい。幸いなことに、怒りに対処する効果的な方法としていくつかの選択肢がある。怒りがどういう仕組みで作用しているのかを理解することは、意見の断絶を超えて会話をするときにはとりわけ重要になってくる。

怒りは多くの場合、フラストレーション〔イライラすること〕か、オフェンス〔ムッとすること〕が原因にある。フラストレーションの場合、私たちが意図していることと実際の状況の間に、妨害があることが腹立たしいのである。パートナーの考えを変えたい、あるいは自分の考えに耳を傾け理解してほしい（またはせめて気にかけてほしい）という意図があるのに、実際はそうなっていないときなどがそうだ。道徳のスイッチが入ってしまい、何が起きているか把握する前に怒りが爆発してしまう。妨害やオフェンスが故意だと思うと、その〔怒りの〕インパクトはますます大きなものになる。[原注52]（注：これは、相手の意図は善いものだと、思いやり《チャリティ》をもって想定すべきだというリマインダーである。）

これは一見、疑問の余地もないほど明らかだが、会話で熱くなっている最中に心に留めておくのは難しいポイントである。

エクマンはこう書いている。「怒りは何かが変わる必要があることを教えてくれる。もし効率的にそうした変化を引き起こしたかったら、怒りの原因を把握しなければならない」[原注53]。このような場合、いい、いい、あなたのほうが針路を切り替えて、こだわりすぎないようにすることが必要だ。そう、怒っている――どころか、ひどく間違っている――のはあなたのパートナーのほうであったとしても、変わらなくてはいけないのはあなたなのだ。なぜなら、他人をコントロールすることはできないのであって、コントロールできるのは自分自身だけだからである。パートナーが苛ついてしまったら、それはあなたがしつこく追求したから、耳を傾ける姿勢を見せなかったから、あるいはキツい言葉を使ったからかもしれない。ひょっとしたらあなたとは何の関係もないかもしれない。そうだとしても、怒りが会話に入り込んでしまった時点で、すでに悪いことが起きてしまっている証拠なのだ。

怒りに関する四つの事実

怒りについての事実を四つ、紹介しておこう。

1　怒りは人を盲目にし、話を脱線させてしまう。[原注54]「我を忘れるほどの怒り《ブラインド・レイジ》」という言葉を聞いたことがあるだろうが、ひとたび怒りにとらわれると、それがささやかなものであっても、人は自分の神経系の哀れな操り人形になってしまう。感情一般、特に怒りに囚われてしまうと、アクセスし処理できる知識・考え・情報が制限されてしまう。[原注55]結果として、怒っているときに節度を保つことが難しくなる。

2　怒りは、その怒りが正当であるという根拠を求める。[原注56]怒りは強い認知バイアスの一つで、あなたにその怒りは正当だと確証するよう強いるものだと理解しよう。怒っていると、怒るほどのことではない情報を誤って解釈してしまうことになる〔そして、さらに腹が立ってくる〕。この影響はとりわけ害が大きい。その理由は、会話のパートナーは悪意を持っているだとか、不道徳な輩なのだと想定するようになってしまうからだ。[原注57]「私を怒らせるためだけにそんなことを言っているんでしょう！」〔という感情・発言〕は、そういった想定の一例だ。

3　怒りに限らずあらゆる感情には、不応期と呼ばれる期間が伴う。不応期の間は、神経系と一時的な感情的バイアスが、情報処理に著しい影響を与える。その間にできることといえば、それが終わるのを待つことだけである。[原注58]感情が強ければ強いほど、この影響は長続きすることになる。ほんの数秒や数分から数時間まで、その幅は広い。[原注59]

4　怒りがどのような仕組みで起こるのかを理解し、それを避けることに注力することで、怒りがもたらす会話への、そして人生への〔悪〕影響を最小限に抑えることができる。

これら四つの事実から、いくつかの「するべきこと」、「するべきでないこと」が導かれる。

こうするべからず

怒りに対して怒りで応酬しないこと。会話のパートナーが怒り出しても、それに怒りでお返ししてはならない。キレてはダメだ。人格攻撃されたときには、これはことさらに重要だ。人格攻撃を仕返してはならない。人に侮辱されても、侮辱で返してはならない。そんなことをしても状況はさらに悪化するだけだ。

相手を責めないこと（3章#6「非難ではなく寄与について論じること」の内容を思い出してほしい）。緊迫した会話では特にそうだが、裁判員のように善悪を評定したり、パートナーを非難してはならない。ここで言ってはいけないフレーズはこれだ。「私は節度のある話し合いをしたいだけなのに、あなたは怒ってしまいました」。これは会話を脱線させたことについてパートナーを非難するメッセージになっており、「黄金の橋」を築くどころか破壊してしまっている。

会話のパートナーの意図や動機、あるいは怒りの原因について、ネガティブな仮定を持たないこと。相手がはっきり教えてくれるまでは、何のせいで相手が怒っているのかは分かるはずがない（それに、既婚者の多くが賛同してくれると思うが、たとえはっきり言われたとしても相手の本心が分からないこともよくある話だ）。相手の怒りの対象は、あなたという人、あなたが言った内容、その話題全般、パートナー自身、パートナー自身のリアクション、あるいはあなたやあなたとの会話

とは全く別のこと、これらのどれでもありうる。[原注60]

最も重要なことは、安全ではないと感じるようであればその会話に留まらない、ということだ。その場からすぐに立ち去ろう。必要ならば、何か口実を持ち出して、遠くに離れよう。[原注61]

会話の最中であなたがすべきこと

自分自身の、そしてパートナーの怒りのサインを常時チェックすること。フラストレーション（イライラ）やオフェンス（ムッとした状態）、怒りを感知し、大事になる前に対処しよう。怒りを制御するのに使える選択肢はそう多くない。徐々に鎮めていくか、立ち去るかの二つだ。[原注62] 文字通り2、3分あれば、不応期をやり過ごし、落ち着きを取り戻し、生産的で節度のある仕方でもともとの話題に取り組むことができるかもしれない。うまくいかないこともあるだろうが。

落ち着く方法としては、話題を変える、会話をリフレーミングする、相手は思いやり《チャリティ》をもって会話に臨んでいるのだと仮定して、その相手の善良な意図に目を向ける（「この人は良かれと思ってやっているのだ。良かれと思ってやっているのだ。良かれと思って……」と繰り返し自分に言い聞かせると、気持ちの慰めになるという人もいる）、パートナーがどうしてそういうふうに振る舞うのか考えてみる（つまり、「認識論に注目すること」（3章#7））、あるいは以上の方法を組み合わせて、この会話でどうして相手がそんなに腹が立つのか考えてみて、鎮めるために自分ができることを考える、といったものがある。

一時停止すること。自分か相手が怒り始めたと気づいたら、一時停止して黙ってみよう。数秒の間、沈黙に身を任せるのだ。(たった数秒であっても、とても長く、張り詰めた空気を感じることだろう。) カッとなっているときにいったん黙ることの目的は、ユーリーが書いているように、「感情と行動との間にあるスイッチを断ち切る」ことにある。[原注63] 秘訣は、ユーリーやFBIの人質交渉人ヴォスの言葉を借りれば、「ペースを落とせ」だ。[原注64]

傾聴すること。会話のパートナーが怒り出したときに、あなたができる単純にして最善のことは、多くの場合、何であろうとやっていることをすべてやめて、ただ耳を傾けることだ。辛抱強く誠意をもって耳を傾けてくれる人を相手にして怒り続けることはとても難しいし、傾聴・学びモードに切り替えることで、フラストレーションが尽きない会話の悪循環を早々に断ち切ることができれば、パートナーの怒りの炎が燃え上がる前に大部分を消し止めることができる。それに、パートナーの立場を認めることも、相手のフラストレーションを減らすのに有効だ。意見の相違ではなく、何であれ同意できる点を掴み、そこに焦点を当てよう。少なくとも冷静になるまではそうしたほうがいい。繰り返すが、相手の話を聞くことや、相手の立場を認めることは、同意することとは違う。[原注65]

怒りが込み上がってきたら、その原因の一端を担ったことを認めて謝ること。ここで使えるフレーズがこれだ。「ごめんなさい《アイム・ソーリー》」。謝罪には相手の攻撃態勢を緩める効果がある。特に攻撃的な人や自己主張の激しい人に対して有効だ。人が怒りに駆られると、攻撃性も自己主張の強さもどちらも通常よりも強くなるものだ。だから、あなたを原因として起きたどのようなことについてであれ、素早く謝ることの力をみくびってはならない。[原注66] 次に何かを言うときには必ず、「ごめんなさい」から

始めて、怒りや敵意を会話から遠ざけてから再開しよう。[原注67]
必要であれば、すぐに会話から立ち去ること。

会話の前にあなたがするべきこと

怒りの感情に気づく方法を前もって学んでおくこと。怒りが湧いてきたときにすぐに対処できるようにだ。

怒りを初期の段階で捉えて、会話の妨げになってしまう前にその怒りの矛先を変えるためには、怒りのシグナルと、初期の警告サインがどういうものであるか、理解しておくことが助けになる。以下で紹介する方法はわざとらしすぎると思うかもしれないが、効果的であることは間違いない。安全でプライバシーの確保された空間（会話の最中は避けること）で、可能な限り鮮明に、怒ったときのことを思い出してみよう。その当時の状況を、怒り始めたと感じるまではっきりと思い浮かべてみる。そして、どう感じたのかを落ち着いて整理してみよう。緊張を感じたりするかもしれないし、呼吸が乱れることもあるだろう。眉間に皺が寄っているかもしれないし、歯をくいしばってしまっているかもしれない。体が熱くなったり、動きたくてうずうずしてしまうかもしれない。そうした様々な感覚を30秒ほど、そのまま湧いてくるままにしておく。それから、落ち着いて振り返ってみよう。こうした感覚が湧き起こるたびにその正体を見定めることができるならば、怒りの感情を同定し、適切に行為することはより容易になる。[原注68]

ここでの目標は、怒りに至る過程で最初に湧き起こる感覚の正体を同定できるようになることだ。その感覚を高い精度で同定できるようになれば、他の場面でそれが生じたときにも察知できるようになる。困難な会話においてもだ。苛立っていることに気づくのが早ければ早いほど、それを止める行為も早々にとることができる。

感情には不応期があることを覚えておき、それを大事にすること。自らの怒りの感覚に対する気付きと、不応期についての理解を組み合わせるのだ。怒っていると自分で感じたら、すぐにそのことを認め、それから、すぐに感情を変えることはできないのだと自分に言い聞かせよう。不応期が終わるまでは、あなたはいわば、自らの神経生物学的要素に囚われた囚人なのであって、神経・心理状態が正常に戻るまでは、困難な会話に効果的に関わる能力は損なわれている。このせいで議論は節度のない方向に歪んでしまうのだ。[原注69]

何が怒りの引き金になるのかを、あらかじめ同定しておくこと。会話に怒りを持ち込まないコツを一つ、エクマンが紹介している。自分が怒るかもしれない会話を始めるときには、前もって、怒りの引き金となるものが何かを同定しておき、その導火線を抜いておく、というものだ。[原注70]あなたがもし特定のトピック(人種差別、レイプ、神への冒涜、国旗への冒涜など、トリガーになりうる道徳についての問題)に触れると怒ってしまうのであれば、そういう傾向があるということを事前に把握しておこう。節度のある会話に、怒りを招き入れてしまうことを防ぐのだ。

自分を苛立たせる可能性の高い言葉が何かを同定しておき、そういった引き金となる言い回しを回避する方策を「あらかじめ」知っておくこと。忘れないでほしいのは、パートナーのほうだって、ほとんどの場合は考えを伝えようと最善を尽くしているということだ。相手はオフェンシブに感じる表現を使うこともあるかもしれないが、それは〔オフェンシブになりうるということを〕理解していないか、あるいは他に言い方を知らないかのどちらかだ。あなたも同じことをしてしまっているかもしれない。このことを頭に入れておけば、些細なオフェンス〔ムッとしてしまうこと〕をやりすごすことができるようになる。[原注71]

道徳に関する引き金の中には、敏感すぎて、それが怒りを誘発することを防ぐ方法が思いつかないようなものもある。それがどういうものなのかをまずは知ろう。そして、対処する。そういう引き金の問題を克服するためには、信頼できる友人やカウンセラーの助けを借りてもよい。とりあえずは、そういう話題を扱う会話は避けたほうがよいかもしれない。会話でそういう引き金がふいに現れてきたときは、まずはそれを認めることから始めよう。ここで使えるフレーズはこれだ。「どうしてだか分からないのですが、その話題になるとどうしてもカッとなってしまうんですよ。私はストレスのない楽しい会話をしたいので、何か他のことについてしゃべりませんか?」。会話でどの引き金が現れるのかを前もって予測することはできないし、他の人が考えを話そうとするのを止めることはできない。だから、そういう感情を引き起こす引き金を無効にするなり弱めたりしてどうにかする責任は、いくらかはあなたの側にある。自分にはどうすることもできないと思うのであれば、苛立ってくるような話題や、ストレスのたまる相手との会話を控えることだ。

怒りを認めることについての特記事項

怒っている ことを指摘すると、怒っている当人はそれを非難だと解釈し、さらに怒りを増幅させてしまうことがある。[原注72] ひょっとしたら、これも怒りが怒りを正当化するという事態の一つのあらわれなのかもしれない。あるいは、怒っていることは恥ずべきことだと心の片隅で思っているからかもしれない。[原注73] これを回避する簡単な方法は、怒りを「フラストレーション〔＝苛立ち〕」と呼ぶことである。

「あなたはこのことで怒ってしまっているようですね、話題を変えましょう」などと言ってはならない。代わりに、今まさに現場で起きている事態に名前をつけて、描写するように努めよう。[原注74] ここで使えるフレーズがこれだ。「この件について、私たちの間の意見の相違は根深いように見受けられますね。なので、フラストレーションが溜まるのも分かります。いったん、この件は脇に置いておくことにしましょうか」。注目してほしいのが、ここでの言葉遣いが開かれており、協働的で（「しましょうか」という言葉）、感情が前面に出ておらず（「見受けられる」であって「感じる」ではない）、そしてあくまで提案を行っている（4章#3「言葉遣い」を参照のこと）という点である。[原注75]

自分が怒っているときには、相手は何か悪意をもっているのではないかと勘ぐってしまいがちだし、言わなければよかったと後悔するようなことを言ってしまったり、言葉でパートナーを傷つけようとしたり、怒鳴ったり、パートナーの言葉を誤解してしまいがちだ。[原注76] それに、怒っていると、その場で謝ったり、引き下がったり、考えを変えられなかったり、相手の話を最後まで聞くことができなかったりもする。そう、怒っているときには、パートナーが言っていることをそのままきちんと聞くことができなくなり、そのあなたの怒りに満ちた反応がさらにあなた自身の怒りを呼びよせてしまうのである。[原注77]

最後に言っておきたいのが、会話のパートナーの視点に立って状況を把握することが、「交渉人が持つべきスキルのうち最も重要なものの一つ」とフィッシャーらに言われるほどに不可欠だということである。彼らの著作『ハーバード流交渉術』では、次のように書かれている。「相手の見解を変えさせたいと望むならば、まず、相手がどれほど強固にその見解を信奉しているかについて共感とともに理解し、その心情を感じ取るよう努力する必要がある。顕微鏡でカブトムシを見るように相手を詳しく調べるというだけでは不十分である。自分がカブトムシであるとしたら、どんな感じがするかを知る必要がある[原注78]」。

怒りに対処するためのベスト・プラクティス

1　口を噤むこと。[原注79]

反撃してはならない。[原注80] 悪態をつきたくなるときもあるだろうが、実際に口にしてはならない。悪態をついてしまうと、〔相手も自分自身も〕刺激してしまい、エスカレートさせてしまうことになる。あなたの目標は鎮めることにあるはずだ。[原注81]

相手に何を言われようとも——侮辱であれ、罵りであれ、罵倒であれ——それに応じてはならない。馬鹿と呼ばれて、そういうお前が馬鹿だ、と返しても状況を悪化させるだけだ。反撃してはならない。

2 怒っているとき、不快なとき、憤慨しているときには、メールやソーシャルメディア上のコメントに決して返信しないこと。

いったん待とう。落ち着くのだ。[原注82]（それから、そもそもソーシャルメディア上の投稿に返信する義務など全くないのだ。ソーシャルメディアで侮辱してくるような輩に割くべきあなたの関心の量は、ずばりゼロだ。）

3 聞くこと。聞くこと。とにかく聞くこと。[原注83]

会話が緊迫した雰囲気になってきたら、とにかく聞くこと。聞き終わったら、さらに聞こう。それから、いくつか確認のための質問をしてもいい。それからさらに聞く。こちらから応答するのはそれからだ。[原注84]

4 緊迫した雰囲気を否定しないこと。

ストレスや不安といった緊張関係やネガティブな感情を認めなくてはならない状況もある。[原注85]現にあるフラストレーションを否認したところで、それが消えてなくなってくれるわけではない。

5 「怒り」という言葉を使わないこと。

相手がイライラしているときにその人は怒っていると言うのは、非難のように聞こえることがある。[原注86]代わりに、フラストレーションが溜まっているのだと捉え、その感情をそのまま

「フラストレーション〔苛立ち〕」と呼ぼう。

6　ペースを落とすこと。〔会話の〕すべてのプロセスについてペースを落とせば、同時に〔自分の感情も〕落ち着いてくる。原注87

7　緊迫した空気が流れた直後に、共感を示す発言をすること。原注88

これはより深い関係を結ぶチャンスなのだと捉えよう。ここで使えるフレーズがこれだ。「難しい問題ですよね」、「本当に腹立たしいですね」、「なるほど、分かります」、「そのことについては私だってイライラします」。

8　安全第一を意識すること。

怒号に耐えようとしてはならない。すぐにその場を立ち去ること。原注89

結論

ここで紹介したツールやテクニックがあれば、宗教、政治その他の強い道徳的確信に関する、揉める話題を扱うような会話もうまくこなすことができるようになっているはずだ。本章で扱ったテクニックに習熟すれば、会話の様々な困難を避けつつ、〔相手の〕強固な思い込みを合理的な疑いへと方向づけることができるはずだ。

ここまで来れば、この本も一段落つく。2章・3章では基礎が導入され、4章と5章ではより難易度の高い会話——うまくいく保証はどこにもないような会話——を切り抜ける方法を学んだ。さて、ようやく超上級者・達人レベルのテクニックの頁を開くときが来た。

第6章　超上級：心を閉ざした人と対話するための6つのスキル

──会話のバリアを突破すること

#1　総合

会話のパートナーに、あなたの考えを洗練させ総合するのを支援するアシスタントになってもらうこと。

#2　ガス抜き

感情的障壁についてとことん語ること。

#3　オルターキャスティング

相手が違う考え・行動をすることできるように、〔別の〕役割をパートナーに投影すること。

#4　人質交渉

人質交渉における最先端の研究結果を応用すること。

#5　限界の探究

まともな人なら抱かないような考えを信じ込んでいる人と関わること。

#6　対抗介入の戦略

相手に介入されそうになったらどうすべきか？

「無知は大した恥ではない、学ぼうとしない態度に比べたら」。
――ベンジャミン・フランクリン

この章では、凝り固まった考えの持ち主との会話というテーマに幅広く焦点をあてる。あらかじめ言っておくが、これは超上級者レベルのスキルだ。ここから先の内容を身につけようとする前に、以前の章で扱ったテクニックに習熟しておくことを強く勧める。これは以前のレベルにおいても散々繰り返した注意ではあるが、超上級者レベルのスキルを学ぶときには特に重要だ。以下では、バリアを破るのに役立つスキルを六つ紹介する。

第一のスキルとして、「総合《シンセシス》」を学ぶ。総合とは、プロの哲学者が用いる哲学的やりとりの一種だ。パートナーと、互いに何を理解していないのかについて理解を深め合い、自らの意見を洗練させるために協力しあうという同意を得る。これには勇気と好奇心が必要だ。

第二のスキルとして学ぶのが、相手のガス抜きを戦略的に支援する方法だ。これは友人や親しい間柄の人に使うと最も効果を発揮する。ガス抜き援助は、忍耐を要する行為だし、ここまでの章で扱ったテクニック（「傾聴」〔2章#4〕、「学びモード」〔3章#8〕、「友人が間違っていても気にしないこと」〔4章#1〕、「怒りとつきあうこと」〔5章#5〕、「『黄金の橋』を架けること」〔4章#2〕等）を組み合わせて使う必要もある。ときには聞きたくもないことを聞くはめになることもあるだろうが、十分な忍耐力を持って臨めば、このガス抜きによって、効果的なコミュニケーションへの障壁《バリア》を取り除くことができるだろう。

第三に学ぶのは、オルターキャスティングを使って、パートナーが別の考え方を検討するよう支援する方法だ。またの名を「アシストつきブレインストーミング」ともいう。オルターキャスティングとは、会話のパートナーに特定の役割を与えてそれに沿って行動してもらい、自分から新しい考えや行動をするように誘導することだ。ただ、押し売りや説得術として使われることもあるため、倫理的な問題もある。そこで、想定される倫理的な問題についても触れることにしよう。

第四に、人質交渉についての最先端の研究結果から抽出した選りすぐりの内容を学ぶ。この節では、心を閉ざしきってしまったパートナーとの会話で、成功率を高めるための原理をいかに応用するかについてアドバイスを送ろう。

第五に紹介するのは、到底実行できないような考えを持つ人と会話する方法だ。そういう状況に居合わせてしまったときに何と言えばよいのかを、順を追って一つ一つ説明していく。

最後に、介入に対する対抗策とテクニックを扱う。本書『話が通じない相手と話をする方法』で出てきたテクニックをあなたに対して使おうとしてくる人が現れたらどうしたらよいだろうか？「とにかく相手に付き合う」やり方から、（さりげなく、あるいはさりげない形ではない仕方で）介入を妨害する方法まで、幅広い選択肢を提示しよう。

#1 総合

総合とは、「ラパポートのルール」〔5章#1〕と、「反証を探ること」〔5章#3〕の合わせ技だ。総合するとは、パートナーの考えや反証を参考にして自分の考えを改めることをいう。ここでの目標は、自分の立場をより明確かつ強力なものにし、真理に近づくことにあるのであって、相手に賛成してもらうことではない。総合では、当該のトピックについてのよりよい理解に向けて協力し、より洗練された精緻な見解を得ることを目指す。このテクニックを使う最善のタイミングは、あなたもパートナーも信念尺度でいうところの8未満であるとき、あるいは、お互いに本当は信じていない考えを「議論のために」取り上げているようなときだ。実例としてはこういうケースがある。あるトピックについて、二人が違う見解を持っていることをお互い分かっており、自分が採用していない様々な視座をより深く理解するために議論する、という場合だ。ここでの目標は、〔当該の事柄について〕よりよく理解することである。パートナーかあなたかのどちらか――望むらくは両者とも――は、自分自身の見解に囚われすぎていないことが必要だ。実際、総合を行うための有用かつ興味深いやり方の一つは、自分が取りがちな立場とは逆の立場を想定し、それを可能な限り擁護してみることである[原注1]。

どちらかが専門知識を持っているだとか、議題が直截なものでもない限り――仮にそうであっても関係ないときもあるが――、意見の相違は、真理に到達するためのテコ《レバレッジ》のようなものとして活用できる。哲学者たちは、このことを広く「弁証法」と呼んでいる[原注2]。これは、ギブ・アンド・テイクの言葉のやりとりで考えを洗練させることを指している。その洗練のプロセスは、建設的かつ制御された意見の対立を目指す行為と理解することもできる。自分の見解にはたらきかけ、またパートナーの見解もテコとして用い、より洗練され、より見識の深い、精緻な立場を得ることを目指すと

同時に、同じ改善がパートナーのほうにもできるようにするのである。[原注3]

総合に至るまでの五つの「簡単な」ステップ

総合を行うことは難しいが、やること自体は単純といえば単純だ。基本となる五つのステップは次の通り。

1 意見を提示すること。これは相手にお願いしてもいいし、自分から打ち出してもいい。(以降のステップでは、あなたのほうが意見を出したものとして説明を続ける。)
2 相手に意見を求め、反論に耳を傾けること。
3 出てきた反論を使って、もとの考えを反証する具体的なやり方を考えてみること(5章#3「反証を探ること」)。パートナーとの意見の相違をあえて利用して、自分の立場の弱みをあぶり出し、自説の誤りを立証する方法を探し出す。
4 (ありうる)反証事例を用いて、自分のもともとの立場を洗練させること。反論を取り入れて、立場を修正する。
5 以上のステップを繰り返すこと。修正された新しい考えを取り上げて、もう一度同じステップを踏む。[原注4]

最初のステップである意見出しは、最も簡単なステップだ。もっと洗練させたいと思うような考えを何か示せばよい。同じことをパートナーにもしてもらうようお願いしてもよいだろう。これらのステップを踏むことで最も恩恵が得られるのは、自らのアイデンティティや道徳、信仰、党派に強く影響を受けているのではないかとあなた自身も疑っているような考えを吟味するときだ。（例えば、あなたがゴリゴリのリベラルもしくは保守派で、自分の意見が党派のそれに偏りがちな場合がそうだ。）ここで道徳についての考えを選ぶと会話はより難しくなるが、そのぶん得られる利益も大きい。というのも、道徳についての考えにはほとんどの場合、認識論的な盲点とでもいうべきものがあり、総合によってその盲点が明らかになるからだ。[原注5]

第二のステップ、反論の誘い込みは最も難しい段階だ。あなた自身の考えに抗うために別の視点を求めているわけなので、そのもともとの考えが脅かされることは十分ありうるのだという心構えをもとう。これはときに非常に難しい。なぜなら、あなたの政治的アイデンティティを揺るがすことにもなるからだ。[原注6]正しくあるためには、多少の犠牲も必要なのである。感情的・精神的なショックに備えておこう。特に、総合がうまくいったと思ったのに、失敗に終わったときにはそうだ。[原注7]

総合から多くを得るためには、パートナーに少なくとも一つ、あなたの推論における明らかな誤りを明らかにしてもらい、その上でその誤りがあなたの道徳観によるバイアスによっていかに発生したかも明確にしてもらいたいところだ。ここで使えるフレーズがこれだ。「私の理解が正しければ、この考えは［X］という理由で間違っているということですよね。私が保守派／リベラル／その他という色眼鏡でものを見ていることが、この間違いを犯したことに影響していると思いますか？」。

ラパポートのルール1を思い出そう。この第二のステップに進む前に、あなたの考えに対するパートナーの批判と、それからできれば、党派性バイアスがどのようにあなたの考えを誤らせているとパートナーが考えているのかを、はっきりと自分の言葉で言い直せるようにならねばならない。先に進む前に、あなたがきちんと相手の批判を理解しているかを相手に確認してもらうことだ。

第三のステップ、反論を利用した自分の考えの反証は、パートナーと協力して行うものである。パートナーの力を借りて、どういう条件が満たされれば自分の考えが間違っていることになるのか、はっきりさせよう。理想を言えば、〔有効な反証として挙げられるのは〕具体的な例であることが望ましいし、その条件が満たされれば考えが間違いであることになるのはなぜかが明らかであることが望ましい。例えば、あらゆる「利益誘導（ばらまき）」は政府が腐敗している証拠であり、よって違法であるべきだ、というのがあなたの主張だとしよう。そこでパートナーに求められるのは、議員の間で特定の利益が取引されることは、〔社会の〕全構成員にとって総じてプラスになりうるし、議員間での協力関係も深まる〔という利点がある〕、などと指摘することだ。

第四のステップ、反証を用いたもともとの意見の洗練は、前の第三のステップで学んだことを使って、自分のもともとの立場をより練られたものにする段階だ。

そして最後に、この一連のステップを繰り返すこと。たった今修正された立場を使って、このプロセスを最初から繰り返すのだ。もちろん、最初に受けた批判がどういうものか、そしてそのときの考えの洗練具合にもよるが、すぐには有用なフィードバックがもらえないこともある。そういうときは1周この流れを通してから会話を脇に置いておくか、相手の考えに対して同じプロセスを踏んでみることをあなたから提案してもよい。

総合のテクニックは、ほとんどすべての意見の不一致に使うことができる。できないのは論理的矛盾（論理法則を破るような事柄、例えば四角を丸だと言い張るようなこと）や、基本的事実関係についての不同意（この場合は、４章#7の「アウトソーシングすること」が有用だ）くらいだ。あなたの見解について、あなたかパートナーかのどちらか（あるいは両方）が間違っている可能性が少しでもあるなら、総合を使う余地がある。例えば、無神論と神への信仰（という一見相容れない考えどうし）でさえ、「神」という言葉の理解をどちらかが変えることができれば、総合は可能なのだ。[原注8]

哲学者のように会話する方法

総合の成否は、学びと協力という枠組みがどれくらいしっかり定着しているか、そして自分の考えを見直そうとする意志がどれほど強いかの二つに大きく依存している。パートナーが反証条件を提示しないことには、総合は不可能である。うまくいくためには、どのような見解に対してもソクラテスのように臨むことが必要になる。出された反証条件がもたらしてくれるメリットのほうを重視し、自分の考えが正しいかどうかにこだわらないという姿勢が大事だ。[原注9]

総合するには、先にまとめておいた五つのステップを踏めばよい。このスキルを磨けば磨くほど、どんどん自然になっていくだろう。

1 意見を提示《プレゼン》すること。

2 反論するようにお願いし、耳を傾けること。

あなたが見落としている点は何だと相手が思っているかを理解できるよう、会話の中でパートナーに手伝ってもらおう。ここで使えるフレーズがこれだ。「私が見落としている点は何でしょうか？ 推論にまずいところがあったでしょうか？ あるいは、見るべき情報を見落としていたりしますか？」。思い出してほしいのは、あなた〔という人格〕は、あなたが信じている事柄〔と一心同体〕ではないということだ。[原注10]

3 反証条件を明確にすること。

4 （ありうる）反証となる事例を使って、もともとの立場を洗練させること。

反論を取り込み、考えを修正すること。新たな立場はどういうものかをはっきりと述べ直す。

5 以上のステップを繰り返すこと。

アップデートされた立場から、もういちど繰り返すこと。会話が自然に終わったり、一人で考える時間が必要であれば、パートナーに感謝を伝えてからこの一連のプロセスを終えよう。

#2 ガス抜き

話し尽くしてもらうこと

友人には息抜きが必要なときもある。あなたが耳を傾け、理解することに集中し、「黄金の橋」を架け、間違えてもよいことにし、相手の言ったことを問題視せず、話を遮らず、耳を傾け続けることで、パートナーが頭の中を空っぽにできるようにしよう。なぜこんなことをする必要があるのか？　人はときに、言葉をまくしたてている間、それに耳を傾けてくれる人を必要とする〔から〕だ。相手が話し終わったら、「会話深化剤《ディーペンダー》」（考えを深めるのに役立つ）そして「会話増量剤《エクステンダー》」（会話を前に進めるのに役立つ）と呼ばれるものを使おう。ここで「もっと話を聞かせてください」と頼んで、議論を深め、拡張するよう誘おう。[原注11] そして再度耳を傾けるのだ。

ガス抜きが最も有効な相手は、感情の起伏が激しすぎる、あるいは情動が会話にただ漏れになってしまっているせいで、実のある議論ができないような友人だ。[原注12] 通常、ガス抜きが役に立つかどうかは、議論のための問いを定めてから、ものの2、3分でなんとなく分かってくる。判断するための合図には次のようなものがある。相手が繰り返し辛辣な決めつけ／誤った特徴づけ／言いがかりをつけてくる、非難してくる、問題解決するために過度な決めつけにもとづいた提案をしてくる、不快感や苛立ちを顕わにしてくる、等々。[原注13] こうした振る舞いは、白日のもとに晒したほうがよいような感情が潜んでいることを示すシグナルの可能性がある。[原注14]（これらは、会話は不可能であり、友人はただ誰かに話を聞いてほしがっていることのシグナルである可能性もある。あるいは、あなたとの関係如何によっては、あなたに会話から出ていってほしいことを伝えるサインであるかもしれない。）次の較正済みの質問から始めよう。「この状況についてどのように感じていますか？」。

そして、いったん口を閉じ、耳を傾けること。議論をふっかけたり、否認したり、反駁したり、異議申し立てしたりしてはならない。ただただ耳を傾けるのだ。相手のガス抜きを促しているときには、どれだけ耳を傾けてもやりすぎということはない。言いたいことを全部言ってもらったら、会話深化剤／増量剤を使おう。ここで使えるフレーズがこれだ。「もう少しお話を聞かせてもらえませんか?」。相手がはっきりと「言いたいことは全部言いました」と述べたなら、「本当にそうですか?」と返そう。そして耳を傾ける。こちらから質問をしてよいのはそれからだ。そこで聞く質問も、相手が気にしていることについてのより深い理解に資するものだけにすること。

　会話深化剤や会話増量剤を使ってみて、それでも友人がそれ以上言うことがないと確信したら、ラパポートのルールの最初の三つに移行しよう。相手が言ったことをはっきりと述べ直し、それで合っているか確認する（ルール1）。そして〔その反応に〕耳を傾ける。もし言い直しが正確であれば、賛成（あるいは共感）できる点を挙げる（ルール2）。最後に、あなたが会話から学んだことは何かを伝える（ルール3）。ルール4（反論や批判）は、ここでは使わないこと。ガス抜きをひとたび始めたら、反論や批判はナシだ。ガス抜きは、ラポール構築（2章#3「ラポール」）の拡張・発展版だと考えるとよいだろう。いったん黙って、パートナーに会話の向かう先を指示してもらうことが、しばしば最善策となる。

　内心やイデオロギーにまつわる感情を刺激してしまうと、怒らせたりイライラさせたりしかねない。怒りが目に見えたらその場ですぐに対処できるように、あるいは必要であれば立ち去れるように、準備しておこう。（このテクニックは臨床心理士やプロのカウンセラーが行う治療の一環のように見えるかもしれない。実際にそれらとは密接な関係がある。注：あなたがプロのカウンセラーではないなら、カウンセラーを演じようとしないこと。会話や人間関係、あるいは相手の心身の健康《ウェルビーイング》を損ねることにもなりかねない。ただただ思いやりと共感のある、忍耐強い聞き手であることに努めよう。）

　友人が心を開いて、バリアを越えて話してくれることもあるだろう（その過程で、背表紙効果や、相手の考えの背後にあるアイデンティティに関わるレベルでの理由が明らかになることもあるだろう）。そうはならないこともある。このテクニックの目標は、自分の話をこちらは聞いているとパートナーが感じられるようになること、ストレスや防衛反応を抜きにして話してもらうこと、そしてそのストレスの原因になっているものは何なのかを正確に把握すること、この3点にある。つまりは、相手が気持ちにゆとりを持てるようにすることにほかならない。相手の懸念の中には、どうにかできることもあれば、できないものもある。そうだとしても、その懸念がどういうものなのかについて、明晰に理解しておくべきだし、そうすればどう手助けすればよいのかも分かるはずだ。

ガス抜きを促す方法

　友人のガス抜きを手伝ってあげれば、友情がより深まるはずだ。人がガス抜きしているのを聞いたり、怒りに対処するのが苦手なら、このテクニックは試さないほうがいい。

1a　まず手始めに使えるフレーズはこれだ。「もう少しすこしお聞かせください」、そして「どういう気持ちになりましたか?」。
そして相手の話を聞く。よく聞く。とにかく聞く。
1b 〔相手が用いている〕感情を表す特定の語をこちらも繰り返すことで、友人の気持ちを受け止める。
もし相手が「イライラする」、「腹立たしい」といった表現を使ったなら、あなたもそれを使おう。ここで使えるフレーズがこれだ。「ですよね、あり得ないほどイライラしますよね」、「分かります、腹立たしいですよね!」。会話を安全な場だと思ってもらうために、共感的な聞き手でいることだ。[原注15]
1c 相手が話し終えたときは毎度、数秒の間を置いてからあなたの話を始めること。
会話の間を埋めようと焦らないこと。少し気まずいかもしれないが、沈黙に仕事をさせよう。
1d ガス抜きが終わっても、引き続き耳を傾け続けること。
1e 「会話深化剤」と「会話増量剤」を使うこと。ここで使えるフレーズがこれだ。「もっとお話を詳しく聞かせてください」、「どういう感じですか?」。
2 相手が感情をただ表出するだけでなく、それを説明できるように、友人を優しく励ますこと。
相手が自らの感情を可能な限り注意深く、ニュアンスも含めて描写できるよう手助けし、同じ考えを防衛反応を和らげた仕方で表現できるように支援すること。[原注16]「怒っている」、「腹立たしい」、「苛立つ」の違いを説明してもらったり、あるいは「苛つく」のような言葉の内実を解きほぐしてもらうよう促そう。相手自身に、自らの感情にふさわしい言葉を見つけ出してもらうこと。相手がガス抜きしている最中にこちらから決めつけるのはやめよう。

3　やりとりの終わりは、手助けしたいという真摯な申し出で締めくくること。

ここで使えるフレーズがこれだ。「今でもこの後でも、どうすればお役に立てるでしょうか？　何か私にお手伝いできることはありますか？」[原注17]。どうしたら相手を助けられるか分かったら、すぐに手助けしよう。フォローアップも忘れず、こちらが行ったことを相手にきちんと伝えること。

4　相手のガス抜きが終わったら、しばらく放っておくこと。

会話を強要しないこと。強要してしまうと相手にストレスを与えてしまうことになる。重要な事案なのであれば、後で再訪してもよいが、あなたと相手の両者ともに熟考できてからにすること。

#3 オルターキャスティング

オルターキャスティング〔役割投影〕とは、説得の技法の一つで、社会学者のユージーン・ワインスタインとポール・ドイチュバーガーによって提案された。まずは看護での実践事例を見てみよう。

例えば、冠動脈疾患の患者が、医師の指示に逆らって、ベッドから抜け出しているのが見つかった、という状況を想像してもらいたい。このとき、患者をベッドに戻すために看護師が取りうる方針として、大きく分けて次の三つがある。(a) 命令する：「ベッドに戻りなさい。」、(b) 権威に訴える：「主治医の先生はこうおっしゃっています、……」、あるいは、(c) 患者をオルターキャスティングする：「あなたのような症状の人であれば、……」。最後の選択肢(c)で看護師が患者に伝えていることとは、患者は病人であり、病人という立場にある人の責務には、ベッドで横になっていることも含まれている、ということにほかならない。[原注18]

この事例で看護師は、特定の健康状態にある患者の役割がどういうものなのか、そしてそのような患者に対して暗黙に期待されているのはどのような振る舞いなのかという2点をはっきりさせている。看護師のオルターキャスティングを裏付ける論理は、次の三つのフレーズでまとめることができる。

- これこれの健康状態の人は、ベッドで寝ていなくてはならない。
- あなたはそういう健康状態にある。
- したがって、あなたはベッドで寝ていなくてはならない。

他にもいくつか例を見てみよう。

ボゴジアンは娘が通う小学校にて、来年度に何を教えるのか教師がプレゼンテーションするのを聞いていた。教師のうち一人はジェントリフィケーション[訳注1]がいかに悪いかということにこだわっており、ジェントリフィケーションがもたらした害悪を糾弾する内容の教材を生徒に読ませるつもりだと述べていた。その教師の発表が終わると、ボゴジアンはその教師にこのように話しかけた。「お話、ありがとうございました。あなたが公正な人であり、そしてクリティカル・シンキングや、問題に対する様々な視点を教えることの重要さに気づいている方だという印象を受けました。ジェントリフィケーションについての他の側面についても、授業で教えるご予定でしょうか?」。返答はこうだった。「はい、もちろんです。この問題について、別の観点を示してくれるような本があります、子どもたちでも読めるようなものです」。

ここで注目すべきは、この教師はそもそも、公正についても、クリティカル・シンキングについても、はたまた様々な視点についても、先のプレゼンテーションでは全く触れていないということである。ボゴジアンはジェントリフィケーションの様々な側面について（さらに言えば、ジェントリフィケーション以外の問題についても）この教師に授業で扱ってもらいたいと考えたので、このように役割をオルターキャスティングしたわけである。

簡単な例をもう一つだけ紹介しよう。〔スマートフォンで〕メッセージを打っている人に向けて、「すごい、打つのすごく速いですね」とあなたが言えば、それはメッセージを打つのが速い人、という役をオルターキャスティングしていることになる。言われた相手はその役割を受け入れ、さらに速くメッセージを打とうとするだろう。

役割をあてがう

オルターキャスティングは行動変容をもたらすのに使える強力なテクニックではあるが、物議を醸すものでもある。[原注19] 行動変容が容易にもたらされるような別の役割が、相手にあてがわれるからである。この方法のポイントは、（社会的に）立派な役割を相手にあてがうこと――自分が道徳心のある人、注意深く考えられる人、あるいは節度のあるコミュニケーションがとれる人といった模範的人物として自らを演出することを手助けすること――そしてその役割の内側から、解決法や〈理想的な〉行動を自分で見つけ出すのを促すことの2点にある。このテクニックは、〈相手が勝手に〉自分自身で内面化した、でっちあげられたプレッシャーを用いることで、ある役割を受け入れるように仕向け、それによって特定の考えや行動をするように相手が自らを説得するよう、誘導することが可能になっている。

オルターキャスティングが倫理的にみてどうなのかと言えば、いかがわしいものになる可能性は実際ある。このテクニックが、マニピュレーション[訳注2]になりかねないという明白な理由によってである。そのうえ、相手にネガティブな役割をあてがうことも可能であり、そうしたネガティブな人物像になりきるように誘導するようなことだってできる。[原注20] 例えば、怠け者だとか頑固者だという役割

訳注1　低所得者の居住地域が、住民の文化的活動の盛り上がりや再開発によって活況を見せると、それに誘引された中流階級や上流階級の人々が同地域に流れ込み、結果として地価が値上がりする現象。もともとの居住者が同地に居づらくなるという負の側面がある。原語を直訳すると「紳士化」。

をオルターキャスティングすることは容易だ。さらに、間違った仕方でオルターキャスティングしてしまうと、逆効果にもなりかねない。相手に割り振った役割に属する義務としてあなたが考えている事柄が、その相手が果たさなくてはと考えている義務の内容と異なるということがありうるからだ。例えば、「社会正義〔を大事にする〕教師」という役割をオルターキャスティングしたとしても、相手の理解では、それは生徒たちにあなたが賛成しない特定の価値観を教え込む役割を意味するかもしれない。こうした倫理的な懸念を避けるには、オルターキャスティングを次の二つの会話テクニックに制限するとよい。

1　相手のお気に入りの解決策は選択肢から取り除いておく。
2　節度、公正、心の広さといった、会話における徳をオルターキャスティングする。

これらのテクニックは、倫理的なジレンマを避けつつ、相手に疑念を植えつけ、会話のパートナーのお決まりの手口を封じ、節度のある会話するのに有効であることが分かっている。

お気に入りの回答は脇に置いてもらうこと

誰かと違法移民について話しているとしよう。会話のパートナーは解決策として、強制送還を強く推しているとする。また、あなたはそれに反対しているが、相手はこれ以外の選択肢を検討する気もなさそうだとしよう。こういう状況で使えるフレーズがこれだ。「なるほど、分かります。ご意見をもう少し聞かせてください。例えば、あなたが上院議員として移民問題を扱う委員会に参加しており、それについて何か対策を練るという任務があるとしましょう。あなたが委員として任命されたのは問題解決に優れているからで、あなたの意見は委員会でも重要なものとして取り扱われます。そこで、上院は強制送還を選択肢としても絶対に考慮せず、そのことをあなたは知っているとしましょう。ここであなたの仕事は、強制送還に頼らなくてもよいような、最善の方法を見つけることです。ただし、移民が殺人犯だったときのような、極端で議論の余地のないケースは別としましょう。このように、強制送還は無理だとして、それでも何か提案しなくてはならないとしたら、どうすることを提案しますか？　また、そうする理由もお聞かせください」。

ここでは色々なことが行われている。パートナーの見解を認め（「なるほど、分かります」）、相手の見解を求め（「ご意見をもう少し聞かせてください」）、そして較正済みの質問を用いているのだ。そして会話のパートナーに、優れた問題解決能力の持ち主、有識者、解決策をいくつも思いつくような重要人物、という像をオルターキャスティングしている（「あなたが委員にいるのは問題解決に優れているからで、あなたの意見は委員会でも重要なものとして取り扱われます」）。さらに、相手の好む解決策は使えない、という状況に限定し（「上院は強制送還を選択肢としても絶対に考慮せず、そのことをあなたは知っているとしましょう」）、他のアイデアをブレインストーミングする

訳注2　人の心理や行動を、当人が気づかないような仕方で、こちらの意のままに操作・誘導すること。

よう頼んでいる（「ここであなたの仕事は、強制送還に頼らなくてもよいような、最善の方法を見つけることです」[原注21]）。あなたがオルターキャスティングした役割に即して、相手は新しい視点から問題について全力で考えるか、さもなくばオルターキャスティングされた（ポジティブな）役割を拒否するか、という二択を迫られることになる。

　会話のパートナーがこの思考実験に乗ってくれれば、違法移民に対して、大量強制送還よりももっと穏当な対策を自分で考えてくれることにもなるだろう。オルターキャスティングを用いた後であれば、説得したり、理詰めで議論しても変えなかっただろう考えが、より変化しやすくなるかもしれない。結局のところ、相手がお気に入りの解決策にこだわってしまうのは、それがどうして間違いなのかというあなたの言い振り（メッセージの伝令）に対抗しているからなのだ。

　もし相手がこちらの設定した役割を引き受けなかったり、引き受けることがそもそもできない（仮定の話を考えられない人は、端的にいって存在する。とりわけ、大事にしている信念についてはそうだという人は少なくない）ようであれば、オルターキャスティングを使うのは諦めて、他の簡単なテクニックに立ち返ることをお勧めしたい。パートナーがいくつかアイデアを持ち出してきたら、それを活かして会話を前に進める質問を考えてみよう。例えば、相手の「背表紙効果」を暴くような質問をぶつけてみたり、「総合」（前述#1）に向けた発射台として使うこともできる。

　ここで紹介したオルターキャスティングの方法をまとめておこう。

1　パートナーの見解を認めること。
2　理知的でクリエイティブな問題解決の達人として、具体的かつ話題に関連する役割を相手に投影すること。
3　このとき、相手のお気に入りの解決法が使えないような状況を設定すること。
4　他の選択肢を探るようにブレインストーミングしてもらうこと。

会話での徳をオルターキャスティングすること

会話での徳を相手にオルターキャスティングすることもできる。例えば、節度を投影するとしよう。節度のある会話に価値を置き、そのような会話が上手な人という役割を割り振ればよいのだ。オルターキャスティングというテクニックは、とりわけ知らない人に対して「感情を込めず」に使うこともできる。節度のある会話の基本ＲＮＡを相手に直接注入することで、節度のない会話に対する予防接種として、優良会話ウイルスを撒き散らすようなものだ。

節度をオルターキャスティングするための公式は次の通り。

1　ラポールを形成すること。
2　生産的で節度のある対話をする術を知っている人物を、パートナーにオルターキャスティングすること。

ここで使えるフレーズがこれだ。「あなたは節度のある方だとお見受けしました。よい会話ができる人ですね」。（公平な人や、偏見のない人など、会話における他の徳を体現する人物でもよい。）

3　会話に能動的に参加してもらうこと。

こうすることで、会話のパートナーは節度のあるコミュニケーションを行う人物という役割を与えられ、それに応えるべく頑張るようになるだろう。

また、会話が白熱しすぎてしまう前に使うことで、このテクニックは救命胴衣としても役立つことになる。ピリピリしてきたら、ピリピリしてきたことを認め、いわばつなぎとして、冷静な人という像を相手にオルターキャスティングするのだ。ここで使えるフレーズがこれだ。「ところで、ピリピリしてきましたね。ちょっと、どうしていいか分からなくなってきました。お助けいただけませんか？　あなたはこんなときにも平常心を保てる方だとお見受けしますので、よろしければお聞きしたいのですが、このような事柄について話しながらも冷静でいるためにはどうしたらよいのでしょうか？」。このテクニックが効果的に行われ、タイミングも適切であれば、会話に節度を保つのに役立つことだろう。

あなたが望む会話のパートナーのつくりかた

1　まず相手のことを認め、その後にオルターキャスティングすること。
　ここで使えるフレーズがこれだ。「なるほど、［X］ということなんですね、分かります」。それから、議論している問題についての知識をもつ、クリエイティブな役割をパートナーにオルターキャスティングすること。ただし、相手のお気に入りの解決策は持ち出さないようにしてもらおう。それとは別の解決策を相手にブレインストーミングしてもらうのだ。

2　よい会話ができる人という役割を相手にオルターキャスティングすること。
　ここで使えるフレーズはこれだ。「あなたは節度のある会話ができる方ですね」。もっと単純に、「あなたは感情を制御するのが得意な方ですね」もよいだろう。

3　割り振った役割を相手が拒否したら、このテクニックを使うことは諦めて、この本に出てくる他のテクニックに移行すること。

4　相手が自分に何らかの役割を投影しようとしてくる場合、その人はあなたにオルターキャスティングすることを試みているのだと理解すること。
　そのときはその役割に乗っかるもよし、拒絶するもよし。相手から自分に何がなされているか把握する、あるいは相手にオルターキャスティングし返すというのもよいだろう。

#4 人質交渉

あなたが〔一生のうちで〕当事者として関わることになる、不可能にも思える会話の中に、人質交渉が含まれることはまずないだろうし、そんな機会などないほうがよい。人質交渉が起こるのは恐ろしい状況である。多くの場合、極度の感情や殺人という差し迫った脅威を伴うものだ。しかしながら、幸運なことに、プロの人質交渉人――彼らの目的はそういった緊急事態を平和裏に乗り切ることだ――が参考にするような、研究結果が確立されている。[原注22] 私たちは、その膨大な文献を濃縮・要約し、交渉人が目的を果たすために用いる六つのテクニックの形にまとめ上げた。さっそく、それらがどのように〔会話に〕応用できるかを見ていこう。

人質交渉テクニックを会話に活かす方法

ここまでの各章で、人質交渉人に用いられている多くのテクニックや戦略を紹介してきた。「傾聴」(2章#4)、「ラポール形成」(2章#3)、「言葉遣い」と「その通りですね」(4章#3)、「較正済みの質問」(3章#3)、「ラパポートのルール」その1とその2のバリエーション(5章#1)などがそうだ。とは言え、最も困難なやりとりの中で使えるテクニックや方法がまだいくつか残っている。

1　「ミニマルな後押し」を使うこと。[原注23]

ミニマルな後押しの例には、「そうですね」、「分かります」、「いいですね」などがある。こうしたミニマルな後押しは、会話のパートナーにあなたが耳を傾けていることを分かってもらうための、手間のかからない方法である。緊迫した状況では特に、これを用いることを勧めたい。

2 ミラーリングすること。[原注24]

ミラーリングとは、相手の発言の最後の何語かを繰り返す技法である。例えば、相手が次のようにまくし立てたとしよう。「周りの人を押しのけて自分のやりたいことを貫こうとするタイプの人には、もうほとほとうんざりしているんですよ」。このとき、〈最後の数語である〉「うんざりしているんですか?」と返す、といった具合だ。

マクメインズとマリンズは次のような例を持ち出している。「追い詰められた銀行強盗が『この金を持ってここからずらかる必要がある。うちの子どものためなんだ。自分のためじゃない』、と言ってきたとしよう。ミラーリングとしてよい応答は、「子どものため?」と返すことだ。そうしたら強盗はこのように応じるだろう『そう、熱があって何らかの病気に感染している。飲ませる薬を買う金もないんだ。だからあの子のためにこの金は必要なんだ』。

同じ箇所で、マクメインズとマリンズはまずいミラーリングの例も挙げている。「自分だけのためではないと、私に信じろということですか?」という応答がそうだ。[原注25]最後の2、3語だけを繰り返し、質問の形にして、相手に話してもらってそれに耳を傾ける、というやり方をしておけば、このようなミスはたいていの場合避けられるはずだ。この応用テクニックの目標は、相手に話し続けてもらい、後の会話で役に立つような情報を自発的に出してもらうことである。

注意：ミラーリングは、あなたがきちんと注意を払っているというシグナルになるが、濫用は避けよう。7分間の会話だとしたら、その中でせいぜい4回か5回に留めるのがよいだろう。

3

感情をラベリングすること。[原注26]

感情のラベリングとは、その感情に名前を付けるという技法である。これには先に述べた「ガス抜き」と似たような効果があるが、どのような言葉がふさわしいのかを相手と一緒に考えるというよりも、あなたのほうで相手の感情をラベリングすることに重点が置かれている。マクメインズとマリンズはこう書いている。「感情のラベリングは、対象となる相手が強い感情を示し、それを和らげる必要があるときに、いつでも用いることができる。相手のことを深く理解していることを伝えるため、あるいは交渉人が問題をきちんと理解できているかの確認としても使える。この技法が特に有効にはたらく対象は、緊急事態にある普通の人、あるいは社会不適格者、ボーダーラインの人、依存体質の人、自殺願望がある人、そして怒っている人といった、感情を鎮める必要があるような人々である」[原注27]。

マクメインズとマリンズは次のような例を出している。「別の女性と一緒になるために離婚を希望している夫に対し、怒りの感情を抱いている対象がおり、こう述べた。『不倫した人でなし二人〔夫と不倫相手〕をここに呼び出して、ツケを払わせてやるわ。こんなふうに人を傷つけておいてトンズラなんてありえない。どういうことをしたのかわからせてやる』」。マクメインズとマリンズが提案する、彼女に対するよい応答というのはこういうものだ。「一人ぼっちにされて、とても傷ついたのですね。これが公正なことだとはとても思えません」。マクメインズとマリンズはこうも付け加えている。これは「〔相手の〕気持ちを判断することなく認識してあげること」なのだ。[原注28]

感情をラベリングするときには注意が必要だ。ボゴジアンの経験によると、このテクニックが有効なのは共感能力が確かに高い人が使うときであって、他人の気持ちを間違った仕方でラベリングしてしまうような人（例えば、恐れの感情を間違えて怒りとラベリングするようなこと）が使っても有効ではない。気持ちを何度もミスラベリングしてしまうと、通常は状況が悪化する。そういう場合、会話のパートナーは、あなたが相手のことを理解していないと思ってしまうというリスクがある。

4

相手の面子を大事にすること。[原注29]

すなわち、「黄金の橋」を架けよ、ということだ。

これは細かいテクニックというよりは、頭に入れておくべき注意事項のようなものだ。相手にとっての重要人物が目の前にいるような状況ではなおのこと、パートナーは面子が損なわれることを恐れ、なかなか考えを改めてはくれない。これを踏まえて、相手の顔をさりげなく立てるための工夫を考える必要がある。あなたにとって、当該の問題についての見解を変えることがいかに難しいのかを語ってもよいし、次のようなフレーズを使うのもよいだろう。「これは実に難しくて複雑な問題ですね。完全に正確な理解を得られなかったとしても、全く不思議ではないですよ」。

5　小さな問題から始めること。[原注30]

　まずは小さな問題に取り掛かり、それを解決していくことで、「うまくいくという雰囲気」を作ろう。それから、「大きな問題をいくつかのより扱いやすい小さな問題に分解しよう」[原注31]。例えば、自殺幇助もしくは尊厳死の問題についてだったら、最初に取り掛かる話題としては、終末期の決断において医師が果たすべき役割について明らかにすることを選ぶとよいだろう。医師の役割と政府が果たすべき役割とが区別ができたところで、関係はするが別である二つの問題が得られたことになる。ここで、一度に集中するのはそのうち一つだけにしよう。テクニック「質問すること」（3章#3）と組み合わて、一般的なトピック（「自殺幇助」、「尊厳死」）について漠然と話すのではなく、具体的な問い（「医師が果たすべき役割は何か？」）に的を絞るのがよいだろう。

6　「統計データではなく、具体例や過去の事例を持ち出すこと」[原注32]。

　具体例のほうが「関係のない『事実』よりも、心に鮮明に印象を残し、行動に影響を与えやすい」[原注33]。（5章#2で扱った「事実を避けること」を思い出すこと）。

#5 限界の探究

「この場で、異性愛者《ストレート》の白人男性が2＋2＝4だといっても、私は信じません」。

この発言は、ボゴジアンの勤務先ポートランド州立大学で女性の同僚が実際に口にしたものだ。この発言から、現代社会が陥っている意見の二極化と信頼関係のバルカン化〔細部分裂〕が垣間見えるだろう。これを読んだあなたはこう思うだろう、「こんなことを言われた後で、生産的で節度のある会話など、どうやったらできるのだろうか？」と。確かに、あまりにも凝り固まって道理の通らない人とは、有意義な会話は不可能なはずだろう。

いや、実はそうでもない。本書を通じて強調してきたことだが、生産的で節度のある会話は、ほとんどいつでも可能で、ほぼ毎回、利益を引き出すための方法が何かしらあるものだ。

不誠実な発言の仮面を剥ぎ取る

もし、相手がほとんど不可能な——あるいは、端的に言って不可能な——考えを主張し始めたら、次に紹介する実験的テクニックを使ってみよう。[原注34] 例えば、「もし異性愛者の白人男性が2＋2＝4だと言っても、私は信じません」と言われたとしよう。この考えの限界がどこにあるのかを見定めれば、それを言った当人が実のところ、そのような考えにしたがって生きているわけではないことを明らかにできる。人間は通常、自分の抱く複数の考えが互いに矛盾していないかどうかに敏感なので、矛盾を暴き出せば、馬鹿げた考えを再検討することにつながる。ここでの目的は、相手が信じていると主張する当の考えを、実のところは信じていないことを、本人に理解してもらうことにある。（これはときに「言語行動」と呼ばれるものだ。人が何か特定の事柄を口にしたとしても、その発言内容と実際に信じていることとの間にはズレがある。「アイスクリームは嫌いです」と言いながら、ボウルに山盛りのアイスクリームをおいしそうに食べているようなものだ。）

ありえない考えに接したときは、次の紹介する「仮面剥ぎの公式」を、時系列に沿って使ってみてほしい。

1　ラパポートのルール1〔5章#1〕を使うこと：「相手の見解を明確、鮮明、かつ公平に表現し直すよう努めること、『ありがとうございます、そういう風に言えばよかったです』と言わしめるほどに[原注35]」。

2　こちらが相手の考えを正確に理解できているということを、はっきりと確認すること（そうすることでさりげなく、相手に引き下がるチャンスを与える）。

2a　オプション：相手がターゲットにした属性をあなたが有している場合、知らないことを学ぶために質問をしてもよいか、丁寧に許可を求めること。〔例えば、〕もしあなたが異性愛者の白人男性であれば、役立つフレーズはこれだ。「あなたを説き伏せようとしているつもりは全くないのです。ただ、どういうことなのかを知りたいので、いくつか質問をしてもよいですか？　色々学ばせてください」。

2b

オプション：準備段階であるこのタイミングで、相手がその考えをいつから持っているのか確認し、その出処を探るような質問をするのもよい。「ずっとそう考えていたんですか？それとも、そう考えるようになったのは比較的最近のことですか？」、「そういう結論に至ったのはどうしてでしょうか？　他の多くの人もそう考えていますか？」といったように。これによって、どのような共同体・仲間の影響がその考えの背後にあるのか（もしあるとすればだが）が見えてくることもある。それがはっきりすれば、そういった言説を支えている社会的なシステムがどのようなものかについて理解できるだろう。そうすれば、よりよいターゲットを定めた質問を聞くための参考にできる。

3

相手の考えが実際に適用されるときの限界はどこになのか、把握しようと努めること。考えが他の（もっと極端な）ケースにも当てはまるのかどうかを訊ねるのだ。〔例えば、〕「緊急治療室に運ばれて、医師がたまたま異性愛者の白人男性だったとしましょう。そこで医師から、ただちに手術しないと命に関わると告げられたら、あなたは信じますか？」、あるいは、「何も見えない真っ暗な部屋に足を踏み入れたとき、照明を取り付けた電気技師のジェンダーや人種について問い合わせますか？　それともただ照明のスイッチをつけますか？」といったように。外科医のケースを使ったのであれば、こう続けてみよう。「他の医師が全員手すきでなかったら、異性愛者の白人男性の外科医に手術してもらいますか？」。

4　以上が完了したら、次はこう訊ねてみること。「その考えと矛盾するような行動をしてしまうような状況はありますか？」。その上で、具体例を出してもらうこと。

4a　「そのような状況はありません」と言ってきたら、3と同様の例を持ち出して穏やかに続けること。「異性愛者の白人パイロットが操縦する飛行機に乗りますか？　飛行機が異性愛者の白人男性によって開発なり組み立てられたと判明したらどうですか？」。

　異性愛者の白人パイロットが操縦する飛行機には乗らない、と相手が言ってきたら、どのようにしてそのポリシーを実際に維持し得ているのかについて訊いてみること。細部まで詳しく説明するよう求めること。（これで「背表紙効果」が明らかになることもある。）こう訊ねてみよう。「〔飛行機の〕チケットを予約するときに、どうやってパイロットの人種を確認するんですか？」。

4b　「はい、そういう状況もあります」が返答であれば、こう言ってみること。「それはどういう状況でしょうか？」。そして続けて、「信じてはいるけれども実際には行動には移さないようなこととして、他に何か例はありますか？　この件〔パイロットの人種で態度を変えること〕が特別なのはどうしてでしょうか？」。

5　この段階まで来ればあなたは、そのような考えを本気で信じつつ、それにもとづいて行動することは不可能であることを示せているか、あるいはそれには至っていないかのどちらかであろう。

5a　その考えにしたがって実際に行動することが不可能だと示せていれば、どのような場合であればその考えにしたがって行動するのか、そして例外として扱うのはどのようなときなのか、相手に訊ねること。（認識論〔知識観〕について語る〔3章#7〕という地点に戻るのだ。）このように訊いてみよう。「分かりました、ここまで理解したかぎりだと、異性愛者の白人医師の言うことを聞いたほうがよい場合もあるにはあるけれども、そういったときを除いては彼らを全く信じないほうがよい理由がある、ということですね。では、いつが信頼すべきときで、いつがそうでないのかは、どうやって決まるのでしょうか？」。

5b　その考えが不可能なものだということをここまでで示せなかったのであれば、〔i〕相手は嘘をついているか妄想に囚われている、あるいは〔ii〕あなたのほうが間違っていて、相手は実際にその考えにしたがって暮らしている、のいずれかである。

#6 対抗介入の戦略

相手のほうもあなたの認知プロセスや考えに介入し、疑いを植えつけようとしていることに気づいたら、あなたが取れる選択肢には次の三つがある。

1　相手に付き合う。
2　相手にしない。
3　対抗《カウンター》介入を行う。

このうち、第一の選択肢を強く勧めたい。

相手と付き合うべし！

相手があなたの認知に介入しようとしてきた場合、選択肢の一つは、されるがままにしておく、というものである。相手に付き合うということだ。相手に付き合い、介入を許すことで、何かを学ぶことができるのはほぼ確実である。ある考えについてのあなたの自信が、自分で思っているよりも根拠を欠いたものであるということが分かり、（うまくいけば）その考えに以前ほどは固執しなくなるようになる、というのが理想だ。あなた自身が考えを改めることだってあるだろう。その場合、〔もともとあなたが持っていたような考えをしている人に対して、〕疑いというギフトを授けるスキルが磨かれた、ということになる。介入をしてこようとする人は、あなた自身のレパートリーに取り入れたほうがいいテクニックを持っている、という場合もある。それから、〔相手が介入に失敗した場合、〕相手がどんなミスを犯しているか、またどうしたらそうしたミスを避けられるか、学べるかもしれない。それに、自分の考えを再検討するとはどういう気分になるものなのかについて、よりよく分かるようにもなるだろう。介入に付き合うことで、結果がどうであれ、何かしらを学ぶ機会になることは多い。

ソクラテスには応答しない

とっておきの秘密を教えよう。介入がうまくいくのは、パートナーがあなたと本気で向き合おうしているときだけだ。相手の発言内容はさして重要ではない。相手には何かしら言いたいことがある必要がある、というだけのことだ。ボゴジアンの博士論文[訳注3]には、クリティカル・シンキングや道

訳注3　博論の題目は、「ソクラテス式教授法、クリティカル・シンキング、道徳的推論、囚人教育：探索的探求〔Socratic Pedagogy, Critical Thinking, Moral Reasoning and Inmate Education: An Exploratory Study〕」。ポートランド州立大学のリポジトリでダウンロードできる。https://pdxscholar.library.pdx.edu/open_access_etds/3668/

徳的推論のスキルを囚人に教えることで、いかに犯罪を思いとどまらせることを目指したかについて記述したパートがある。[原注36] そのときボゴジアンが恐れていたことは、囚人たちが黙り込んでしまうのではないか、ということだった。怒ってしまうだとか、嫌われるかもしれないだとか、はたまたそういう議論が退屈に思われるかもしれないことなどは気にしていなかった。相手の反応なしには、介入はない。疑いの種をまくことができないからだ。介入する対象がないのだから、介入のしようがないというわけだ。

　誰かがあなたの認識論や信念に対する介入をしてきたとしても、それにのっかりさえしなければ、相手の介入が失敗することは確実だ。一番よい方法は、ただ何も言わないようにすることである。二番目は、閉じられた〔短く区切られた〕応答だけをすることだ。「そうですね」や、「そうでもないです」というような。

対抗介入のテクニック

　人が介入しようとしているときには、対抗《カウンター》介入の戦略を使うこともできる。黙ったままでいたり立ち去ることが選択肢になく、かつ相手に付き合わないと決めた場合に使おう。ここで紹介する対抗介入は、高圧的な尋問を受けていて逃げ場がないと感じたときにも使える。話をそらすことと、カウンターを返すことが、あなたが取りうる唯一の選択肢だ。これから紹介するどの技法も、有効に使うことができる。しかし同時に、どれもが不誠実なものでもある。こういう理由から、実際に使うことは推奨しない。

説明の前に確認しておくが、ここでの前提は、相手があなたの信念／認識論〔知識観〕に介入しようとしていることを、あなたは知っているということだ。次のような質問が出てきたら、その兆候である。「その考えにはどれくらい自信がありますか？」（4章#6「尺度を導入すること」）、「どんな証拠があれば考えを変えますか？」（5章#3「反証を探ること」）。この手のフレーズが出てきたら、相手は本書かボゴジアンの前作『無神論者養成マニュアル』で紹介したテクニックを使おうとしている確率が高い。[原注37]

では、効果的な対抗介入の戦略を六つ紹介していこう。

1　自説にどれくらい自信があるのかと訊ねられたら、かなり低めの数が、あるいは真逆の数を伝えること。もし「最低賃金を上げるべきだという主張について、どれくらい自信がありますか？」と訊かれて、実際のところは10段階でいうと9くらい自信があったとしても、「6くらいですかね」や、端的に「2です」と答えよう。

i　「6くらい」と答えておくと、介入はずっと難しくなる（相手がそれでも介入を進めようとするならだが。6はこちらがすでにかなり自説に疑いを持っていることを示唆している）。こういうケースでは相手が使えるテクニックの数も限られてくる。

ii　「2です」と答えておけば、介入はそもそも起きない。こちらが自説を信じていると言っているが、実際には信じていない、ということになるからだ。

2 介入が成功したかのように錯覚させること。介入の初期段階で、考えが変わったと伝えよう。すこし長めに沈黙して、「……うーん、そうですね。ああ、なるほど」のように、驚きを示しながらだとなおよい。

3 自分の疑いについて疑いを持っている、と述べること。[原注38] すなわち、相手の介入の対象を、あなたの考えではなく、あなたの抱く疑いについての疑いへと誘導するわけだ。先の例を借りると、最低賃金を値上げすべきだという考えについて（10段階の自信度スケールで）9の自信があるとしたら、対話相手はあなたに疑いを植えつけて、その自信の度合いを9から下げようとしてくる。

　そこで代わりに、確信度合いを10に上げるために見落としていることはないか教えてほしいと頼むのだ。これはある種の反転《リバース》オルターキャスティングだとも言える。あるいは、次のように言うのもよい。「最低賃金を上げるべきかについて、色々と疑念が湧いてきたのです。ですが、その疑いは根拠があるまともなものなのか、自信がありません。この不安は正当なものでしょうか？」。どうして確信度合いを10まで高めたいのかと訊かれたら、こう答えよう。「X［ここでは最低賃金の値上げ］がもたらす利益がどれほどなのか、じっくりとすみずみまで検討したいのです」。

4 もしあなたがある考えを堅く信じているときは、実際の確信度合い（例の尺度における数値）を言っておいてから、本当のところはそういう考えを持ちたくはない、ということを付け加えること。ここで使えるフレーズがこれだ。「最低賃金を上げるべきだという考えを堅く信じてしまっているのですが、実はそういうふうに考えたくはないんです」。（これよりもっと強烈なバージョンがこれだ。「Xだと堅く信じているんです。ですが、Xだと信じることは道徳的に間違っているとも思うんです」。）これはダニエル・デネットが使っていた「信念についての信念」（3章、5章で登場したもの）のちょうど逆を突いている。これこれと考えるべきだからそう考えている、という人が多い中で、ある考えを持っているが願わくばそう考えるのをやめたい、と主張するわけだ。

　こうすることで、6章や7章で紹介している道徳性を中心としたテクニックの多くを無効にし、介入しようとしてきた人を未知の領域に引き込むことになる。もちろん、介入してくる側がこちらの願いを叶えるために、考えを改めさせようとさらに熱くなる可能性も大いにあるだろうが、そうだとしても、相手が自由に使える道具はずいぶん少なくなっているはずだ。相手が矢継ぎ早に質問を浴びせてきたら（これはほぼ間違いなく相手が初心者である証拠だ）、「ああ」や「ええと」と言っておいて、頭の中で〔なんでもいいから何かを〕5から1までカウントダウンしてみること。例えば、「どうしてそのことを前もって教えてくれなかったんですか？」と訊かれたとしよう。それに対しては、とりあえず「ええと」と返しておき、頭の中で「ミシシッピが五つ、ミシシッピが四つ、ミシシッピが三つ、ミシシッピが二つ、ミシシッピが一つ」とカウントダウンしていけばよい。[訳注4] これで相手の技をうまく無効化できる。[原注39]

6　質問を使って、「反転介入」を直接行うこと。相手が「自説にどれくらい自信がありますか？」といった質問をしてきたら、これは介入しようとしてきているなということが分かる。このとき、質問に答えるのではなく、その質問についての質問で返そう。ここで使えるのがこういう質問だ。「よかったらお聞きしたいのですが、どうしてこのような質問をするのですか？」「お話をうかがって、何か学べればと思っているだけです」というような内容の返答であれば（2章、3章）、次のようにずばり問えばよい。「私の考えを改めさせようと、介入してきているのですか？」。そこからさらに、相手の目標が何なのかを聞き出そう。「私の考えは改めるべきものだというあなたの考えについて、1から10までの10段階でいうと、どれくらいの自信をお持ちですか？　あなたの考えのほうが改めるべきだと考えないのはどうしてでしょうか？」。ここでのあなたのゴールは、介入する側とされる側を逆転させることにある。このように、議論の焦点を、あなたに介入しようとする原因となった相手の考えについての質問にシフトさせれば、うまくできるはずだ。

相手の介入を脱線させたり、逆にこちらから介入し返すテクニックは他にも多数あるが、それらは正統的なものとは言い難く、熟練の度合いによっては手の内が容易にバレてしまうし、ここまで扱ったものよりもさらに倫理的な問題を孕むものなので、推奨することはしないでおく。例として、その一部を手短に紹介するに留めておく。

- わざとラポールを損ねる。
- 自己流の認識論〔知識観〕を打ち立てる（愛猫こそが真理をもたらすのだと主張するなど）。
- 日常用語の意味を変えてしまい、異なった意味をごちゃまぜにして使う（これは「多義語の誤謬」と呼ばれ、宗教についての議論において「信仰」という言葉に対してしばしば用いられる）。
- 荒唐無稽でありえない反証条件を設定し、それが満たされないことを根拠として、自分が真理を手にしているという確信を深めたと主張する（「もしすべての難民の犯罪歴を見せてくれたら、私は考えを変えるでしょうが、これまでにあなたはそれを提示することができていないので、移民問題についての私の立場〔の正しさ〕に、ますます確信を深めました」、あるいは「もしキリストの骨を見せてくれるのであれば、イエスが神であるという考えを改めますよ」）。
- 言明が自分にとっては正しいと主張するような、ある種の相対主義に訴える（例えば、「誰もが銃を持つべきだというのは、私にとっては間違いなく正しいのです[原注40]」）。
- 会話の途中で何度も考えを変えたと述べる。
- 特定の分野について全くの無知を装う（別の言い方をすれば、議論している事柄についてのごくごく基本的な事項についてすら何も知らないと言い張る）。

訳注4　“Mississippi”という単語を発声するのに約1秒を要することから、アメリカでは子どもが数を数えるときなどにこの語が用いられることがある。

とにかく相手に付き合うべし！

ここまでさんざん述べてきたが、ほとんどの場合、相手〔の介入〕にただただ付き合えば、得るものは多く、失うものは少ない。誰かからあなたの信念に対する介入が試みられるという幸運に恵まれたのであれば、それは自分自身について学び、そして自分が知っていると思いこんでいるが実は知らないことを気づかせることで人を謙虚にするための方法を学ぶための、またとない機会になる。だから、とにかく相手に付き合うべし！

結論

この章では様々な戦略、スキル、テクニックを扱い、会話に熟練した人に向けたアドバイスを提供してきた。きちっと分類することは難しいが、この章で登場したテクニックの多くは「心を閉じた人への対処方法」としてまとめられるだろう。というのも、自分の考えへの確信を頑なに揺るがそうとしない人や、〔変えるべきだと頭では分かっていても〕感情のせいで変えられない人に対して有効なテクニックだからである。

この章で出てきたテクニックは超上級者向けといっていいだろう。なぜなら、これらは難しく（「総合」〔#1〕）、試行錯誤が必要で（「ガス抜き」〔#2〕）、そうでなくとも極端なほど忍耐を必要とする（「限界の探究」〔#5〕）からだ。事前の準備なしに実行するのが難しいもの（「オルターキャスティング」

（#3））もあれば、練習するのが難しいもの（「対抗介入の戦略」（#6））もある（実際にあなたに寄ってきて介入を試みようとする相手が必要だからだ）。

だからといって、これらは魔法などではない。こういったテクニックを上達させるためにジェダイの騎士[訳注5]が使うような神通力が必要なわけではないのである。必要なのは練習と忍耐だ。何でもそうだが、練習すればするほどうまくなる。そして、この本に出てくるテクニックを組み合わせれば組み合わせるほど、その効果も増していくはずである。

訳注5　映画『スター・ウォーズ』シリーズに出てくる剣の使い手。「フォース」という特殊な力を操る。

第7章　達人：イデオローグと会話するための2つの鍵

――動かざる人を動かす

#1　イデオローグと会話する方法
道徳認識論に切り替えること。

#2　道徳リフレーミング
〔複数の〕「道徳方言」を学ぶこと。

「私たちの時代が示している最も痛ましい――そして危険な――兆候の一つとは、まっとうな理由をもって自分たちの見解に反対し得るような人など誰もいない、と考えるような個人なり集団が増えているということだ」。

――トーマス・ソウェル（@ThomasSowell、２０１８年7月30日のツイート）

イデオローグとは、「〔道徳に関する〕考えを改めようとしない、あるいは改めることができない人」のことだと定義することにしよう。イデオローグと会話しようと試みても、まともな会話を行えることはほとんどない。相手があなたに一方的に話してくるというだけで、しかもたいていは〔特定の〕メッセージ伝達をしようとしてくる。[原注1] この章では、その手の人々のことを理解し、コミュニケーションを取る方法を扱う。相手の認知に介入し、疑いを植えつけるための戦略やテクニックを伝授していく。

成功のための秘訣は、イデオローグの道徳観がその人のアイデンティティとどう関係しているのかを見抜くこと、これに尽きる。そうするためには、一つ一つの会話を、三つの会話を同時に行っているものとして考えるようにしよう。すなわち、「何が起きたのか?」(事実)について、気持ち(感情)について、そしてアイデンティティ(その人が自身をどう見ているのか)についての三つである。[原注2]

道徳に関する会話は常に、陰にであれ陽にであれ、アイデンティティをめぐる問題についての議論なのだと思ってよい。[原注3]イデオローグ(であれ誰であれ)との会話は、事実や意見について話しているように見えるかもしれない。だが、そんなときでも道徳についての議論を避けることはできないし、そういう議論はひいては、善良な人間・邪悪な人間であるとはどういうことなのかについての議論になることは避けられない。この繋がりを見抜くことが決定的に重要だ。

道徳やアイデンティティに関わる問題は、見えない仕方で、理性ではなく感情のレベルで作用する。[原注4]ここで感情のレベルというのは、文字通りそうなのである。[原注5]道徳やアイデンティティについての考えに異論が突き付けられると、物理的な危険にさらされたときと同じ脳の反応が引き起こされる。[原注6]なので、人の道徳やアイデンティティと向き合うときには、細心の注意を払わなくてはならない。考えを改めようとする気がない、ないし改めることができないような人との会話や介入を効果的に行いたいのであれば、つぎの2点をうまくこなす方法を学ぶ必要がある。

1　道徳認識論と向き合うこと。

2　他の「道徳方言」を流暢に話せるようになること。

次節からは、これらのスキルがどのようなものかを明らかにした上で、どうやったら習熟できるかについても説明していく。この本で紹介した他の戦略と組み合わせることで、全く考えを変えないように見える人、例えば宗教での原理主義者や、政治での極論の持ち主をはじめとする、ありとあらゆる種類のイデオローグと効果的に会話を行うことができるようになるだろう。[原注7] ただし、説明を始める前に注意しておきたいのだが、フラストレーションが溜まることは覚悟してほしい。最善のテクニックが適切に使われたとしても、イデオローグとの会話は滅茶苦茶に難しいものなのだ。忍耐力が必要だ。やっていけるか怪しいと思ったときには、基本に立ち返ろう。傾聴し、相手から学ぶこと。そしてもちろん、会話を切り上げるべきときに切り上げることも忘れてはならない。

注：この章で説明するのは、達人レベルのスキルだ。これまでの章で扱った内容にまずは習熟してから、この達人レベルのスキルを取り込んでほしい。加えて、この章でのアドバイスを裏付ける理由や参考文献の多くは、長めの注に盛り込んだ。参考文献にも目を通すことを勧めたい。道徳をめぐる会話がどのように行われるか、そしてなぜそういうふうになるのかについて、より正確な理解が得られるだろう。

#1 イデオローグと会話する方法

イデオローグ〔ideologue〕【名詞】
ある特定のイデオロギーを熱烈に支持する人。

一に価値、《ヴァリューズ、》二に価値、三、《ヴァリューズ、》四がなくて五に価値《ヴァリューズ》

不可能に思えるような会話の核心は、ほとんどすべての場合、会話の当事者の少なくともどちらか一方が、（現実的な）反証基準を提示できないか、そんな基準など存在しないと拒絶してしまうことにある。こうした失敗が起こるときには通常、他にも様々な兆候があらわれる。例えば、相手が気にかけている問題へと話題を誘導してくる、あらゆる事柄を相手の道徳についての色眼鏡を通して理解する、そして、意見の相違はすべてあなたがちゃんと事柄を理解できていないか、あなたが道徳的に堕落してしまっているからだということにされてしまう、などがそうだ。

このようなわけで、次に挙げるような気質や行動が見られることもある。極端なまでの繊細さ、過剰に防御的な態度、行きすぎた正義感、逆の立場に耳を傾けようとしない態度、過度の怒り、きつく理不尽な非難、侮蔑的・中傷的な言葉遣い、などである。[原注8] 他にも色々あるが、どれもある程度以上の敵意や独善性、凝り固まった態度といった特徴を持つ。[原注9] 凝り固まりを見分けるサインの一つとして、実質的な意見の相違があったときに、あたかも武装したかのような道徳的言語で反応してく

る、というものがある。例として、「そのような結論が出てくるのか、私には確信が持てません」という発言に対して、それを言ったあなたは道徳にもとった人間だ、とほのめかすような返事がある（例えば、「死んでしまった子どもたちのことはどうだっていいということですね！」のように）。

このようなことが起きてしまうと、会話――純粋なギブ・アンド・テイクがなされる議論――は不可能になるように思えてくる。それがほとんど不可能になってしまうのはなぜかといえば、あなたが会話をしようと試みている相手は実のところ、伝道をしようとしているのであって、会話を目的とはしていないからだ。絶対に揺るがない信念にコミットしている人と話すのは、言わば駒の代わりにハンマーを持っている人とチェスをしようというようなものだ[原注10]。フラストレーションが溜まるし、腹も立つ上、身体的な危険すら伴いかねない[原注11]。

このような議論はほとんどすべての場合、事実の水準をめぐって行われているような外見をしている（あるいは罵倒や怒号にしか聞こえないということもあるかもしれないが[原注12]）。つまり、イデオローグとの会話は、表面上は問題や意見、証拠をめぐるものかのように見えるということだ。しかし、少し注意して見てみると、そうした議論は道徳についての問題をめぐるもので、それは究極的にはイデオローグ自身のアイデンティティの感覚に深く根ざしている。その感覚には、自分は道徳的な人間だという自己認識や、共同体への帰属感覚が含まれる。適切な道具と、十分な忍耐力を持ち合わせていれば、そういう人とでさえ会話をすることが可能になる。狂信についての会話だってできるのだ。そのコツは何かといえば、道徳認識論に着目することにほかならない。つまり、「相手がどのような考えを持っているのか」から、「相手はいかにしてその考えが正しいと知るに至ったのか、

そしてその考えを持っていることが当人のアイデンティティにどう効いているのか」へと、主題をシフトさせるのだ。[原注13]

イデオローグと会話する方法：テンプレート

相手が反証基準を示すことができず、それでも会話を続けたいのであれば、次のようなテンプレートを使うことを推奨する。

1 相手の意図をきちんと認め、善良で道徳的な人間として相手のアイデンティティを肯定すること。これは、相手の考えに反感を覚えるときには、とりわけ重要なポイントになる。[原注14]

2 根底にある価値観に話題を切り替えること。

3 根底にある価値についての深い会話に相手を誘うこと（考え・信念〔を扱う普通の認識論〕から道徳認識論へのシフトの手始めだ）。

4 相手が抱く道徳についての考えに関して、それをもたらした当の考え方を疑問視するよう促すことで、自身の道徳認識論に疑いをもたせること。[原注15]

5 考えと道徳認識論とを繋ぐ綱が自然に切れるのを待つこと（会話の最中ではなく、後で切れることもある）。

ここでとにかく意識すべきは、過程こそが重要だということだ。道徳認識論を問題にすることは、他のあらゆる種類の認識論を問題にすることと同じである。すなわち、知っていると思っていることをどうやって知ったのかを突き止めるということだ。だがそれに加えて、道徳についての考えが成立するのは、たいていの事実をめぐる知識よりもずっと複雑な環境においてである。なので、「その考えが他の競合する考えよりも正当化されていると感じるのはなぜですか？」や、「ある考えは正しい、という強い気持ちがあると、その考えはより正しくなる、というのは正しいでしょうか？」といったような、気持ちについての質問を掘り下げていく必要も出てくる。気持ちについての問いは、多くの会話で発生するギャップの橋渡しになってくれるだろう。こうしたギャップの存在は、会話の参加者には気づかれないもので、当事者たちはコミュニケーションがうまくいっていないのはどうしてだろうかと訝しむこともある。このようなギャップは、会話の主題となるような事実の間に生じるように見える（例えば、銃器による死者数、移民関連の統計、工場式畜産場で起きていること）。しかしそれは表面にすぎず、実のところ根本的な問題は、感情、道徳、そしてアイデンティティにまつわる事柄なのである。

道徳認識論がどうなっているのかを見抜くのは、とりわけ難しい。道徳な考えの基礎が何かと問われると、ほとんどの人は、そのように信じるほどの理由が欠けているということをただちに痛感する。これは不快な事態だし、抵抗も感じるものだ。とはいっても、道徳認識論を問う方法は、他の種類の認識論を問うやり方と何かが変わるわけではない。会話のパートナーがどのようにして道徳についての結論に至ったのかについて誠実に質問し、その思考プロセスが結論を裏付けているのかを確かめ、そして「善い人間であるとはどういうことなのか」についての相手の感覚に関する、ターゲットを定めた反証のための質問、という流れである。

各ステップの分解

もう少し詳しく、このテンプレートのそれぞれのステップを説明していこう。

1　相手の意図を認め、相手のアイデンティティを善良かつ道徳的なものとして肯定すること[原注16]

ここで使えるフレーズがこれだ。「あなたにとって、善良な人であることが重要なのはよく分かります」。この言葉が重要な理由は、イデオローグの自己認識が次の二つのどちらかであることが多いからだ。一つは徳のある模範的な道徳人、もう一つは〔道徳的〕完成／救済を求める絶望に満ちた罪人、そのどちらかである。どちらにしても、相手が善い人である、あるいは善い意図を持っていることを肯定することが非常に重要である。なぜなら、相手の防衛的態度《ガード》を下げることにもつながるし、極端な考えを和らげるきっかけになることもあるからだ[原注17]。また、これに続く介入のための要となる準備の段階でもある。

どんなときであれ、なにかしらポジティブなことを言うことはできるものだ。たとえ、あなたにできる精一杯が、人の道徳的世界観を（受け入れるまでいかずとも）理解し、相手がその世界観の中でうまいことやっているのだと認識するだけでも、問題はない。相手の考えが嫌悪感を催すようなもので、会話に困難を感じるようであれば、相手の意図は善いものだ、と理解することに努めよう（2章#6「意図」を思い出すこと）[原注18]。この作業が特に重要な理由とは、「善い人」であるとはどういう意味かについて相手に問い直してもらうという、大きなプロセスの一部だからである。相手が善い人になろうとしていることを認めたからといって、その人が人類全体の幸福の向上や、苦しみの緩和に寄与しているわけではない。それに、何であれその人がやろうとしていることについて、それに成功していることも意味しない。会話の最初に行われるこの作業は、相手の価値観や善い意図を認めることを趣旨としているのであって、それ以上のものではない。あなたはただ、相手が道徳的な生き方に価値を見出していること、そして善い人はこういうことをするのだという考えにもとづいて相手は行動していること、これら2点を言葉にして認めているだけなのである。この段階では、どうしたら善い人になれるのか質問する必要はない。善い人であることは相手にとって重要だ、ということを手短に理解し、肯定すればそれでよい。

　デリケートな会話が失敗するのは多くの場合、会話の当事者の誰一人として、相手もまた相手が考える道徳的な正しさにもとづいて行動しているということを、認められていないことが原因である。これを直すのに手間はいらない。次のフレーズを使えばいい。「あなたにとって、善良な人であることが重要なのはよく分かります」。

2　根底にある価値観に話題を移すこと[原注19]

ここで使えるフレーズがこれだ。「そういうふうに考えることが、あなたにとってとても重要なんですね。それらの考えの根底にあるのは何でしょうか？」。知性的な相手であれば、次のようなフレーズでもいい。「どのような価値観が、それらの考えを規定していますか？」、「その考えをどうやって導いたのですか？」。

人がなにかしらの考えを強く持っているのであれば、それが価値観とは無関係にただ「なんとなく浮かんできた」などということはまずない。揉める会話のやりとりは、ほとんどいつも、特定の価値観によって規定された考えをめぐってなされるものである。例えば、アメリカ合衆国における移民をめぐる論争において、多くの人は、〔賛成・反対の〕陣営を問わず、次のように考えることで自分の見解を支持している。「善良なアメリカ人ならこういう考えをするものだ。私は善良なアメリカ人だ。〔したがって、〕私はこう考える」。事実をめぐるレベルでは、実際の会話は、どのくらいの数の移民を、どの国から受け入れるべきなのかについてのものだということについてのものに見えるかもしれない。しかし、より深いレベルでは実のところ、その会話は善良なアメリカ人ならもつべき価値観とは何かという問題にもとづくもので、その価値観をどのように捉えているかに規定されたものなのだ。あるいは、会話のパートナーが大切にしている価値は善良なアメリカ人とは何の関係も持たないもので、代わりに「最大多数のための最大利得[訳注1]」を促進するという規範にもとづいているということもあるだろう。そのようなときは、それこそがそのパートナーの根底にある価値観ということだ。

ある特定の考えが、どのような価値観から出てきているのかを探る最善の方法は、シンプルにこう尋ねてみることだ。「その立場はどういう価値観にもとづいているのですか？」。ただ、答えは直ちに得られないかもしれない。そのときは、いくつか追加の質問をする必要がでてくるだろう（話の焦点がぼけないように、問いを中心として会話を方向づけよう。３章の説明を思い出してほしい）。相手の根底にある価値観を理解するのに役立つ、追加の質問の例を次に紹介しよう。

1 「どのような価値観が変化すると、あなたの見解は正しくないことになるでしょうか？」

● 移民問題の場合だと、白人の民族主義《エスノナショナリズム》、つまり移民の多くは非白人であり、アメリカ合衆国は白人の国であるべきだという考えが動機になっている可能性がある。あるいはひょっとしたら、根底となっている価値観は、文化の純粋性や、すでに手に入れている社会での特権［を奪われないこと］が必要だとする感性にもとづいていることもあるだろう。だがそうした価値観は、「移民が私たちの文化を変えてしまっているし、私たちの仕事も奪っている」のように表現されることもある。続いて補足のため、こう訊ねてみよう。「もしそういった価値観が変われば、あなたの結論も変わりますか？」。

訳注1　イギリスの哲学者ジェレミー・ベンサムに由来する功利主義のよく知られた定式「最大多数の最大幸福」とは異なり、ここでは「幸福（happiness）」の代わりに「利得（goods）」が使われている。

●安楽死の場合、安楽死を選択肢として認めるべきだとは考えない人は、何らかの神的な存在を信じており、その存在のみが人間の運命を決められると考えている可能性がある。つまり、人の命は神聖なもので、神的な存在が統べる領域だと理解することが、その人の根底にある価値なのだ。

2

「〔現在成立している〕条件のうち、どれが変わればあなたの考えは間違っていることになりますか？」。

●これは反証のための質問の別バージョンである。これは難解かつ抽象的なので、根底にある価値観を解き明かすためには、補足の質問をいくつかする必要もでてくるかもしれない。〔その場合、〕経験的なアナロジーを持ち出すことから始めるとよい。筆者らのお気に入りは、5章で紹介したカール・セーガンの問いだ。「〔現在成立している〕条件のうち、どれが変われば、地球外の宇宙には知的生命体は存在しないと言えるでしょうか？」。これに対しては、「私たち人類が〔全宇宙で〕最初の知的生命体である可能性があります」と端的に述べれば、要点は伝わるはずだ。

会話の焦点を、相手の考えに影響を与えている価値観に移すことで、相手が何度もリハーサルを繰り返してきたお決まりの反論を使おうとするのを封じることができる（そういう反論はたいてい循環論法になっていることが多い。例えば、「そう考えているのはなぜかといえば、〔私の信じる宗教の〕聖典にそう書かれているからで、その聖典は正しいからです」であるとか、「白人はみな人種差別主義者です。人種差別主義者だということを認めず、人種差別主義者ではないという自己認識を持つ白人だとしてもそうです」などのように[原注20]。どんな種類のイデオローグも、自説を擁護するためのよく練られた返事を持ち合わせているが、自説にいたるまでのプロセスを擁護するための応答となると、ほとんど用意がないか、あったとしても貧弱なものだ。（例えば、キリスト教の弁証家は、自らが信じている結論［イエスの死からの復活など］を擁護するための、異様に洗練された議論を持ち合わせているが、その結論に至る過程で信仰に頼ることへの擁護はお粗末だ[原注21]。）

最後に、［この問いかけが］「哲学的すぎるのではないか」という心配はしなくてよい。多くの人は、自分自身のことや、自分の考えを話すのが好きなものだ。

3　根底にある価値観についてのより深い会話に誘《いざな》うこと

ここで使えるフレーズがこれだ。「それ［先の第二段階で相手がはっきりさせたこと］は興味深いですね。その価値観について、もっと深く考えてみませんか」。ここでの目標は、相手の価値観はどういうものなのか、その価値観はどのような由来を持つのか、それが正しい価値観だとどうして分かったのか、そして自身のアイデンティティ感覚とどのように関係しているのか、これらをパートナーにはっきりと明確にしてもらうことにある。

この段階では、次のような質問をしてみよう。

●善い人の基準について、あなたがどう考えているかもっと知りたいのです。ある仕方で行為した人は善人だということは、どうやったら分かるのでしょうか？　そういうふうに行為するのは、〔倫理的な目的ではなく〕別の理由にもとづくものだったとしたらどうでしょうか？

●善い人を定義するような性質にはどのようなものがあるでしょうか？　それは当人の考え方ですか、それとも行為ですか、それともその両方でしょうか？

●善い人は、物事をある特定の仕方で考えるものなのでしょうか？（この質問のポイントは、相手を自身の認識論〔知識観〕について、それを擁護しなければならないと感じることなく、考えてもらうことにある。）

●これこれ［※任意の見解をここに埋める］という考えと、善い人であることは、どういうふうに関係しているのでしょうか？　その人がその考えを〔倫理とは〕別の理由で持っていたらどうでしょうか？　それでも、その人は善い人と言えるでしょうか？

●あなたがそのように感じたり考えたりするのは、どのような価値観にもとづいていますか？

●もしその考えを放棄することになったら、あなたは道徳的にだめになると思いますか？　また、そう考える理由はなんでしょうか？

●その考えを持たない人は、道徳心が（あなたと比べて）もとると判断すべきでしょうか？　その理由はなんでしょうか？　そのような人は、ただ間違っているだけで、不道徳なわけではない、という可能性はありますか？（この質問は重要だ。というのも、相手が用いているのと同じ判断基準を、他の人も使ってくるということを、さりげなく示唆しているからだ。）

- ある人が善良かつ道徳的な人であることとあなたは知っているけれども、その人がその考えを持っていない場合、どう捉えますか？　その人が、その考えとは全く逆の考えを持っていたらどうでしょうか？
- もしも、ある人があなたと似たような結論に至ったけれども、あなたとは違う方法でそこにたどり着いたとしたらどうでしょうか？　そういう人は正しいですか？　例えば、重罪犯への銃器販売は制限すべきだ、なぜなら彼らは重罪犯だからだ、と考える人がいたらどうでしょうか？

人は自分の価値観を当然のものとみなしてしまう。だからこの段階ではじっくりと時間を使う必要がある。ここでのあなたの目標は、会話のパートナーに、自身の道徳認識論を説明してもらうよう誘うことだ。このときに、アイデンティティ・タイプにターゲットを定めた質問が役に立つ。一つ一つの質問が、考えとその考えを持つに至った理由とのつながりをほどく力を備えた、超小型のカミソリのようなはたらきをしてくれる。その繋がりを完全に断ち切るには、一定の時間と、後になって振り返って考えることも必要ではあるが。[原注22]

4　自身の道徳認識論に疑いを持ってもらうこと

認識論とは知識に関する〔哲学の〕分野である（3章#7「認識論に集中すること」の内容を思い出してほしい）。人が知っていると主張していることをどのようにして知ったのか、というテーマを扱うものだ。道徳認識論はその名の通り、認識論を道徳についての問題に応用したものである。つまり、人は道徳についての真理をどうして知っているのか？　あるいは、どのようにして知ることができたのか？　これらがテーマである。次のように考えてもよい。つまり、道徳についての問題は、私たちがどう行動すべきか、そして何を信じるべきかを問題にする。道徳認識論とは、これらの問題に答えを与えるときに用いる〔推論〕過程のことを指す。

〔しかし、〕「何に価値を置くべきか？」という問いがあったとき、〔それへの答えそのものではなく、〕どのようにしてその答えにたどり着いたのかについて、注意深く考えてきた人はとても少ない。ボゴジアンの囚人たちとのやりとり、宗教を頑なに信じている人との会話、そして道徳についての探める話題をめぐる何千もの議論の中で気づいたことがある。それは、道徳にまつわる言葉、例えば「正義」、「公正」、「忠誠」、「真理」といった概念の意味と含意とをきちんと考えられている人はほとんどいない、ということだ。私たちの「腹《ガッツ》の底〔の感覚〕」（もう少し正確にいえば、道徳についての直感）、社会、家族、宗教、文化などの影響もあり、私たちはあたかも、時代を問わず成り立つ道徳的な真理も、それを守る方法、違反者の見つけ方、そして違反者を罰する方法もみんな私たちはよく分かっている、という幻想を抱いてしまう。私たちの信念体系は、感情、文化、心理状態、アクセスできる情報の多寡、（経済・社会的地位といった）状況、遺伝、そして時代精神《ツァイトガイスト》に囚われている。私たちは通常、道徳についての知識に至るまでに自分が用いたプロセスが、「真理」にたどり着くためのものとして信頼できるものなのかどうかについて、深く考えたり、綿密に精査するようなことは、めったにない。にも拘わらず、そうした信頼できるプロセスを経ているのだと、私たちは思ってしまっている。そこで、私たちは直感を用いることで、人が善いこと／悪いことをしたかどうか、あるいはこの人は善い人／悪い人かどうかなどを判断しているのだ。道徳にまつわる自分の見解について、私たちは感情的になってしまうことが多いにも拘わらず、そこに至るまでのプロセスのことは漠然としか意識していないものなのだ。

たいていの人が依拠している道徳認識論は脆いものだ。この脆さこそが、考えへの介入にあたっては、主たる取っ掛かりになる。言ってみればそれは、私たちの考えという機構に隠れている隙間なのだ。そこは、私たちにとって最も脆弱な箇所であり、疑いの芽を育て、自説への自信を下げるための入り口になる。そしてそれは、謙虚になるための端緒でもある。[原注23]

5　道徳認識論と道徳についての見解との間の繋がりが勝手に切れるようにすること

最後に、信念尺度を再び持ち出すことで、相手がどのくらい自説の正しさに確信を持っているか訊ね、会話をいったん休止するか締めくくるとよい。会話のパートナーが道徳的な意見を変えることを手助けするために、あなたが目標とすべきは、相手が自分は正しい価値観を持っているという結論を持っているとき、そこに至るまでに通ってきた経路のほうに疑念を植えつけることである。ここで植えつける疑いというのは、あたかも超小型カミソリ（前述の通り）か、認知レベルではたらく小さな楔のようなものだと考えよう。これらは、相手の考えとその考えを導くのに用いられた〈推論〉プロセスとの間の接続を断ち切るものだ。

注意！

この過程について、いくら詳細や注意点を述べたところで、「言うは易し行うは難し」であることには変わりはない。唯一の正しい方法というものがあるわけではないのだ。

イデオローグとの会話の根底には、深い感情やアイデンティティという暗流が流れている。会話における離岸流のような流れに巻き込まれたせいで、こちらが話題を道徳認識論に向けようとしていたのに、そこから引き離されてしまう、というのはよく起こることだ。イデオローグと対話をするときは、方向修正をまめに行うことが必要になる。つまり、アイデンティティに関係する価値についての質問に立ち返ったり、相手が現在のように考えるのはなぜかという理由を学び取ろうとすることが求められるのだ。忍耐、冷静さ、そして粘り強さ——これらが成功の前提条件なのである。

何かしらトラブルが起こることは前もって覚悟しておくこと。人の道徳認識論と、その認識論によってたどり着いた考えとの間に楔を打ち込むと、「アイデンティティの揺らぎ」が引き起こされることがある。[原注24] アイデンティティの揺らぎとは、自分の核となっているような価値観が崩れてしまったことに対する感情的反応のことである。〔この状態に陥った〕人は、防衛的になる、放心状態になる、絶望する、怒りを覚える、などの反応を示すことがある。あなたのことをもはや信頼ならない人物として決めつけ、敵意を向けてくることもある。あなた自身も会話のパートナーのアイデンティティの揺らぎに引きずられたり、相手との友情が失われてしまうことだってある。時間が経って、パートナーが以前に持っていたアイデンティティの感覚が失われると、相手は否認、怒り、抑うつ、罪悪感といった感情とともに嘆き悲しむこともある。[原注25]

ともかく、現実的《リアリスティック》であること。こうした会話を通じて人の道徳についての考え方が仮に変わっていくとしても、変化はほんの少しずつしか起きないと思っておくことだ。友人の急死のような、何かしらの壊滅的な状況が生じて、地震のように急激な心情の変化が強いられることでもないかぎり、人の道徳についての立場は、氷河のようにゆっくりとしか動かないものなのだ。何が正しくて何が間違いなのか、人生の目的、コミュニティ、家族、アイデンティティ、そして死といった、〔人格の〕核となるような問題と結びついた考えについては特にそうだ。もしあなたが相手に疑いを植えつけることに成功したり、相手が考えに至るのに用いた過程は実のところ、相手の自信の度合いに見合うほど信頼できるものではないことにうまく気づいてもらえたのであれば、それ以上に無理強いしてはならない。

〔新たな考えへと〕適応し、自分の立場を再考し、そして自らの道徳的世界観を修正するために、相手に時間をあげること。自分の考えに対して持っていた自信の度合いが行きすぎていたという思いが確信に変わると、人はたいていは考えを改めるものだし、そうやって改めた考えは「定着」しやすいものだ。最後に、必ず「黄金の橋」を架け、自らの考えを変えるという勇気を示したパートナーを称えることを忘れないようにしよう。

まとめ：イデオローグと会話する方法

イデオローグ、狂信者、極論の持ち主、その他凝り固まった道徳的な信念の持ち主たち（の全員というわけにはいかないがそのうちいくらか）とも、生産的な会話を行うことは十分に可能だ。ただし、その過程は困難なもので、忍耐が必要になる。[原注26] それに、うまくいく保証はどこにもない。相手に疑念を抱いてもらうことに成功するか否かは、次のことにかかっている。すなわち、相手にとっての善の感覚をきちんと認めること、話題を価値観とアイデンティティに関するものへと移行すること、そして相手の依拠する道徳認識論についての質問をすること、これらである。次のテンプレートで、この5段階のプロセスをもう一度、別の観点から振り返ってみよう。

1　自分はイデオローグを相手にしている、という事態を正確に理解すること。
〔イデオローグを〕見分けるための分かりやすい指標は、相手が〔自説について〕1から10までの信念尺度で10と答える、そして自分の考えには反証基準などないとするか、あったとしても不当に非現実的な基準を答える、というものがある。
●覚えておくこと：道徳に関する見解についての自信が極端になればなるほど（とりわけ、信念尺度でいうところの8から10）、その見解や自信の度合いに対して、まっとうで厳密な正当化を与えることは難しくなっていく。道徳にまつわる見解に対して、もう少し穏当な程度の自信を持っている人（信念尺度でいうところの6から7）であっても、ちょっとした吟味にすら耐えられない薄っぺらい正当化しかできていない、ということはよくある。

２　相手のアイデンティティを善良で道徳的なものとして肯定し、相手の意図・動機を認めること。

イデオローグと会話する際には、相手が自らの道徳認識論に対して持つ過剰な自信を突き崩す前に、こちらには相手の自尊心を大事に守る態度があることを見せる必要がある。イデオローグに届くテクニックはどのようなものであれ、まずは最初に相手の自尊心をきちんと守るところから始めなくてはならない。これはほぼ、「イデオローグに届くテクニック」の定義的な特徴だといってもよい。

３　根底にある価値観に話題をもっていくこと。

４　根底にある価値観についてのよい深い会話に相手を誘い込み、価値観を共有したという実感を得るためにできることをすること（３章#４「極論の持ち主の存在を認めること」を参照。あるいは、先のステップ２で触れた、ほぼ普遍的に認められているような人間の価値に訴えてもよい）。

５　自身の道徳認識論に疑いを持ってもらうこと。

前の章で紹介したテクニックを組み合わせ、ターゲットを定めた質問をすること。こうすることで、会話のパートナーが持っている見解と、その人のアイデンティティとの間の繋がりに揺さぶりをかけることができる。ここでの目標は、多くの場合、相手が根底に持っている価値観を実現するためには他のやり方もあるということに気づいてもらうことにある。

もし、会話のパートナーが子どもにワクチンを打たせないと言っているのならば、こう訊

5a

ねてみよう。「善い母親であるためには、どのような資質が必要でしょうか?」。この質問によって、道徳を語るためのより一般的な言葉に会話の中心を移すことができ、相手が入念にリハーサルを重ねてきた、事実にもとづくメッセージ伝達サービス〔伝令の仕事〕を繰り出してくるのを避けることもできる。その議論を終えてから、相手が考える「善き親」であろうとすることにおいて、ワクチン接種がどのような役割を果たすのかという話題を持ち出すとよい。これが、道徳認識論について話すための理想的なきっかけになる。むろん、「認識論」などという言葉を使う必要はない。それから、「事実を避けること」〔5章#2〕も忘れないこと。[原注27]

必要に応じて：さらに大きなアイデンティティに話題を切り替えること（4章を参照）。

会話の中心が人種、ジェンダー、その他のアイデンティティ・ポリティクスにおける分断の目印《マーカー》となるような事柄になってしまうと、人はより防衛的になり、容易に怒りの火が点く状態になる。会話が白熱したり、行き詰まったりしたことに気づいたら、より大きなアイデンティティ・マーカーに会話の焦点を移そう。こうすることで、人々は分断される代わりに、統合されるのである。上位のアイデンティティ・マーカーは、〔抽象化の階層を〕「上」に昇ることで、人々の間の共通点を増やす。これは、〔抽象の階段を〕「下」に降りて、特定のグループの人が持つ特徴（黒い肌、特定の生殖器官など）をはっきりさせることの逆を行くものだ。

大雑把に言えば、次のような言い回しになる。「あなたは白人（ないしはイスラム教徒）で、私は黒人（ないしはキリスト教徒）ですが、それがどうしたと言うのでしょう。私たちはどちらも同じアメリカ人で、同じ人間じゃないですか」。気づいてほしいのは、この発言によって、話題がアイデンティティ・レベルでの共通点へと移っていく様である。質問の形であれば、次のフレーズが使える。「ええ、でも私たちはどちらもアメリカ人ですよね？　それに、どちらも人間ですよね？」すぐに気づくと思うが、これはまさにアフリカ系アメリカ人の公民権運動で広く用いられた議論と同じものにほかならない。人種的平等を訴えたこのキャンペーンから何十年経った今でも、私たちはこの議論を言祝いでいるのである。

6　〔相手の〕結論と道徳認識論（〔もともと持っていた〕価値観からどのようにしてその結論に至ったかという過程）との間の綱を断ち切ること。

7　終始、忍耐強くあること。

8　「黄金の橋」を架けること。

9　安全ではないと感じたら、立ち去ること。[原注28]

最後に重要なことを言っておくが、あなた自身がイデオローグである可能性がないかを確認する必要もあるだろう。[原注29]　イデオローグのように考えたり振る舞ったりしていないか判断するために、最初の一手としてよいのは、自分が大切にしている信念について考えてみて、自らそれに対する反証のための質問を考え、そしてそれへの答えを書き出してみる、というものだ。実際に書くことが重要だ。なぜなら、物理学者リチャード・ファインマンの言葉を言い換えれば、最も騙しやすい相手は他でもない自分自身だからである。紙に印刷して自分の答えを読んでみよう。そして、あなたと道徳的世界観を共有していない友人にそれを見せてみること。あなたの回答のうちに荒唐無稽なものがないか、確認してもらうのだ。もし「ある」と言われたら、自分の考えについてもっと深く考え直すためのよい機会だととらえよう。あなたの知っている人が全員あなたと同じ道徳的世界観を共有しているというのなら、交友の輪をもう少し広げるべきだ。

もし反証になるような応答をすることができなかったら、自分に正直になって、あなたが自分の考えに対してもっている自信は本当に正当化されているのか考え直してみよう。その考えを保っていたいと思えば思うほど、改めるのはどんどん難しくなるということ、これを忘れずにいよう。あなたに反対する人は道徳的な欠陥を抱えていると考えてしまう傾向があったり、そうした人について語るときに完全にといっていいほど道徳のなさをなじるような表現を使ってしまうようであれば、あなたはイデオローグであり、あなた自身に対して一連の介入を行うことが必要だ、という可能性が高い。

#2 道徳リフレーミング

道徳についてあなたがもっている直感と、会話のパートナーのそれとの間にあるギャップは、道徳についての観念をリフレーミング〔枠組みの再設定〕するような会話をすることで、部分的にではあるかもしれないが埋めることができる。つまり、道徳についての観念や主張を、防御的な構えを引き起こす可能性が低く、しかも会話のパートナーの共感を得られる可能性が高い、別の観念・

主張で置き換えるということだ。[原注30] これは、新しい言語を話すための学習にわずかばかり似ているかもしれない。少し説明しよう。

2018年8月20日、トランプ大統領〔米国、当時〕は次のようなツイートをした。

中国から送られてきた有毒な合成ヘロインのフェンタニルがアメリカ合衆国郵便公社に流れ込んでくる、とんでもないことだ。我々なら今すぐこれを止められる、いや止めねばならない！ 上院はこれを止めるための法案を通過させるべきだ――こんな毒が我々の子どもたちを殺し、我々の国を破壊するのを断固として止めるべきだ。遅れは許されない！

このツイートは『アトランティック』誌の記者であるコナー・フリーダースドーフが紹介したことで、道徳心理学者のジョナサン・ハイトの目に留まった。ハイトはこう応えた。

これはすごい。この訴えは「神聖」（毒が広まる）、「忠誠」（我々対あいつら）、「権威」（リーダーは皆を守る義務がある）、それにケア（子ども）という要素を全ておさえている。〔道徳の〕基盤を4点もカバーしている稀有な事例だ。

トランプ大統領のツイートは、言い換えれば、尋常ではないほど広大な範囲の道徳基盤と、それに伴う道徳的直感とに訴えるものだ、ということになる。

道徳についての直感を理解する

道徳的直感とは、特定の（核となるような）価値観——命のかけがえのなさ、自由、安全、純潔など——に偏り、それらを他の価値観よりも重視する傾向のようなものだと考えればよい。私たちの道徳的直感が形成されるのは、何をなすのが正しく、何が間違いなのか、そして自分の直感が正当化されているということをどうやって確かめるのか（すなわち、道徳認識論のこと）、こういったことをはっきりと理解する以前の段階においてなのである。政治の文脈だと、例えばリベラル、保守、リバタリアンの間で話が嚙み合わないことはしょっちゅうだが、それは互いの道徳的衝動〔動機〕をきちんと理解できていないからなのだ。[原注31] ジョナサン・ハイトの研究が示しているのは、この状況の原因は、それぞれの集団が共有している道徳についての直感が異なる点にある、ということだ。[原注32] 彼の研究は、保守にはたらきかけたいリベラルが、保守の価値観に沿って自説の論点を打ち出したいときにどうすればよいか、また逆に保守がリベラルに訴えたいときにどうすればよいのかを理解する上で、決定的に重要だ。もちろん、同じことはリバタリアンとコミュニケーションをとろうとする保守・リベラルにも言える。[原注33]

ダグラス・ストーンらが記しているように、「リフレーミングとは、相手の発言の本質《エッセンス》を捉え、より役に立つ概念に『翻訳する』」ことなのだ。[原注34] 会話が行き詰まる前であっても、話題をリフレーミングすることで、分断の向こう側にいる人の道徳的直感にも響くような言葉に置き換えることができる。本書で推奨する道徳リフレーミングの方法は、ハイトの枠組みにもとづくものである。まず手始めに、基本となる内容を紹介しよう。その次に、ハイトの分類に沿って、道徳リフレーミングのためのロードマップを解説していくことにする。

道徳基盤

ハイトらの研究成果によると、「道徳基盤」（と、それぞれに相反する価値観）〔のペア〕には次の六つがある。

- ケア／危害
- 公正／欺瞞
- 忠誠／背信
- 権威／転覆
- 神聖／堕落
- 自由／抑圧[原注35]

ハイトはこれらの道徳基盤を、味覚の五大要素（甘味、酸味、塩味、苦味、旨味）に相当するものだとしている。つまり、道徳基盤は身体感覚と同じくらいに直接的かつ即座に感知されるが、それは〔個人の感覚としてだけでなく〕社会における他者との交流においても適用されるものだということである。[原注36] これらの道徳基盤は、私たちが根底にもっている価値への感受性のようなものだと考えてみるとよいだろう。保守は六つの基盤すべてに反応する傾向があり、特に忠誠、権威、神聖といった項目を大事にする一方で、ケアについてはそれほど重視しない。リベラルはケアと公正、そして自由にもっとも大きな関心を寄せるが、他の三つの基盤についてはほとんど顧みない（もしくは、それらを著しく異なった形で提示する）。[原注37] リバタリアンは、自由についての特定の側面を最重要視するが、他の五つの基盤についてはそれほど重要だとは考えない。[原注38]

政治についての会話は、こういった道徳基盤をめぐる違いを頭に入れておくことで、よりいっそう効果的なものになる。一例として、銃規制について考えてみよう。保守派は安全（これは社会におけるかけがえのない価値の一種だ）と自由とを優先するような価値観に対して敏感に反応する。こういった価値観には、脅威に対して自己防衛する能力も含まれる。[原注39]〔他方で、〕リベラルがこういった価値観に即して銃について語ることはほとんどない。代わりに、〔銃がもたらす〕危害についての統計を持ち出すことが多い。[原注40] だがリベラルはむしろ、次のように言うべきだろう。「あなたが私と異なる見解を持つ理由はよく分かります。ただ、人は概して、間違いを犯す〔銃を護身目的以外に、つまり殺傷をするために用いる〕ものです。ですから、簡単に銃が手に入ってしまう現状について、私は安全と自由が損なわれていると感じています。あなたの〔仰るような、銃によってより安全・自由が守られる、という〕見解とは逆なのです」。このほうが、銃による殺人や事故死についての統計を引き合いに出すよりも、保守へのはたらきかけとしては効果的なのだ。〔逆に〕保守がリベラルにはたらきかけようとするのであれば、どういう種類の危害を防ぐのに個人が銃を所有することがもっとも有効なのかを話すのが効果的である。[原注41]

政治に関わる会話はほとんどいつも、基盤となる価値観に根ざしている。そのため、あなたの基盤となる価値と会話のパートナーのそれとが一致しないときには、多大な困難が生じる。問題の捉え方、最も重要だと感じる事柄、それに言葉遣いですら、常に各人の基盤となっている価値観の影響を受けるものだ。その結果として、あなたと会話パートナーの会話はすれちがってしまっているのである。実のところはお互いに賛成していたとしてもそうなるのだ。そうなってしまえば、共通の土台を見つけることも難しくなる。これこそが、分断を超えた会話をますます難しくする要因である。なぜなら、価値観の不一致があると、道徳や政治の問題で相手を誤解してしまうことが増えるからだ。さらに悪いことには、こうした価値観の相違は、落ち着いてしっかり冷静に考えられる前に、感情的に受け取られることも多く、それによって両者にフラストレーションがもたらされることにもなりかねない。[原注42]

この問題は確かに難しい。だが、それを解決できる数少ない方法の一つに、会話のパートナーの言い回し——道徳についての表現・用語を含む——を理解し、それに則って話せるよう、全力を尽くすことがある。この技法については、3章#4で自分の側の極論の持ち主を否定することを論じたときに簡単に触れたが、ここではさらに踏み込んでみよう。[原注43]例えば、「忠誠」はあなたにとってはどうでもよいことかもしれないが、もしあなたのパートナーが保守派の価値観からものを言っているのであれば、その人にとっては大事なものになる。だから、〔例えば〕国歌斉唱のときに膝をつく抗議[訳注2]について、相手がどのような立場を取っているかを理解しようとするのであれば、(国家への)忠誠を示すべきだという、その人が訴える価値について理解する必要がある。こうした道徳にまつわる分断を架橋することができないのであれば、互いのことを理解できる見込みはほとんどないだろう。理解を育むためには、関連する道徳基盤を活用して、会話の基礎になっている道徳の枠組みを組み替えることが必要だ。そうすることで、効果的なコミュニケーションのための新しい回路が開けることだろう。

リフレーミング

道徳リフレーミングを劇的に上達させたかったら、他者の「道徳方言」を学べばよい。あなたと会話のパートナーはどちらも同じ言語を話しているかもしれないが、もし彼のほうが正統派ユダヤ教徒であなたはリベラルなヒッピーなのであれば、たいていの場合、二人は異なる道徳方言を話していることだろう。私たちが話す言語は、象徴に満ちているし、道徳についての私たちの直感は、道徳的な含みのある観念に触れることで喚起されるのである。だから、道徳的な響きのある言葉、例えば「忠誠」や「安全」といった表現をあなたが口にしたら、会話のパートナーはあなたが意図した意味とは全く別の意味をもった言葉として聞いてしまうこともある。敬虔なイスラム教徒であれば、「スピリチュアル」という言葉を耳にしたとき、はっきりと道徳的な響きを持つものだと捉えるだろうが、そうでない人、例えばヒッピーや無神論者であればそんなことはないだろう。

道徳的分断の両岸に橋をわたすことは、不可能だと思われるかもしれないが、他の人が使っている様々な道徳方言を理解し、適切に評価し、さらにはそれを習得することで、橋を架けることができるようになる。[原注44] 新たな言語を学ぶときはいつもそうであるように、保守語やリベラル語の話し方を学び、他人の信仰が伝統とともに育んできた豊かな象徴の体系を適切に理解したりするためには、時間をかけ、練習を重ね、そして〔その道徳方言の〕ネイティブ・スピーカーとじっくり会話することが必要だ。ここで紹介するのは、母語以外の道徳方言を運用するときのスピーキング能力と理解力を向上させるための、王道といっていい作戦とテクニックだ。

● 道徳について自分とは異なる視点や、反対の意見を持つ人と交流すること。
○ 道徳観が異なる人の書いた文章を読み、その見解が備える利点・魅力は何なのか、そしてその利点や魅力はどのようにして得られるのかについて、じっくり考えてみること。一番簡単なのは、あなたの道徳観とはわずかにずれがあるようなものを選ぶことだ。どちらの方向にずれているものを選んでもよい。
○ リアルタイムの対面での会話を持つこと。非同期的なオンライン環境ではなく。対面で交流すると、その場ですぐさまフィードバックを貰える。「その場で」というのが重要だ。とい

訳注2　人種差別に反対する態度を示すジェスチャー。アメリカン・フットボールの試合前に起立して国歌斉唱すべきところ、米国人選手の一人コリン・キャパニックが片膝をついて（立ち上がることを拒否して）抗議したことに由来する。

うのも、こうした〔道徳をめぐる〕やりとりは「生もの」であることが多く、じっくり判断するのための時間などないものだからだ。

○自分とは異なる信仰を持つ人や、信仰を全く持たない人と友人になってみること。その友人が話す「道徳方言」に耳を傾けよう。

○自分とは異なる道徳空間に住まう友人と練習すること。（もし友人の全員が全く同じ道徳観を持っているのであれば、友人の輪を広げることを考えたほうがよいだろう。）

●特定の単語・用語に着目すること。

○会話のパートナーに、他の〔類似した〕単語ではなく、ある特定の単語を使うのはどうしてか、理由を訊ねてみること。例えば、「公平《エクイティ》」という単語を相手が使っていたら、どうして「公平《エクイティ》」であって「平等《イクオリティ》」ではないのか、と訊いてみよう。（次節の#2も参照のこと。）「信仰《フェイス》」という言葉を使う人には、「希望《ホープ》」や「信頼《トラスト》」、「自信《コンフィデンス》」を使わないのはどうしてか、訊ねてみよう。

○会話のパートナーが具体的な単語をどのように使うのかを覚えておくと、後でその相手と似たような考えを持つ人と話すときに役立つ。

●自分が母語とする道徳方言を、よそ者であるかのように聞いてみること。

○「人種差別主義者」といったような言葉を自分がどのように使っているのか振り返り、他の人の使い方と比べてみること。こうすることで、意味の不一致の源が判明したり、共約不可能な世界観を持っていること（つまり、お互いの観点が違いすぎるため、判断を下すための共通基盤が両者の間に皆無であるということ。例えば、平等が第一とする人の視点と自由が第一とする人の視点のように）が分かったりする。あなたが「人種差別主義者」という言葉をどういう意味で使っているのか、自問してみよう。そして、あなたに激しく反対するような人が「人種差別主義者」という言葉で何を意味しているのか、訊いてみよう。それから、どうしてそのようなズレが生じているのかを考えてみるのだ。

● 道徳基盤理論や、道徳的直感についての科学的知見について、基本的な内容を学ぶこと。具体的には、ジョナサン・ハイトの著書『社会はなぜ左と右にわかれるのか』を読み、よく考えてみよう。[原注45] 道徳の分断について、その両側の立場の差異を理解することに注意を向けよう。[原注46]

もし可能ならば、パートナーと同じ道徳方言を話すことで、相手とアイデンティティ〔について話すときの土台〕を揃えておこう。これは明白な事柄（もしカトリック信者と話しているのであれば、聖餐用のウエハースを「ホースト」と呼ぶべきで、「クラッカー」と呼んではならない）にも、微妙な事柄（あなたがリベラルで保守と話しているのであれば、アメリカ人もしくは愛国者であることについての話題に戻そう）にも適用できる。保守派の議論がリベラルに影響を与えるとすれば、その長い道のりの1歩目は、保守派は〔公共に与えられる〕害を最小化し、可能な限り多くの人々に対して物事を公平にしようという方針にコミットしているということを、リベラルに納得してもらうことによってなされるであろう。

会話で道徳リフレーミングをする方法

1　道徳キーワードを使うこと。

保守派を相手に話しているのならば、「リーダーシップ」、「自由」、「家族」、「責任」等の言葉を使って相手を掻き立てよう。[原注47] リベラルと話しているのであれば、「恵まれない人」、「貧しい人」、「被害者」、「危害」といった言葉に訴えるとよい。保守・リベラル両派が共感してくれるようなテーマ、例えば「自由」、「良識」、「道徳」、「平等」、「公正」を持ち出すのならば、その言葉の使い方を、それぞれの派閥がどのように使っているかに合わせて調整しよう。つまり、例えば「平等」という言葉を彼らがどのように使用しているか把握した上で、あなたもそれと同じように使う、ということだ。

2　こう訊ねてみること。「単語X［例：「公平《エクイティ》」］が使われている文章で、Xの部分を別の単語Y［例：「平等《イクオリティ》」］と入れ替えても、全体の意味が変わらないような具体例を何か思いつきますか？」

相手の答えが「いいえ、思いつきません」であれば、こう返そう。「ではどうしてYではなくXを使ったのですか？」。

答えが「はい、ありますよ」だったら、その文はどういうものかを訊ねてみて、それが本当に完璧な同義になっているのか確かめよう。

人は自分が使っている言葉によって、特定の思考のフレームに囚われてしまうものだ。先の質問は、一種の反証に関する質問にもなっている。ここでの狙いは、会話のパートナーが自身の言葉の選び方、ひいては当人が依拠する道徳的インフラ〔基盤となる構造〕に疑問を持つように促すことである。

3　道徳についての共約不可能な意見の相違を、異なる道徳方言を学ぶよい機会なのだと捉えること。[原注48]

反証基準もなく、信念尺度で10の自信があると相手が言い張るのであれば、相手が特定の言葉をどのように使っているのか、そしてその言葉がいかに彼らの道徳的世界観を織りなしているのかに注目しよう。なんなら、無料で新しい道徳方言のレッスンを提供してくれているのだ、と考えてもよいだろう。

結論

一見不可能に見える会話には、ある一つの共通点がある。つまり、その会話は実のところ、各人のアイデンティティ意識に根ざした道徳観をめぐるものなのだが、あたかも事実（あるいは主張、罵倒、大言壮語、脅迫など）の水準でなされているものかのように展開されている、という点だ。言うなれば、議論は何らかのイシュー（イスラム教徒の移民）、観念（西洋の価値観――それがどのようなものであれ[原注49]――をイスラム教徒の移民から守ること）、そして事実（イスラム教国からの移民の人数）をめぐるものであるかのような見かけをしているが、実のところ、凝り固まってしまった個人個人が自己イメージとして持っている人間の性根（私は善良な人間で、相手が善良であればそのことを信じてくれるはずだ）をめぐるものなのである。最も困難な会話とは、道徳のことなど語っていないふりをして、その実、どういう資質、考え、態度、振る舞いによって人は善良に、あるいは邪悪になるのかについて語っているものであり、正しい見解を持つことがなぜ重要なのかについて語っているものなのである。

道徳についての会話をうまく切り抜けることはきわめて難しい。なぜなら、道徳についての考えは個人のアイデンティティやその人が属するコミュニティと堅く結びついているからだ。つまり、自分自身をどう捉えているか、自分のことをどういうタイプの人間だと思っているか、そして会話の参加者が、自分が尊敬する人々からなるグループにおいて、他者とどのように調和するか、これらの要素と深い関わりがあるのだ。意見を変えないことが美徳だと考えている人にとっては、コミュニティの一員であることで考えがさらに強固になってしまうこともあり、議論の主題についての考えを改めることは、ほとんど不可能になってしまう。（考えを変えようとしないこと、あるいは変えることができないことを、世間では「度し難い状態」と言ったりする。哲学だと、「認識的閉包」や「ドクサ的閉包」といった用語が使われる。宗教や自己啓発《ポップ・モラリティ》といった他の領域では「確信《コンヴィクション》」と呼ばれているものだ。[原注50]）

道徳の問題は明快なもので、はっきりとした答えがあるものだと、人は考えてしまいがちだ——ターゲットを定めた質問によって自らの道徳認識論を問いただされるまでは。質問を受けた瞬間、〔簡単だと思っていた道徳の問題の〕目もくらむような複雑さ〔に対する気付き〕で圧倒されてしまうこともよくあるものだ。このような状況に直面すると、合理的で良識ある人であっても、口をつぐみ、うつむいて、気分を害したと不平を言ったりすることもある。だから、じっくり・ゆっくり進めることにしよう。この複雑さを適切に評価すること抜きには、正当化が足りないのに道徳的な事柄について確信を持つという、世にはびこっている態度に近づいてしまう。そうなると、皆が異なった道徳認識論を理解することができるという文化の醸成は、ますます遠いものになってしまう。こうした問題の多くは、この章で述べてきたテクニック、戦術、そしてアプローチを用いれば迂回することができる。

第8章　結論

ここまで読んできたあなたは、自分の考えていることを言葉にし、相手を理解し、相手に自分のことを理解してもらうためのツールを手にしたことになる。最も困難な類の会話であっても、うまく切り抜けられる力を手にしたのだ。とはいっても、学んだことは使ってみる必要がある。ここまでの章で学んだテクニックは、実践抜きには無意味になってしまう。実践では、失敗もあれば成功もあるのだと構えておこう。成功したら、それはあなたの粘り強さのおかげだ。

本書で取り上げたテクニックのいくつかは、あなたの会話の屋台骨になることだろう。上達してきたら、あまり使っていない節を読み直して、新しいテクニックを取り入れてみてほしい。初級レベルから達人レベルまで、すべてのテクニックを身につけることができたならば、会話で直面する困難に自信をもって立ち向かう準備ができているということだ。とはいっても、急ぐ必要はない。最初はゆっくりでよい。レパートリーを増やしていき、どれが上手くいってどれがうまくいかないのかに注意を払い、練習を続け、会話を続け、傾聴を続け、そして学び続けよう。何よりも重要なのは、主導権を持つことだ。萎縮したり、自分の意見を述べることをためらったり、意見の不一致を恐れる理由など、ただの一つもない。実証された、エビデンスにもとづくテクニックを用いて人とやりとりする術を、あなたはもう知っているのだから。さあ、あとは実践を始めるだけだ……。

謝辞

こうして本書を世に出すことができたのは、多くの、とてつもなく多くの人々のおかげである。まずなにより、『話が通じない相手と話をする方法』の〔基礎として参照している〕研究を行ってきた人々の努力奮闘、細部へのこだわり、そして粘り強さに感謝したい。彼らの努力のおかげで、本書の内容はより手堅く、豊かなものになった。

続いて、草稿を細心の注意を払って編集してくれたラッセル・ブラックフォードにも感謝したい。Bourret, LLC社のジェーン・ダイステル、ミリアム・ゴドリッチ、そしてエイミー・ビショップの三名、そしてダ・カーポ出版のダン・アンブロシオにも、本書の構想段階から草稿、そして印刷の段階まで、根気強く手助けをしてくれたという恩がある。彼らのプロフェッショナリズムは群を抜いたものであり、一緒に仕事ができたことは素晴らしい経験になった。『話す技術・聞く技術』の著者であるダグラス・ストーン、ブルース・パットン、シーラ・ヒーンの3名にも感謝を捧げたい。同書の考え方やコンセプトは著者である私たちに直接的な影響を与えており、この分野の先行文献として欠かすことのできない貢献である。

さらに、忍耐強くいてくれた家族にも感謝の気持ちを伝えたい。CFIポートランドとダニ・トフテは、「不可能な会話」と題した講演シリーズを主催してくれてありがたかった。マイケル・シャーマーには、草稿の段階で意見をくれたことに感謝している。マーシー・ヒュームにはコンセプト段階でくれた意見に、オーブリー・アヤシュには揺るぎない友情と信頼とサポートに、スティーヴ・グレッグにはフィードバックに、それぞれ心からの感謝を捧げたい。ボブ・パーカーとクリス・マテソンにも、概念的なレベルでのコメントをくれたことについて、アンソニー・マグナボスコとヘレン・プラックローズには、数多の会話において忍耐と良識の体現者でいてくれたことについてお礼申し上げる。そして最後に、これまでに私たちと不可能な会話を持とうとしてくれたすべての人々へ、そしてこれから持とうとしてくれるだろうすべての人々へ、心からの感謝を捧げたい。

原注

第1章　会話が不可能に思えるとき

1　本書における政治についての例の多くは、アメリカ政治の文脈から取られている。〔例えば〕「リベラル」という単語が使われているときに、アメリカ国外の読者に注意してほしいのは、本書では左翼的な政治的立場、それも１９３０年台のニューディール政策に起源をもつものであり、他の文脈では「社会民主主義《ソーシャル・デモクラット》」ないしは「進歩主義《プログレッシヴ》」と呼ばれるような思想を指している、ということだ。〔一方で〕「リバタリアン」という単語については、個人の自由を重視する、アメリカ流の政治的リバタリアニズムのことを意味しており、アメリカ以外の多くの場所で「リベラル」という言葉が意味する立場と共通点をもつものである。

第2章　入門：よい会話のための7つの基礎——通りすがりの他人から囚人まで、誰とでも会話する方法

1　会話の目標のマネジメントと戦略的推論については次を参照。Mbarki, Bentahar, & Moulin, 2008, and Waldron, et al.,1990. また Heinrichs, 2017 (esp. pp. 15–26) は、とっつきやすい、堅苦しくない入門書である。

2　ここで挙げたものは、心理的安全性の高い環境を確保するための必須要件である。次を参照。Edmondson, 2003; Edmondson & Roloff, 2008, pp. 187–188.

エイミー・C・エドモンドソンによれば、チームの生産性という文脈において心理的安全性の高い環境とは、「間違いや質問、助けを求めることに対して、誰も罰を受けたり恥ずかしく感じたりしない」環境だと定義される（Edmondson, 2003, p. 267）。安全と信頼に満ちた環境では、人は「自己防衛にかかりきりになるということが減り」（Edmondson & Roloff, 2008, p. 188）、その結果として生産的な議論に集中し、純粋な真理探求をしやすくなるのだという。一対一の会話という文脈においては、心理的安全性と信頼に満ちた環境をつくる最善の方法は、あなたが今まさに会話している相手のことを、敵ではなくパートナーとして見ることである。

その反面、心理的安全性の高い環境のことを、特定の種類の批判を受け入れないような、いわゆる「セーフ・スペース」〔性差別的・人種差別的その他の暴力的な発言や行為によって傷つけられるようなことがないよう配慮された空間のこと。「セーファー・スペー

ス」という表現も使われる——訳注）のことだと捉える人もいるかもしれないが、これは言葉の濫用と言うべきだろう。自分たちの考えに対する批判は、真理に近づくためには必要不可欠なものである。ここで重要なのは、批判は罰やからかいとは必ずしも同じものではない、ということだ。たとえ相手が批判された内容を好ましく思っていなかったとしても〔、それはからかいとして言われたわけではないの〕である。心理的安全性を十分に確保することと、人を過剰に幼児扱いし、ときには集団浅慮や妄想をもたらすような安全性を提供することの間でバランスを取るべきだ。後者は純然たる真理探求からは程遠いものである。

心理的安全性の高い環境で中心となるのが信頼だ。信頼がなければ、生産的な議論ができる望みはほぼない。とはいっても、相手のことを倫理観を共有した同じ立場の仲間だと見なすことは、信頼を確保するための方法として〔適切かどうか〕は怪しい。というのも、これは一種の不信感バイパス装置として機能してしまうからだ。つまり、信頼するに値する理由がないときでも、相手に信頼を与えてしまうことになるということだ。（これはもしかしたら、教会が多くの性的虐待の舞台となっている理由として、少なくない要因となっているかもしれない。同じ道徳観をもっている同じ立場の仲間だとみなされたら、その時点であまりにも多くの信頼が自動的に与えられてしまう。）他人の考えを批判し、異議を唱えることができるような環境は、信頼関係にヒビが入っているわけではないのだから、心理的安全性が高い空間と、批判が全く許されない「セーフ・スペース」とを混同する道理はどこにもない。

3 Ekman, 2003, pp. 73–76. 注：エクマンの知見のうちのいくつかについて、特に顔の表情と感情との間の結びつきに関しては論争があることを、著者の私たちは承知している。例えば次を参照されたい。Lisa Feldman Barrett (2017). エクマンの議論で、これらの詳細の是非に依存するようなものには、本書では依拠しないこととする。

4 Habermas, 1985, pp. 22–27, 40, 122–145, 149–150; Stone, Patton, & Heen, 2010, pp. 37–38.

5 協働的目標（双方がしっかりとかみあった思慮深い会話を行うことなど）は、個人的目標（議論に勝つ、自分を知的に見せるなど）とは異なることが多々ある。

6 Fisher, Ury, & Patton, 2011, pp. 163–168; Stone, Patton, & Heen, 2010, pp. 41–42, 52–53, 92–93, 244–257.

相違といっても、問題ないもの、むしろ有益なもの（タスク・コンフリクトや方針の違い）もあれば、そうでないもの（攻撃、棘のある言葉、特に他人の前で恥をかかせるという脅し）もある。後者は「コールアウト・カルチャー」や「晒し」の典型例であり、左派と右派のどちらにも見られる。（注：近年の傾向としては、コールアウト・カルチャーは非宗教的な右翼よりは左派によく見られるかもしれないが、伝統的にはこれは宗教的な右派の特徴であり続けてきた。また右派は「シャットアウト・カルチャー」、つまり説教・説得ではなく突き放して絶交してしまうような行動をとりがちだ。）

7 Friedersdorf, 2017.

8 Stone, Patton, & Heen, 2010, pp. 182–183.

9 Bennion, 1959, p. 23.（この引用箇所の出典については諸説あるが、ベニオンの『宗教と真理の探求』〔*Religion and the Pursuit of Truth*〕によれば、アリストテレスのものだとされている。）

10 Stone, Patton, & Heen, 2010, pp. 166–167.

11 Habermas, 1985, pp. 22–27, 40, 122–145, 149–150.

12 Amy C. Edmondson (2003, pp. 264 -265) は、組織におけるチームワークの研究に由来する重要なテーマについて、興味深い議論を展開している。

> この研究では、信頼関係があればトップ・マネジメント間での人間関係の衝突が起こる可能性が下がることが判明した。そのおかげで、タスク・コンフリクト（人の決定や考えの内容にまつわる意見の生産的な不一致で、問題の認識・理解をより深めてくれるようなもの）が、より優れたソリューションを生み出すことを促しえたのである。Leonard-Barton (1995) はタスク・コンフリクトを「創造的摩耗」と名付けたように、心理的安全性というクッションの内部にタスク・コンフリクトは存在する必要があるだろ。それによって、議論、イノベーション、そして生産的な集団思考が可能になるのである。さもなくば〔すなわち、心理的安全性が確保されていなければ〕、そうしたコンフリクトは破滅的なものになる——攻撃、棘のある言葉、他人の前で恥をかかせるという脅しを伴うものとなってしまうということだ。同様に、Barsade ら (2001) は、心理的安全性は、コンフリクトが怒りに与える影響を和らげることを発見した。心理的安全性によって、集団はより高い目標を掲げることができ、学びと協力のサイクルを通じてその達成に向かうことができる。（強調は引用者）

信頼、心理的安全性、および適切にマネジメントされた意見の不一致の潜在的利益といったテーマは、次の文献に収められた種々の論考で扱われている。West, Tjosvold, & Smith, 2003. また、同文献の一部（エドモンドソンの論文を含む）をセレクションした次のような文献がある。West, Tjosvold, & Smith, 2005.

13 Stone, Patton, & Heen, 2010, pp. 145, 146, 156, 157, 206–208.

14 Stone, Patton, & Heen, 2010, pp. 131–146, 155–158, 177.

15 〔ボゴジアンの〕前著『無神論者養成マニュアル』(Boghossian, 2013) で紹介したテクニックを用いて、マグナボスコは見知らぬ人たちにインタビューを行い、彼らが深く信じている考えについて訊ねている。動画は次で見ることができる。https://www.youtube.com/user/magnabosco210 (retrieved October 15, 2018).

16 Boghossian, 2013.

17 Magnabosco, 2016a.

18 Fisher, Ury, & Patton, 2011; Phelps-Roper, 2017.

19 Grubb, 2010, p. 346; Kellin & McMurty, 2007.

20 Zunin & Zunin, 1972, pp. 6–9, 15.

21 2Civility, 2015.

22 Lowndes, 2003.

23 Miller, 2005, p. 281.

24 ラポール構築についての詳細は、人質交渉人クリス・ヴォスの著作『逆転交渉術——まずは「ノー」を引き出せ』という素晴らしい仕事を参照のこと（Voss & Raz, 2016, pp. 23–48）。

25 デンマークのテレビ局TV2は、「All That We Share」〔私たちが共有することすべて〕というバイラル広告を打った。これは、人々が通常思われているよりもずっと多くの共通点をもっていることを鋭く示したものだった（Zukar, 2017）。

26 Stone, Patton, & Heen, 2010, pp. 139–140.

27 これの巧みな応用事例としては、フレッド・ロジャース（ミスター・ロジャース）が1969年にアメリカ合衆国上院通信小委員会に出席したときの様子を見るとよい（BotJunkie, 2007）。〔ベトナム戦争の影響で公共放送サービス（PBS）や子ども向け番組に対する予算カットがなされそうになっていたところ、『ミスター・ロジャース・ネイバーフッド』の出演者ロジャースが上院でそういった番組の重要性をアピールし、議員たちを説得することに成功したこと——訳注〕

28 Stone, Patton, & Heen, 2010, pp. 85–108,163–184.

29 Stone, Patton, & Heen, 2010, pp. 207–208.

30 Stone, Patton, & Heen, 2010, pp. 25–43, 137–140, 196–197.

　より正確にいえば、メッセージの伝令は、揉める話題を扱うような会話ではうまくいかない。特に道徳的分断をまたいだ会話ではそうだ。メッセージの伝令は、あなたとすでに意見が一致している人には有効かもしれない。だが、そのような発言は「釈迦に説法」〔原文は"preaching to the choir"で、直訳すると「（キリスト教の）聖歌隊に向けて、聖職者がキリスト教の説教をすること」で、「すでに同じ意見を持っている人に対してその意見を受け入れるよう説得すること」のような意味。「釈迦に説法」とは若干ニュアンスが異なるが、日本語話者にとっての分かりやすさを優先してこのような訳語にした——訳注〕とでも言うべきで、あまりほめられたものではない。

　分断をこえてメッセージの伝令をしようとすると、ほとんど必ずといっていいほど失敗する。失敗の原因は必ずしも伝えようとしたメッセージの内容にあるわけではなく、むしろ根底にある前提の食い違いや、道徳を語るときに相手が使っている言葉を使うことができないでいることにある。例えばだが、保守派にリベラルな（保守派の基本的な価値観と矛盾するような）メッセージを受け入れてもらうよう支援することは、同時にその相手が自らの保守派としての（道徳的）アイデンティティを問うことを促すことでもある。これはなかなか大変なことで、その結果として送ろうとしたメッセージは無視されてしまうことになる。（この話題については7章で詳しく論じる。）ここ20、30年の間、「リベラル系メディア」の問題として保守派が主張してきた事柄は、今やリベラルも右派メディアについて同じことを言うようになっている。これは「伝令を撃つ」ことによって伝えようとしたメッセージは無視されることのよい例だ。

31 Lewin, 1998, pp. 115–116.

32 Lewin, 1947.

33 Lewin, 1947.

34 「伝令は撃つべからず」という忠告は古くからある。同様に、そうした忠告に反して撃ちたくなってしまう衝動も同じくらい古くからあるものだ。ソポクレスは紀元前5世紀の時点で、悲劇『アンティゴネー』においてそうした衝動を表現していた。「悪い知らせを運ぶ者など、誰からも好かれぬものです」（Sophocles, 1891, line 277／39頁）。町の触れ役は王や封建領主を代弁するものだったので、そうした人物を殺すことは反逆行為だとされていた（次を参照。「Top town crier…」2010）。

ジークムント・フロイトもまた、伝令を撃ちたくなる衝動についてよく知られた説明を与えている（Freud, 1991, pp. 454–455／321頁）。フロイトは、伝令を撃つのは「苦痛で耐え難いものに対する防衛」方法の一つであり、無力感に対する防衛反応だと指摘している。またフロイトによれば、伝令を撃つと、望まない情報から身を遠ざけられるだけではなく、望まない情報の出処に対して自分は権力をもっているのだということをはっきりと示すことができるという。

この見解を裏付ける知見は、腫瘍学の近年の文献に見出すことができる。特に、医師からのガン告知という悪い知らせを患者がどう受け取るかについての研究が参考になる。1999年に、医療心理学者のメリナ・ガッテラリらは、『腫瘍学年報』〔*Annals of Oncology*〕にて、患者の否認が誤解や「伝令を撃つ」ことに繋がっていることを報告した（Gattellari, et al., 1999）。そこで一つの解決法として提案されているのが、医師のコミュニケーション能力を向上させる、というものだ。

もともとの話に戻すと、あなたが伝令と化してしまい、まったく望まれていないメッセージを伝えてしまっている場合、特に相手のアイデンティティや安心感を損ねるようなメッセージを届けてしまったとき、相手はあなたを撃ちたくなる衝動に駆られる、ということだ（「撃つ」があくまで比喩であることを祈るばかりだが）。「撃つ」とはつまり、あなたが届けたメッセージを完全に否定したり、あなたや、あなたが代表していると相手が考えているグループに対して敵対的になることすらある、ということである。より詳しくは、「どうしてメッセージが裏目にでて《バックファイア》しまうのか」についてのエリック・ホロウィッツによる文献案内を参照のこと（Horowitz, 2013）。

35 Plato, 2006, 77c–78b.

36 誰もが善意をもっている、という主張に対しては明らかな反例がある。サイコパスとソシオパスのことだ。ただ、こういう人たちが〔世の中には〕存在するからといって、政治について私たちが議論する相手が実際に善意と協調しようという意図を持っている、ということでの趣旨が無効になるわけではない（Becker, 2015, esp. pp. 51-57; Neumann & Hare, 2008）。

37 次を参照。Stone, Patton, & Heen, 2010, pp. 45–53. 私たちは自分自身には思いやりをもって接する（自分の意図のネガティブな側面は少なく見積もり、やってしまった過ちは謝って済ませようとする）一方で、他人のことはずっと悪く扱いがちだ。政治的分断を乗り越えて議論することは、ほとんど必ずといっていいほど、道徳の分断をこえて会話することでもある。異なった道徳観をもっている人は悪い人だと考える癖が私たちにはある。そして、その人が悪い人だと信じることから、その人の意図も悪意あるものだと信じることへの移行は、容易に起こってしまう。

38 ミーガン・フェルプス・ローパーというウェストボロ・バプティスト教会〔米国カンザス州トピカに拠点を置く宗教団体。創立者は弁護士のフレッド・フェルプス。同性愛者に対する過激なヘイト・スピーチを行っている——訳注〕を脱退した人が、ＴＥＤトークでこの点を指摘している（Phelps-Roper, 2017）。ストーンらは『話す技術・聞く技術』（Stone, Patton, & Heen, 2010）の第3章をまるまる使って同じ論点を扱っており、同書の続く章でもこのことについて何度も言及している。私たちがパートナーの意図について抱く想定は、ほとんど必ずといっていいほど、実際の意図よりも悪いものである——この点は、いくら強調してもしすぎるということはない。実際よりも悪い意図をもっていると想定してしまうと、会話は成功から遠ざかり、得られるはずだった利益も得られず、節度を欠いたものへと化してしまうだろう。

39 Stone, Patton, & Heen, 2010, pp. 46–48.

40 Doherty, Horowitz, & Dimock, 2014; Norton, 2002.

41 考えがもつ道徳価を決めるのは、意図だけではない。〔その考えから導かれる〕帰結も関わってくるのであって、だからこそその考えの真偽もまた重要なのだ。例えば、２００８年のアメリカ大統領選挙でバラク・オバマではなくジョン・マケインに投票した人がそうしたのは、マケインが共和党員だったからだ、という説明は、オバマが黒人だったから〔彼を避けた〕、という説明よりもはるかに道徳的に受け入れられるものだろう。結果が同じでも、また行為の背後にある意図が最後まで隠されたままだったとしても、事態は変わらない（Harris, 2010 を参照）。この事例でいうと、あなたの会話のパートナーがマケインに投票したのは、その人がマケインの政綱のほうが優れていると考えたからだ、と捉えるべきだ。

42 Stone, Patton, & Heen, 2010, pp. 51–52.

43 Stone, Patton, & Heen, 2010, pp. 244–249 では、悪い意図をもった本当に困難な会話のパートナーの問題を扱っている。「嘘をついたり脅したり、わざと会話をねじ曲げることで自分の意思を通そうとする」（p. 244／３５３頁）〔タイプの人についてだ〕。ストーンらのアドバイスは、こういった悪い行動に報酬を与えないようにして、しっぺ返しをエスカレートさせないようにせよ、というものだ。

余談だが、しっぺ返しとはゲーム理論において非常にうまくいく戦略の一つ（考案者はアナトール・ラパポート）で、「繰り返し囚人のジレンマ」として知られているゲームで用いられる。〔繰り返しのない〕囚人のジレンマでは、協力するか「裏切る」（仲間の囚人と共犯した罪を自白する）かのどちらかを選ぶ。少し簡略化して説明すると、ありえる結果は次の3通りだ。〔1〕どちらも協力したならば、囚人たちはいくらかの報酬を分け合うことになる。〔2〕もし片方だけが裏切りもう片方は協力したのなら、裏切り者のほうは報酬をまるごとすべて受け取る。〔3〕両方が裏切ったならどちらも報酬はゼロ。「繰り返し囚人のジレンマ」はこのゲームを何度も何度も繰り返し行う。しっぺ返し戦略とは、最初は協力を選ぶが、もし相手に裏切られたらその次のターンで裏切り返して罰を与えるというものだ。この戦略は、どちらのプレイヤーも相手の前のターンでの裏切りに対して裏切り返すという罰を与えるものなので、最後まで報酬ゼロのターンが続くという「裏切りのループ」にはまってしまう。

あなたが相手にしているパートナーが純然たる悪意の持ち主（例えば、相手が狂信的な道徳観をもつ人で、あなたの立場のことを根本的に「邪悪」そのものだと考えている場合や、ネット上の荒らし《トロール》、あるいは「勝つ」ことだけに固執し、やりとりの中であなたに恥をかかせようと必死な人）なのであれば、そういう人は「裏切り寄り」もしくは「全裏切り」戦略をとっており、あなたが裏切ったらさらに裏切りをかぶせて罰を与えようとしてくる。そういう状況では、あなたが相手を許し協力しようとするたびに、相手に報酬を与えてしまうことになる。このゲームではあなたは絶対に勝てない。したがって、避けられるならば、そのようなゲームには単純に乗らない方がよい。

44 ストーンら（Stone, Patton, & Heen, 2010）は、どうしても関わらなくてはならない（あるいはあえて関わってみることを選んだ）場合に、純然たる悪意をもったプレイヤーに対してどのように接したらいいのかについて、前向きなアドバイスを提供している。〔すなわち、こちらから〕話題を切り替え、「相手がなぜ自分の意図や行動は正当化されると思っているのか、理解しようと努める」（p. 245／354頁）のだ。会話をよりまともなものにしたり、別の戦術を使うよう説得するチャンスが得られるし、（ネット上の荒らしや他のいじめと同様に）あなたが会話から離脱するためのはっきりとした理由が得られる。この引用はサム・ハリスによるもの。

45 Hess, 2017.
著者の私たちを含め、多くの人がソーシャルメディアに翻弄されている。私たちは、相手が異論を唱えるのは荒らしだからと判断したり、他人は悪意をもっていると考えたり、自説が唯一のありえる正解で、そこから少しでもずれた説はありえないと考えしまったりする。そしてそのせいで、相手のことをよく考えずに荒らし認定してしまうのである。ソーシャルメディア上では、誰が荒らしで誰がそうでないかを確実に見分けるのは非常に困難だ。この理由により——そして後の章で取り上げる他の理由により——揉める話題についてはソーシャルメディア上ではなく、直接会って話したほうがずっといい。

46 Boghossian, 2013.

47 エクマンによれば、フラストレーションに伴う感情不応期によって、他人の意図の解釈が歪められることが多々あり、〔自らの〕考えを改められなくなってしまう原因にもなりうる（Ekman, 2003, pp. 39-40, 113, 120）。このフラストレーションと怒りに対する基本的な事実から、怒っている人はどうして考えを改めることが少ないのかが説明できる。怒りは、怒りを受け取る側の罪悪感や恥ずかしさ、きまりの悪さを引き起こすとエクマンは述べている。このことから、怒っている人が考えを改めにくいのは、面子を守るという欲求のためであるという推察が成り立つ（p. 113）。怒りは自説への執着を強めはするが弱めるものではないのだ。罪悪感、恥ずかしさ、怒りが対人環境で混ざることで、逆効果が引き起こされかねない。〔つまり、〕怒っている人は自分の考えにますます執着するようになってしまうというわけだ。（多くの場合、面子を守りたいという欲求が逆効果を引き起こす重要な要素になっている。人に考えを改めてもらおうという試みは逆効果に終わってしまい、むしろもともとの考えを強化してしまうことになるというわけだ（Horowitz, 2013）。）

　最後に、信頼に満ちた環境がなければ、会話の参加者たちは真理を見つけ出そうとしなくなり、むしろ間違っていると自分で分かっている自説を頑なに擁護するようになってしまう（Ekman, 2003, pp. 38–39, 111, 115; Stone, Patton, & Heen, 2010, pp. 25–43）。エクマンが強調するのは、「怒りが怒りを呼ぶ」（p. 111／214頁）という点だ。ひとたび怒りに支配されると、殻にこもった考え方に囚われてしまい、視野がさらに悪い方向へと歪められることになる。さらに、怒りは（自分自身の見解に対して感じる）不快感やフラストレーションから生じるものなので、相手と話したいではなくて勝ちたいと思ってしまうようになりがちだ。これらの特徴が合わさって、人は自分の意見に固執し、議論の相手と自分の見解との間に溝を掘ってしまうのである（次を参照。Boghossian, 2013, pp. 49–50, 70, 83–84）。

48 Hogarth & Einhorn, 1992.

49 Jost, et al., 2003.

50 Johnson-Laird, Girotto & Legrenzi, 2004; Schlottmann & Anderson, 1995.

51 Ekman, 2003, pp. 116, 144, 147. エクマンがここで指摘しているのは、怒りはしばしば修復不可能なダメージを人間関係に与えてしまう、ということだ。とはいっても、怒りをいくらかは適切に会話に持ち出せるようなタイミングと方法はある。エクマンはこう書いている。「不満の種はしっかりと考えなければならないが、怒りの真っ只中でそれをするのは避けるべきである」（p. 147／268頁）。また彼は次のようにも言っている。「〔対立的な〕発言は相手にいじわるなことを言わせるきっかけになったり、怒りの行動を取らせる挑発になったりし、必ずしもあなたや起こった人のためになるとは言えない。怒りや立腹は無視すべきだと言っているのではない。ただ、怒りの瞬間が過ぎ去ってからのほうが、対処しやすいと言いたいのだ」（p. 144／263‐264頁）。Stone, Patton, & Heen, 2010, pp. 125–126も同様の点に触れている。次も参照のこと。Goulston, 2015, pp. 33–44.

52 これらのトピックは次でより詳しく扱われている。Malhotra, 2016b.
53 Vlemincx, et al., 2016, pp.132–134.

第3章 初級：人の考えを変えるための9つの方法——人の認知に介入する方法

1 Stone, Patton, & Heen, 2010, pp. 166–167.
2 Ekman, 2003, pp. 111, 120.
3 この「説明の深さの錯覚」という語がおそらく最初に用いられた論文の中で、哲学者のロバート・ウィルソンと心理学者のフランク・ケイルは同現象を「説明の影と浅さ」とも呼んでいる (Wilson & Keil, 1998)。
4 Kolbert, 2017; 以下も参照 TedX Talks, 2013.

背表紙効果に悩まされてしまう人はダニング＝クルーガー効果 (Kruger & Dunning, 1999) にも悩まされる可能性が高い。ダニング＝クルーガー効果とは、ちゃんとした専門家（背表紙効果とは全く異なり、関連する文献を実際にたくさん読んだ人々のことだ！）は〔専門分野について発言することについて〕自信を持っているが、〔その分野について〕ほとんどあるいはまったく理解していないような人はさらに大きな自信をもつ（極端な背表紙効果）というものだ。その中間に位置する、いくらか知識はあるが専門家ではない人々は、〔彼らに比べて〕全然自信をもたない。そういった人たちは、自分がどれくらい分かっていないのかが分かるほどには学んでいるので、背表紙効果に気づき、それを免れることができているのだ。

5 Rozenblit & Keil, 2002.
6 Rozenblit & Keil, 2002.
7 Fernbach, et al., 2013.

極論は往々にして凝り固まった考えを伴うので、政治的な見解〔とそれに起因する対立〕を和らげる効果があれば、より節度のある生産的な対話を生み、ひいては心変わりする人も増えるだろう。〔だが、〕節度と考えの見直しだけが、政治での極端な立場を和らげることから得られる利益なのではない。別の理由によって、私たちの政治全体ももっと健全なものになる。過激派は、比較的少数の深く信頼している指導者の見解をそのまま受け入れ、熱狂的に信じてしまっていることが多い。これはつまり、過激派になってしまう人はもともと騙されやすく、操られてしまいやすいということだ。

例えばアメリカでは、保守派に属する極論の持ち主の多くが、巨額の資金を銃火器や弾丸のために費やしている。リベラルな政治家が「銃をとりあげ」かねないという懸念があるからだ——そんなことが起こると信じるに足る強い証拠は実質的にほとんど持ち合わせていないにもかかわらず。左翼の過激派はといえば、自身の価値観に反すること（例えば火曜日にタコスを食べる〔火曜日にはメキシコ料理のタコスを食べることを促す、アメリカのタコス・チェーンが広めた習慣――訳注〕だとか）でも、それが人種差別的な動機や含みを暴露しているように見えたならば、ほとんど自動的にそれを信じてしまう。どちらの側にせよ、過激派は自分の属する道徳部族の道徳的指導者とみられている人が売っているインチキなサプリや怪しげな治療薬にお金をつぎ込んでしまっているようだ。

極論の持ち主はまた、指導者の教説の要点を繰り返しよく復習しており、その考えに凝り固まってしまっていて、指導者の言葉を字義通りそのまま受け取ったり、〔選挙では〕自分の思想的指導者が命じるがままに投票したりする。極端な政治的立場を穏当なものにできれば、有権者が騙されたり操作されたりする度合いも減ることが期待され、その恩恵は一人の市民としての暮らしのほぼ隅々にまで及ぶことだろう。

8 Fernbach, et al., 2013.

9 James Randi Educational Foundation, 2013.

10 ポートランド州立大学で行われた、ダモアを招待したイベントの録画より聞き書き（Freethinkers of PSU, 2018）。

11 Devitt, 1994.

12 Boghossian 2013.

13 この点については次を参照。Haidt 2012, esp. Chapter 7.

公正・公平という道徳基盤はいくらか複雑だ。ハイトも説明しているように、公平はリベラルにとっても保守にとっても重要だ。ただし、どういう風に重要かが異なる。リベラルは機会の公平を重視する。つまり、誰しもが公平なチャンスを得られることに重きを置く。保守は報酬の正当性を重視する。つまり、自分で稼いだ額面以上の利得を得ることは特に不公平なことだと考えるのだ。保守にとって、個々人への報酬の多寡は、それぞれがどれだけ貢献したかに従って決められるべきだとされる。リベラルにとっては、公平に参加する機会が誰しもに与えられるべきだとされており、他の人がアクセスできないような不当な利得は誰にも認めてはならない、ということになる。

14 この問題を克服することは難しい。お互いの道徳方言（7章参照）を理解する必要があるし、多くの質問を投げかける必要もある（そのうちいくらかは個人的すぎると思われてしまうこともあるだろう）。加えて、忍耐も必要だ。またこれは、党派の分断においてよく見られる問題の一つでもある。基本的な政治に関する用語、例えば「リベラル」、「保守派」、「民主党員」、「共和党員」、「進歩主義者」、「リバタリアン」、「福祉」、「自由」〔原文では、ニュアンスが異なる二つの語“Freedom”と“Liberty”が併記されていたが、ここでは「自由」という一つの言葉にまとめた――訳注〕といったものですら、人々は誤解してしまっているという研究がある（Devitt, 1994）。非常に基本的だと思われる事柄について整理する際には、あまり多くを期待せず、苦労を要するものだと覚悟しておくのがよいだろう。

15 サム・ハリスは2017年1月のポッドキャストでジョーダン・ピーターソンと共演した際に、二人の間で真理という概念の意味について根本的に意見が異なることが分かったときに、このテクニックの相当うまい使用例を見せてくれた（Harris, 2017）。

16 Dennett, 2006, pp. 200–248.

17 人間は、「エビデンス」にもとづいた誤った結論を信じてしまう傾向が極めて強い。これは2種類のバイアスに引っかかりやすいからだ。すなわち、確証バイアスと社会的望ましさのバイアスがそれだ（Tappin, van der Leer, & McKay, 2017）。この二つのバイアスのせいで、私たちはしばしば、すでに信じていること（確証バイアス）、ないしは信じたいと思うこと（社会的望ましさのバイアス）を裏付ける証拠（だけ）を探し、受け入れ、信じたりしてしてしまう。この例では、ジョンは主に社会的望ましさのバイアスの兆候を示しているが、これは道徳観が主題になっているときに非常によくみられるものである。

18 次の文献からとったもの。Boghossian, 2004, p. 213.

19 Voss & Raz, 2016, pp. 150–165.

20 Voss & Raz, 2016, pp. 150–165.

21 Stone, Patton, & Heen, 2010, p. 172.

22 Stone, Patton, & Heen, 2010, pp. 167–168.

23 この意味で、「あなたがどれだけものを知っているかなど誰も気にかけない、あなたがどれだけ気にかける人なのか分かるまでは」という言葉が言おうとしているのは、究極的には、あなたの徳を示す能力のことだ。道徳にまつわる領域では、相手の視点で決められた正しい価値観を、あなた概ね持っていると思われないかぎり、人はあなたの意見を気にかけることはない――先の箴言はこのことを言っているのだ。

24 道徳部族への固着という現象のより興味深い事例として、〔原著刊行の2019年からみて〕ここ12年から15年に台頭した「新無神論運動」が挙げられる。新無神論運動は、宗教が部族のようになってしまっていることで生じている無数の問題から、自分たちは免れていると自負していた。しかしながら、新無神論の支持者たちは数多くの点で、実は彼らもそうした問題とは無縁ではないということを示してしまっていた（次を参照。Lindsay, 2015）。

21世紀の初頭に、サム・ハリスやリチャード・ドーキンスをはじめとする人々は、宗教についての穏健派は、宗教的過激派の存在についても一部だが責を負うのだと論じた。というのも、彼らが信仰や聖典を支持し、それをまともなものとして扱ったことが、最悪の種類の過激派、狂信者、原理主義が跋扈する原因となったからである（Harris, 2004, p. 20; Dawkins, 2006, p. 345）。この主張自体は、理知的に正当化されたものだった。しかしながら、この主張は、多くの無神論者、特に無神論のアクティビストたちの間に、信心深い人・宗教関係者への不信感を植えつけることになった。というのも、「有神論者」が競合する道徳部族の一つだとみなされ、そして戯画化されてしまったからだ（次を参照：Lindsay, 2015, pp. 57–59）。このことは、人類の目下最も差し迫った問題の一つに対して、深刻な影響を与えた。すなわち、過激派・原理主義的なクルアーン解釈からの脱却という問題だ。イスラム思想の主流派を改革してよりリベラルなものにしようと願っているリベラルなムスリムたちを味方につけることは、多くの無神論運動家たちにとって、自然なだけでなく不可欠といってもいい課題であるはずだが、彼らはそうはせずに、イスラム信仰を持っているというだけの理由でリベラルな信徒にも牙をむいてしまったのだ（Harris & Nawaz, 2015）。

25
〔自説側の〕極論・過激派を否定することで、道徳観が一致する点をはっきりと認められれば、その時点で、会話のパートナーと道徳についての見解において同意できるポイントを生み出せたことになる。これは、分断をまたいだ会話において、決定的に重要な共通の土台となってくれる。それに、こうすることで、あなたが忠誠を誓っているのではないかと相手が恐れている道徳部族とあなた個人とを引き離す効果もある。これはちっとも些細なことではない。部族への忠誠が疑われた状態での会話では、自陣営のうちでも最も極端かつ好戦的なメンバーを進んで切り離すことは、強力な「コストのかかるシグナル」としてはたらく。自分の仲間への裏切りに伴うリスクを負っているからだ（Boghossian & Lindsay, 2016）。

　コストのかかるシグナルは通常、集団へのコミットメントを証明する指標になる。なぜなら、そうすることには実際いくらかの代償を要求されるからだ。気が動転したのではないかと思われるリスクを背負ってでも、その集団が支持する極端で信じがたい教説へのコミットメントを表明することも、コストのかかるシグナルには含まれる。ただ、ここで私たちが説明しようとしている種類のコストのかかるシグナルとは、自分自身の味方を怒らせたり疎遠にしたりするというリスクを冒すことで、あなたがオープンな会話にコミットしているということを証明しようとするもののことだ。そうすることで、あなたのパートナーはあなたをより信頼できるようになる（あなたは貴重な共通の土台を提供したのだから）。それだけでなく、あなたのことをより合理的なオープン・マインドの持ち主だと見てくれるようにもなるだろうし、それに誠実な会話に全力を注いでいるという印象を与えられることもあるかもしれない。加えて、あなたのことを、相手とは敵対しているグループの一員としてではなく一個人として見てくれるようにもなるだろう。その結果、党派のせいで盲目になってしまい、会話に支障が出るようなことがない人としてあなたを見てくれるようにもなるだろう。より詳しくは次を参照。Thomson, 2011, pp. 80–81.

26
ストーンらは、会話のパートナーとの共通の土台を探りあてることがいかに重要かを説明している（Stone, Patton, & Heen, 2010, pp. 14–16）。この知見は、ハイトによる道徳心理学の研究結果とも合致する。ハイトによれば、「道徳は人々を結びつけると同時に盲目にする」（Haidt, 2012／18頁。ハイトは文章を通してこのフレーズを多用しており、著書『社会はなぜ左と右にわかれるのか』のおよそ3分の1を占める内容を要約するときにもこのフレーズを使っている）。〔道徳について〕合意できる点を提示することで〔互いに対しての〕信頼感が増すが、それに加え、自分の側にも極論の持ち主がいるということを認めることで、そういった恐ろしいプレイヤーとは道徳的には真逆の位置に立つことができる。そういう極端な人のせいで、あなたのパートナーが〔こちらの陣営について〕抱いている戯画化されたイメージの原型を形成してしまっているものだ。道徳的分断をまたいだ激しく揉める会話では、相手があなたの立場を決めつけられると感じる余地が少なければ少ないほど、生産的なコミュニケーションの余地が大きく広がる。

27 妥協は毎回できるとは限らない。例えば、アメリカの南北戦争が勃発したのは、奴隷制度をめぐって妥協ができなかったからだということは広く受け入れられている。この件については折衷案の余地なしに決着がつけられねばならなかった。この場合、私たちは端的に意見を合致させている。ただ、ここでありのままの現実を十全に見ていただきたい。妥協が全く不可能だったことの帰結は、ひどい戦争だったのだ。流血沙汰を伴う衝突よりももっと深刻な道徳的不正義のみが、戦争を「正しい」ものとして正当化しうる。（このような問題を分析する「正戦論」と呼ばれる哲学の分野がある。）効果的な対話を行ったり妥協の可能性が少しでもあるならば、妥協を一切許さない極論を支持するのに有効な議論は存在しない。目的が極端な手段を正当化しうるのは本当に例外的なケースに限られるし、あなたがどれほど強くそう感じていたとしても、ほとんどの状況はそこまで異常ではない。

28 ウェストボロ・バプティスト教会の元信者ミーガン・フェルプス゠ローパーは、ソーシャルメディア（特にツイッター〔X〕）でのやりとりのおかげで教会から離れられたと述べている。彼女がプラットフォームとしてのツイッターについてとりわけ評価しているのは、会話を一時停止して脇に置いておき、落ち着いて考えたり調べたり反芻してから戻ってくることができる点である。対面での会話ではそういうことをするチャンスはなかなか容易には得られない。その場ですぐに返答しなければいけないというプレッシャーがあるからだ（Phelps-Roper, 2017）。

29 Ekman, 2003.

30 反転した疑問符（⸮）は、「パーコンテーション・ポイント」、あるいは最近では「皮肉記号」と呼ばれるもので、その一例だと言える。この記号が広く使われることはなかった。

31 このメタファーはクリス・ヴォスによる（Voss & Raz, 2016）。

32 Horowitz, 2013; Nyhan, Reifler, & Ubel, 2013.

33 複数の文献がそれぞれ独立にこの結論を裏付けている。例えば次をみよ。Horowitz, 2013; Malhotra, 2016b; Nyhan, Reifler, & Ubel, 2013; Stone, Patton, & Heen, 2010, pp. 114–115. 著者の私たちの経験上、公共の場や、二人かそれ以上の人が対面で関わるような場面では、介入は相当に難しくなる。その主な原因は、他人の前で正しくありたいというプライドである（〔逆に言うと、〕もし他人の前で間違っているところを見せてしまうと恥をかき「面目を失って」しまうことも関わっている）。

34 ソーシャルメディアへの投稿が公開されていることは、「コミットメントと一貫性効果」と呼ばれる研究と深い関係がある。この効果の一例として、以前に述べた見解やその前に示したコミットメントとの整合性を保とうとするあまりに、考えを歪めるような強力なバイアスがはたらくというものがある。公開の場で意見を表明することは、自分が認識している観衆の前では一貫していなければならないという強い心理的衝動の引き金になってしまう。特にその人たちからの尊敬を大切にしているならなおのことそうだ。実践においては、これはプレッシャー下において自分の見解に固執してしまい、考えを改めようとしない、という形であらわれる。次を参照。Huczynski, 2004, p. 181; O'Reilly and Chatman, 1986; Vuori, 2013.

35 Phelps-Roper, 2017.

36 ソーシャルメディア上で頻出するパターンの一つが、ガス抜きループだ。これは、誰かが憤りや認知的不協和のガス抜きになるようなコメントを投稿し、それに対して別の誰かがさらなる憤りや認知的不協和を呼ぶような反論をふっかけることで、さらなるリプライを招き、その応酬が続く、という形で起こる（これによって、ときには友情に終止符が打たれたり、暴力的な脅迫に発展することもある）。もしあなたが人の投稿内容に反するような情報をどうしても提供したくなってしまい、それに対して相手が火に油を注ぐような形で応答してきたら、その場で会話から離れよう。そういうときに関わってはいけない。特に、公開のスレッドではそうだ。一般的なことを言っておくが、あなたが関わるのは具体的な一人の人間なのであって、その人の認知的不協和ではないはずだ。

37 現代の社会環境の有害さの淵源には、ソーシャルメディアのフィードが延々と引き起こしているバックファイア効果がある、という説得力のある議論がある。バックファイア効果とは、今信じていることに対して矛盾するような証拠を突きつけられると、かえって確信を深めてしまうという、逆説的に見える効果のことである。こんな現象はいかにして起きるのだろうか？　フィードをスクロールしているうちに、（「〔自説からみて〕あちら側」についての）とんでもない投稿を繰り返し目にすることになり、そこでバックファイア効果が働き、自分とは異なる見解への反感を駆り立てるのだ。私たちからのアドバイスはこうだ。慎重を期して、自分のフェイスブックを宗教や政治について語る場としては使わないこと。（次を参照。Barlett, 2017.）

38 すでに信じている諸々の事柄に組み込むことが難しいような情報——特に道徳に関するようなもの——に触れたとき、人は収まりの悪さを覚える。この不快感——矛盾する複数の事柄を同時に信じることによって起こる精神的ストレス——のことを認知的不協和と呼ぶが、脳がそれを解消するためには驚くべき時間を要する。例えば、社会心理学者のレオン・フェスティンガーの研究によれば、認知的不協和を解消するために人はしばしば、もともと信じていたことはやはり合理的なのだと理屈をつけたりするという(Festinger, 1957)。ソーシャルメディア上で人々は、このプロセスを〔他のユーザー〕皆の眼前でこなしているわけだ。

　自分はもともと正しいのだと思い込もうとしたり、似たような考えをもち賛成してくれるような仲間を募ったりすることも、認知的不協和に対処するのに役立ってしまっている。自分たちがすでに信じていることを改めて口に出すことで、それが言われたのを耳にする（もしくは書かれたのを目にする）ことになり、そうやって信念が補強されていく。認知的不協和の原因となっている事柄に対して反論し、どうしてそれが間違っているのかの理由を再確認することで気分をよくする、という方法もある(Festinger, 1957)。例えば、創造論者たちは進化生物学の穴や不足、失敗を指摘するためだけに大量の時間を費やし、工夫をこらしてきた。

　似たような考えを持ち賛成してくれる仲間を集めることで、信念はより強固なものになる。ここでの目標は自分は支持されていると感じることであるが、ここでの振る舞いはときとして「美徳シグナリング」という形をとることがある。すなわち、道徳的価値観や所属している部族へのコミットメントを公に示すということだ。すでに賛成している人を引きつけ、そういう人々の支持・賛同を得ることで、当該の考えを中心にできたコミュニティにおける自らの地位の向上を狙うというものだ（Campbell & Manning, 2018, pp. 48–58; Peters, 2015）。

合理化（認知的不協和を和らげる方法としての）の要点は、自分の考えを変えることを避けることにある（Jarcho, Berkman, & Lieberman, 2010, p. 1）。それに、合理化を公に行うことで、他者をも認知的不協和とソーシャルメディアによるガス抜きという似たような状態に引きずり込むことができる。これが、ソーシャルメディア上の会話の最も有害なパターンの二つを定義づけている。バイラルな憤怒と合理化ループだ（Kolbert, 2017）。

合理化ループは、とんでもない政治的見解を目にしたときに、それをソーシャルメディア上で合理化することがきっかけで始まる。そしてこのループは、あなたの見解に賛成しない人があなたの投稿を見て、あなたが書いたことに対して認知的不協和を起こしてしまうことでさらに進行する。その結果、彼らのほうも自らの認知的不協和を合理化することになる。合理化ループが発生するのは、あなたの合理化に対する相手の合理化があなたのさらなる合理化の引き金になり、さらにそれが相手の合理化の引き金になり、そしてこの連鎖が続くときである。合理化ループが起きてしまうと節度は台無しになるし、友情を終わらせることに繋がるような口論にもなりかねない。

39 例としては次を参照。アンダーソン「２０１６年、アメリカがいかに不正義、人種差別、そして性差別にまみれた国であるかにリベラル白人が気づいた年」〔2016 Was the Year White Liberals Realized How Unjust, Racist, and Sexist America Is〕(Anderson, 2016a)。もちろん、この問題には色々な含みがあり、進歩的左派の議論にも聞くべきところはある。ピュー研究所の出口調査によると、２０１６年の大統領選挙においては人口ギャップの多くは１９８０年以来で最も劇的に表れたとのことである。ここで、アイデンティティにもとづく集団全体のせいでそういう傾向になっているのだとか、あるいはそこでの動機は明らかにアイデンティティ問題に根ざしたものだという想定をする向きもあるだろうが、そうした想定は怪しい。こうした想定は、事実を冷静な視点から追いかける代わりに、責任のなすりつけプロセスを反映しているだけである。またこの問題は、（個人に注目して考えるのではなく）人口統計的なアイデンティティ集団という視点でものを考えてしまうという、より大きな問題の一例でもある。次を参照。Tyson & Maniam, 2016.

40 Tavernise, 2017.

41 ケイティー・ロジャースは『ニューヨーク・タイムズ』において、この問題の要約を選挙の翌日に寄稿している（Rogers, 2016)。だいぶ左よりのオンライン・マガジン『スレート』の副編集長であるＬ・Ｖ・アンダーソンは、同日に記事を発表しており、彼女はそれを引用している。タイトルは「白人女性はトランプに投票することでシスターフッドと世界を売り渡している」(Anderson,

2016b)。アンダーソンと『スレート』は本書刊行時点まで、そういう路線の非難をし続けているようだ。

　ここで言及した二つの記事は、2016年のアメリカ大統領選挙の後に出版された、全く同じ主張を訴えている膨大な文献のうち、ごくごく一部にすぎない。こういう態度がいかに広まっているかを見たければ、「トランプ　当選　要因　白人女性」のようなキーワードでグーグル検索をかけてみればいい。

42 Filipovic, 2016.

43 Stone, Patton, & Heen, 2010, pp. 60, 65.

44 Stone, Patton, & Heen, 2010, pp. 58–82.

45 寄与は〔問題の直接の原因をもたらしたことについて〕被害者を責めたてることとは異なる (Stone, Patton, & Heen, 2010, pp. 69–70)。寄与のシステムとは、関わっている人々の行為、あるいは行為の不在が、当該状況〔の生起〕に対して何らかの形で寄与したあり方のことを指す。非難〔という語〕には、人が何か悪いことをしでかしたという想定がある。〔だが、〕責められるようなことは何もしていないが、それでも問題〔の発生〕に寄与している、ということはよくある (Stone, Patton, & Heen, 2010, pp. 50–53, 120–121)。
　例えば、都心の黒人コミュニティにおいてとりわけ暴力の問題が多いと認めることは、暴力を引き起こしているシステムの問題は黒人コミュニティのせいである、と非難することとは違う。多くの問題は悪循環の結果である（問題Aが問題Bを引き起こし、その問題Bが問題Aをさらに強めて、問題をさらにややこしく根深いものにしてしまう）。そして、寄与のシステムの全体像を把握することは、こうした罠から抜け出すための数少ないやり方の一つだ。また、多くの問題は複数の原因から発生している（要素A、BそしてCが問題Dを起こしているが、A、B、Cのすべてが揃わない限りDは起きない、というような状況——例えば、炎は燃料、酸素、熱の三つがすべて揃わないかぎり起きない）。不適切にも、寄与のシステムの要素を誤認してしまう（「被害者を責める」）と、その問題を解決することはますます難しくなってしまう。特定の個人やコミュニティを責めることはやめて、代わりに寄与のシステムの全体像に着目することで、成功を目指そう。

46 Stone, Patton, & Heen, 2010, pp. 60–64, 67.

47 党派性が私たちの国政に悪影響を与えることについては、ジョン・スチュアート・ミルが『自由論』の中ではっきりと述べている。ミルは（「党派性」という単語が登場する唯一のパラグラフにおいて）次のように述べている。「真理の部分どうしが激しく衝突することが、恐るべき害悪なのではない。恐るべき害悪は、真理の半分がひっそりと抑圧されることである。人々が双方の意見に耳を傾けざるをえないときには、いつでも望みがある。一方の真理にしか耳を傾けないときこそ、誤謬が偏見にまで凝り固まり、真理は誇張され虚偽にまでなってしまい、それで真理の持っている意味を失うのである」(p. 97／118頁)。

48 ヘンリ・タジフェルやジョン・ターナーといった社会心理学者たちは、外集団を攻撃することで内集団を持ち上げる現象を、社会的アイデンティティ理論という理論によって説明している（Tajfel, 2010）。社会的アイデンティティ理論の基本的な考え方は、個人の道徳的な立場は、その人が自分がメンバーだと自認している集団の道徳的な立場と深く結びついているというものだ。例えば、もし保守派の人物が実際に保守派だと自認しているならば、その人が保守派のことを善いと見なす理由はすべて、自分自身も善いはずだと見なす理由になる。自分が「善い」集団に属しているという連想からである。こういった振る舞いは政治や宗教、それからスポーツ選手やスポーツチームのファンどうしの対立においてすら広く見られる。最悪の場合、こういった振る舞いは偏狭な利他主義として知られる結果をもたらすことになる。これは、内集団には過大なまでの思いやり、親切さ、そして特別扱いがなされるのに対して、外集団に対しては不信感や、ときには必要以上の敵意が向けられたりすることを指す。

49 Stone, Patton, & Heen, 2010, pp. 200, 245.

50 Stone, Patton, & Heen, 2010, p. 76.

　人はしばしば寄与変数を非難と誤認する勘違いをしてしまうので、問題に寄与している要素を特定するときには注意が必要だ。次のように言うのは避けよう。「あの安酒場で強盗にあったのは、飲みすぎたせいではないですか？」こういう発言は、強盗の被害者を非難しているととられかねない。強盗は本来（誰の身の上にも）起こるべきではないことだからだ。ただ、この推論は誤っている。XがYに寄与していると述べることは、XがYを起こりやすくした要素の一つだと言っているにすぎない。飲み「すぎる」ことが強盗のターゲットになってしまったことに寄与した変数だ、というのは十分にありえる話だろう。だからといって、強盗にあったことについて被害者の方に道徳的な責任があるわけではない。センシティブな状況では、問題となっている結果に寄与しているのは状況全体のどの要素かを訊ねる方が安全だろう。

51 Boghossian, 2006.

52 Phelps-Roper, 2017.

53 Horowitz, 2013.

54 Boghossian, 2013; Horowitz, 2013; Nyhan, Reifler, & Ubel, 2013.

55 Loftus, 2013.

56 Hubbard, 2007, p. 178.

　この性質は、どのセクトについてのものであっても、他のどのセクト（特に宗教における）にも一般化される。各自が他方の考えを、よくても裏付けがなくてありえそうにないもの、ひどいときには荒唐無稽なものだとみなしてしまう。詳しくは次を参照。Loftus, 2013.

57 Loftus, 2013.

58 この言い回しは哲学者のウォルター・カウフマンによる信仰《フェイス》の定義から借りた。「強烈で、たいていの場合自信に満ちた考えで、理性的な人々の合意を得るための十分な証拠にはもとづいていないもの」(Kaufmann, 2015, p. 3)。

59 Stone, Patton, & Heen, 2010 は、用意された特定の言葉やフレーズを気にするのではなく、ただそこにいて真心をもって臨めばよいとアドバイスしている。「人はあなたの言葉や姿勢だけでなく、あなたの中で起こっていることを『読みとる』のだ。あなたのスタンスが純粋なものでなければ、言葉はあまり意味をもたない。あなたが純粋な好奇心を抱いているか、あなたが心から相手のことを気にかけているかどうかは、必ずといっていいほど相手に伝わる。あなたの意図が邪なものなら、いくら注意深く言葉を重ねても訳には立たない。あなたの意図がよいものなら、不器用な言葉でも障害にはならないだろう」(pp. 167–168／256頁)。

60 Stone, Patton, & Heen, 2010, pp. 85–108,163–184.

61 Stone, Patton, & Heen, 2010, pp. 163–184.

62 背表紙効果を踏まえると、学びモードに切り替えることは、会話での節度、親切さ、そしてラポールを保ちつつ、疑いを植えつけるための秘密兵器にもなる可能性がある。

63 Johnson, et al., 2018, p. 418.

64 次を参照：Edmondson, 2003, p. 257。「私は『心理的安全性』(Edmondson 1999, 2002) という概念を用いることで、人々が自らの職場環境がこうした対人関係上のリスクを冒すのに適していると認識している度合いを捉えている。心理的安全性の高い環境では、人は自分がミスを犯しても、他人がそのことで罰則を与えたり、自分を低く評価したりすることはないと信じている。また、助けや情報、フィードバックを求めても、他人が恨んだり罰則を与えたりすることはないとも信じている。このような考えが、上記のようなリスクを冒す自信を育み、それによって学習からもたらされる利益を得ることを可能にするのである」。

65 Edmondson, 2003, p. 256.

66 この点についてより詳しくは、エイミー・C・エドモンドソンの業績を参照のこと。彼女はこう書いている。「リーダーは心理的安全性を高めようと行動することで、学びに適した環境を作ることができる。独裁者のような振る舞い、近寄りがたさ、そして傷つきやすさを認識し損なうことはすべて、チームのメンバーが学びに向けた振る舞いに伴う対人リスクを負いたがらなくなることに繋がってしまう」(Edmondson, 2003, p. 265)。

67 Bradberry, no date.

68 Bradberry, no date.

69 TED, 2014.

70 Heinrichs, 2017, p. 64.

第4章　中級：介入スキルを向上させる7つの方法——（自分を含む）人の考えを変えるための効果的スキル

1 Harvard Second Generation Study, 2015. 次も参照。Ware, 2012.

2 Lindsay, 2016; Ware, 2012.

3 Aristotle, trans. 1980, *The Nicomachean ethics* VIII. 2 1156a4-5.

4 政治的信念の多くは〔実のところ、〕道徳的信念である。こうした信念は人間関係をよくも悪くもするが、確かな友情を築くのに十分な基礎になることはめったにない（Aristotle, trans. 1980, The Nicomachean ethics VIII）。

5 死を間際にしたときに枕元にいてくれる愛する人の政治的立場が〔何なのかが〕重要だと考えてしまう人には、〔人生における価値の〕優先順位を再考したほうがいいだろう。ホスピス・ケアについての文献（例えばWare, 2012）を読むことで人生が変わるかもしれない。

6 Stone, Patton, & Heen, 2010, pp. 140–144, 153–154, 182–183.

7 Galef, 2017; Tavris & Aronson, 2008.

8 Horowitz, 2013.

9 意見の不一致、特に道徳にまつわるテーマについて起きた不一致については、どちらかが推論のミスを犯していることを必ずしも意味しない。出発点がそもそも人によって違うのだから、そこから論理的に導かれた結論も異なることはある。例えば、胎児が人とみなされるにはどこまで発達が進んでいる必要があるか〔という出発点によって、中絶についての意見も変わってくるだろう〕。

10 研究によれば、自分の立場を貫くこととドーパミンの急激な分泌は関連している（Kolbert, 2017）。友情を犠牲にしてまでも自分の立場を擁護しようとしてしまうという現象は、部分的にはこの関連のせいかもしれない。

11 Chambers, 2009, pp. 147–148.

12 Ebenstein, 2013.

13 Fisher, Ury, & Patton, 2011, pp. 19–20, 200.

　加えて、ダグラス・ストーンらは、私たち誰もがどんな会話の最中でもアクセスできる三つの「ストーリー」を説明している。「あなたにはどう見えるのか」、「あなたのパートナーにはどう見えるのか」、そして「第三者にはどう見えるのか」の三つだ。ストーンらがお勧めするのはこの「第三のストーリー」、つまり外野からの視点で、これは多くの困難な会話でとっかかりとして使える。彼らの推奨によれば、あなたの立場とパートナーの立場との間にある違いを、相手の視点を取り入れる前に可能な限り詳細に理解しておくことである。それが済んでから、もし状況が許せば、自分の視点を持ち出そう。次を参照。Stone, Patton, & Heen, 2010, pp. 147–162. そして特に次。Loftus, 2013.

14 Stone, Patton, & Heen, 2010, pp. 137–138, 180–183.

15 会話の最中の感情に気を配る重要性を強調すべく、ストーンらは彼らの本の第5章を「感情を大事にしよう（さもないと相手に飲み込まれる）」と銘打った（次を参照。Stone, Patton, & Heen, 2010, pp. 85–108, 170–171, 188–189）。さらに、エクマンもこう書いている。「他人の怒りをただ受け入れるだけや、まったく反応しないのは得策ではない」(Ekman, 2003, p. 124／235頁)。「黄金の橋」という表現は中国の伝説の兵法家である孫子に由来するとされる。William Ury (1992) によって一般に広まった。

16 考えを改めるためには、ある考えが間違っていたのだと認める必要がある。多くの人にとって、これは屈辱的だ。屈辱の感情は多くの場合、愚かで不道徳な人間だとみられることによるが、間違った考えを持っているからといってその人が愚かだったり不道徳になるわけではない。ただ、その考えが間違っているというだけのことである。ここでは、視点が人柄（愚かだったり邪悪だったりする）から、命題、つまり考えに話が移っているということに気づかれたい。

17 Malhotra, 2016a; Malhotra, 2016b.

18 Malhotra, 2016a.

19 Fisher, Ury, & Patton, 2011, pp. 18–19.

20 Horowitz, 2013.

21 Fisher, Ury, & Patton, 2011, p. 15; Horowitz, 2013.

22 Fisher, Ury, & Patton, 2011, pp. 16–17.

23 Malhotra, 2016a; Malhotra, 2016b.

24 Stone, Patton, & Heen, 2010, p. xxix／28頁。

25 Fisher, Ury, & Patton, 2011, p. 56.

26 Malhotra, 2016a; Malhotra, 2016b; Parsons & Zhang, 2014, p. 363; Stone, Patton, & Heen, 2010, pp. 125–126, 196–197.

カトリックにおける告解は、「堕落したもの」にとっての「黄金の橋」としてはたらく、ある種の道徳的リセットボタンだ、と言っても過言ではない。しかしそれは、考えを変えるというより、むしろ〔もともと所属していた〕道徳観を共有するグループへの帰属意識を再び感じられるようになるために使われている。次を参照。Ariely, 2012.

27 Fisher, Ury, & Patton, 2011, pp. 23–24.

28 Mullins, 2002; Stone, Patton, & Heen, 2010, pp. 30–37.

29 Exodus 21:7–11, King James Version (KJV)〔聖書協会共同訳『出エジプト記』21章7－11節〕：

7：また、ある人が自分の娘を女奴隷として売る場合、彼女は男奴隷が去るようには去ることができない。

8：もし彼女が、彼女を自分のものと定めた主人の目に適わなければ、主人は彼女が買い戻されることを認めなければならない。外国人に売ることは許されない。彼女を裏切ることになるからである。
9：もし彼女を自分の息子のものとするならば、彼女を自分の娘と同じように扱わなければならない。
10：息子が別の女をめとることがあっても、彼女から食事、服、夫婦の交わりを減らしてはならない。
11：もし彼がこの三つを彼女に与えなければ、彼女は銀を支払うことなく無償で去ることができる。

ここで注目に値する事実がある。米国最大のプロテスタント教派の南部バプティストは、他のバプティスト教会から分裂したのだが、その理由は南部バプティストが奴隷制度を支持しており、奴隷問題について他とは意見を異にしていたからだった、ということである。

30 宗教に関する命題を克服するのはとりわけ難しく、「疑うに足りる理由」によるアプローチの効果は、この領域では限られるかもしれない。このアプローチを政治の文脈で用いた例は、やや単純化しているが次のようなものだ。「不法移民については、私も以前は強く反対の立場をとっていたものです。ただ、不法移民による犯罪率は一般国民よりも低く、アメリカ人がやろうとはしない仕事を担ってくれている、と知ってからは考えを改めましたがね」。

31 Borowsky, 2011, p. 5.

32 Borowsky, 2011, p. 5.

33 ここでの交渉人の戦術においては、ある種の「インタラクションの力と言説コントロール」が用いられ、それによって最終的に「人質犯の降伏」に至った (Borowsky 2011, p. 16)。

34 Borowsky, 2011, p. 5.

35 Fisher, Ury, & Patton, 2011, p. 23.

36 Fisher, Ury, & Patton, 2011, p. 47; Stone, Patton, & Heen, 2010, pp.156–157, 174, 211–216.

37 人質交渉人が人質犯と交渉時によく用いるのは、「みんな一緒の仲間だ 」という視点である (Borowsky, 2011, p. 5; Taylor & Donohue, 2006)。

38 言葉づかいは、患者や治療に対する態度にも影響する (Kelly & Westerhoff, 2010)。分かりやすい事例は、「物質使用障害」の患者と呼ぶべき人のことを「中毒者」、「薬物乱用者」と呼ぶというものだ。Kelly & Westerhoff (2010, p. 202) はこう書いている。「『物質使用障害』と呼ばれた人について聞かれた場合に比べ、『薬物乱用者』と呼ばれた人について判断するときの方が、〔薬物依存は〕個人の過ちであり、懲罰的措置がとられるべきだという見解に賛成する傾向にあった (……)。高度に訓練された精神医学の専門家であっても、これらのよく用いられる二つの表現のどちらが使わるかに応じて、体系的に異なった判断をする。広く用いられている『薬物乱用者』という表現は、スティグマに影響された態度を長続きさせかねない」。

39 会話の流れを止めないためには、問題のリフレーミングは使える手段だ（し、使うべき手段でもある）。ストーンらは次のように書いている。「リフレーミングはあらゆる場面で有効である。相手が言うどんなことでもそれをリフレーミングし、『学ぼうとする会話』に向かって進んでいくことができる。」さらにこうも付け加えている。「あなたもねばり強くやらなくてはならないし、話し合いを生産的な方向に向かわせ続けるためには、たえずリフレーミングすることが必要になるだろう」(Stone, Patton, & Heen, 2010, pp. 204–205／３０２-３０４頁)。

　交渉の最中におけるリフレーミングについては、次を参照。Ury, 1992.

40 Fisher, Ury, & Patton, 2011, p. 23–24; Stone, Patton, & Heen, 2010, pp. 204–205.

41 次を参照。Gaertner, et al., 1999.

42 例えば、柔術や八卦掌といった武術では、力任せでごり押しすることは推奨されていない。力の入れ方を変えたり、余計な力を抜いて、よりよい角度からアプローチすることでうまくいくようになる。

43 Ekman, 2003, p. 125.

44 Voss & Raz, 2016, pp. 96–112. このテクニックは、6章で触れることになる人質交渉についての文献でも論じられている。

45 Voss & Raz, 2016, pp. 96–112.

46 Neiman, 2008.

47 オール・オア・ナッシングの発想を持っていると、会話のニュアンスを見落としてしまい、半ばプロパガンダのようなことを実行してしまうことになる。それは、効果的な会話を破壊してしまうものだ (Stone, Patton, & Heen, 2010, pp. 114-121)。

48 ストーンらは、会話のパートナーはとても気にかけているが、あなたはそうでもないというケースを取り上げている。状況が許すのであれば、会話を流れにまかせておくのが最善の戦略だ、というのが彼らの提案だ (Stone, Patton, & Heen, 2010, p. 246)。だが彼らは同時に、精神的ないじめに陥らないようにと警告もしている。これは、政治についての会話にはいつも付きまとう問題である。つまり、人が譲歩すること、あるいは節度を持って議論することを拒む人がしばしばこの方法を取ろうとするということだ。ストーンらは、広く行動主義の観点からこの問題を捉え、次のように書いている。「相手のやっかいな行動に対処する長期的な戦略としては、これは役に立たない。相手の悪い行動にこちらが折れることで応じていると、また同じことが繰り返されるだけだ」(Stone, Patton, & Heen, 2010, p. 242／３５６頁)。

49 Stone, Patton, & Heen, 2010, pp. 39–40, 174–176.

50 尺度を応用したこの冴えたアプローチは、セールス・トークの専門家であるダニエル・H・ピンクが発案したものだ (Big Think, 2014)。

51 これに限らずテクニックの実践例を見たいのであれば、アンソニー・マグナボスコのYouTubeチャンネル「路上の認識論」を強く勧める。https://www.youtube.com/user/magnabosco210 (accessed October 15, 2018)

52 会話のパートナーに、どうやったら（パートナーではなく）あなたの自信の度合いを高められるかを説明してもらうことで、相手の背表紙効果を暴くことができることもある（Fernbach, 2013; Stone, Patton, & Heen, 2010, p. 200 もまた、会話が行き詰まったときにこの手のテクニックを使うことを支持している）。背表紙効果がメタ認知的評価や推論についての論証理論とどのように関係しているかについては、次を参照。Bromme, Thomm, & Ratermann, 2016.

53 前述したように、この驚くほどよく見かける問題は背表紙効果から発生している。例えば、２０１６年のアメリカ大統領選挙では、環太平洋経済連携協定（ＴＰＰ）という通商協定を、人々が政治的立場を超えて総じて退けようとした。右派は、ドナルド・トランプの経済的排外主義《ネイティヴィズム》に従って、ＴＰＰを明らかな理由から拒否した。一方の左派は、バーニー・サンダースの反グローバル主義的ポピュリズムに従ってこれを拒否した。左派があまりに強固に反対していたので、民主党の大統領候補だったヒラリー・クリントンはＴＰＰ賛成から反対に鞍替えせざるを得なかったほどだ（この立場の鞍替えは、以前には支持していたという事実と相まって、彼女の選挙戦にダメージを与えた）。ＴＰＰについての思い入れが強く、それを単一の論点とした投票者も一部見られた。

　この論点についての主な批判の一つには、専門家でなければ理解できないほどに複雑だというものがある。それはそうだろう、ＴＰＰは実際のところ巨大な国際貿易協定なのだから！　その細かな仕組みと複雑さは、受益者が誰なのかが明らかでないなど、明らかな不透明さもあった。しかし、ほとんどの有権者は、ＴＰＰの是非についてちゃんと適切な情報を持っていて、それにもとづいて意見を決められたわけではなかった。事柄があまりにも複雑なので、適切な情報にもとづいた意見を持っていると自信をもって言えたのは世界でもほんのひとにぎりの専門家だけだった、というのは想像に難くない。しかしながら、ＴＰＰは〔右派と左派の〕どちらからも重要な問題だとみなされていて、多くの人は、自身の理解の度合いによっては到底正当化されないような〔根拠のない〕強い意見をもっていたのである。

54 Nichols, 2017; TedX Talks, 2013; Wilson & Keil, 1998.

55 これのバリエーションの一つが人質交渉でも使われている。より詳しくは次を参照。Grubb, 2010, p. 344; Fisher, Ury, & Patton, 2011.

56 多くの会話――スマートフォンを握りしめつつ行われるもの――は、事実関係についての論争のようなものへとなだれ込んでいく。議論が、武装された、相容れない事実〔の応酬〕になってしまうということは、その議論の争点は本当のところ事実関係（例えば、特定の年に発生した銃による殺人の件数、生活保護を受けている人の割合、ＣＥＯのうち女性やマイノリティが占める割合など）ではないということだ。そうではなく、道徳、アイデンティティ、イデオロギーに深く関わる概念をめぐる議論だったということである。

　ハーバード交渉プロジェクトやその他の専門家たちの指摘によれば、このような状況ではギアを切り替えて、アイデンティティの問題を直接取り上げるか、あるいは公平で偏りのない基準がどのようなものかについて議論するのが有益である（Fisher, Ury, & Patton, 2011, p. 47; Stone, Patton, & Heen, 2010, pp. 14–15, 126–127, 214）。こうした話題に触れるには、次のように訊ねればよい。「実際に拳銃で殺された人の数が、今仰った数の倍だったりあるいはその半分だったとしたら、何か変わりますか？仮に実際の件数が私たちが今考えているものの5倍だとか、あるいは逆に10分の1だということが判明したとしたら、私かあなたのどちらかの考えは変わるでしょうか？」。

最後にもう一言。公平で偏りのない基準を探ろうとすることは、アウトソーシングの一種だといえる。どの情報源を信頼に足るものとして受け入れる、どれを拒絶するか（例えば、FOXニュースなのかMSNBC〔ナショナル・ブロードキャスティング・カンパニー（NBC）とマイクロソフトが共同設立した米国のニュース専門放送局。リベラル寄りの報道姿勢をとっている——訳注〕なのか）は、その人の道徳的アイデンティティを物語っていることも多い。

57 Boghossian, 2013, p. 78.

同じ質問が宗教／無神論の文脈でも頻出する。すなわち、何をもって神を信じるに足りる十分な証拠とするかであるとか、どの情報源を参照するべきかという議論だ。筆者の私たちの経験からいうと、信頼すべき情報源は何かという質問は抽象的なレベルにとどめておいて、具体的な話とは切り離しておいたほうがよい。これはなぜかというと何か特定の守るべき立場があるとき、人は情報として多かれ少なかれ信頼できるものは何かについての判断にバイアスがかかってしまうからだ。証拠、情報源、権威をどのように〔吟味し〕信じればいいのかという論点に議論を移すならば職業的な哲学者がそうするように抽象的に論じるか、あるいは今の話題とは完全に離れた例を持ち出して行うのがベストだ。例えば、何か政治的な話題について話しているときであれば、会話の流れを止めて、ある新聞が信用できるかどうかをどうやって決めているのかを相手に訊ねてみればよい。証拠、情報源、権威をどう受け入れるかについての基準について、ある程度見解がまとまってきたら、その基準を目下の具体的な争点に適用してみよう。

58 あるいは、あなたがアウトソーシングしようとすることについて、敵意や不信に満ちた反応が返ってくる可能性もある。会話のパートナーは、すべての情報源にはバイアスがかかっている、と主張し始めるかもしれない。また、もっと陰謀論めいて、何らかのグループ(例えばイルミナティ〔ドイツ南部のバイエルンに出自を持つ、18世紀に活動していた秘密結社。世界の歴史の裏にはイルミナティの暗躍があるとする陰謀論者がいることで有名——訳注〕、ユダヤ人、宇宙人など）が、何らかの意図にもとづいて情報源をコントロールしていると言い出すこともあるだろう。そういう人は、すべてはフェイクニュースで、「リベラル・メディア」や「右翼メディア」、はたまた「主流メディア」複合体はまるごと全く信じてはならない、と主張することもある。もっと極端なケースだと、「オルタナティブ」なそれも含めて、いかなるメディアも信用しない、という人もいるにはいるだろう（Ingram, 2017; Mitchell, et al., 2014; Parker, 2016; Swift, 2016; Thompson, 2016）。そのような場合には、アウトソーシングを試みることで、会話のパートナーの知識観について価値あるデータが得られることになる——つまり、認識論・知識観がどこかしらどこかしら壊れているということだ。それを受けて、そのまま会話を続けるか、あるいは相手の知識観を完全に理解しようとするモードに切り替える――つまり、会話の焦点をすべて、相手がその考えにどうやって行き着いたのかに向ける――を考え直す必要がでてくるだろう。

59 Boghossian, 2013; Nichols, 2017.

60 Friedersdorf, 2017.

　ダリル・デイヴィスを扱った2017年の作品『ダリル・デイヴィス――KKKと友情を築いた黒人ミュージシャン』〔Accidental Courtesy: Daryl Davis, Race & America〕（各種映画賞を受賞している）と、デイヴィス自身の著作『秘密の関係：ある黒人男性のクー・クラックス・クランへの遍歴』〔Klan-destine Relationships: A Black Man's Odyssey in the Ku Klux Klan〕（Davis, 2011）を強く薦めたい。また、ピーボディ賞とエミー賞を同時に受賞したディーヤ・カーンのドキュメンタリー『白人の権利：敵との面会』〔White Right: Meeting the Enemy〕（2017）も合わせてお勧めする。

61 Steenburgh & Ahearne, 2012.

62 次を参照。Loftus, 2013.

63 Fisher, Ury, & Patton, 2011, p. 47.

64 Kaufmann, 2015, p. 3の定義と比較せよ。「信仰とは、強烈で、たいていの場合自信に満ちた考えで、理性的な人々の合意を得るための十分な証拠には基づいていないもの」。

65 Stone, Patton, & Heen, 2010, p. 177.

第5章　上級：白熱した会話のための5つのスキル――会話の習慣の見直し方

1 Boghossian, 2017.

2 Magnabosco, 2016a.

3 ラパポートのルールを守るための重要な例外については、第7章で扱っている。イデオローグ（自分の信念を変える気がない、あるいは変えられない人）と話すときは、ラパポートのルールを使わないことを勧める。使用してしまうと、相手の自信が強化され、さらに強固なものにしてしまう可能性があるからだ。

4 Dennett, 2013, p. 33.

5 Dennett, 2013, pp. 33–34.

6 Jennings & Greenberg, 2009; Trotter, 1995, p. 4.

7 Answers in Genesis, 2014.

8 Anomaly & Boutwell, 2017.
宗教においては、反証を見せられれば見せられるほど、元の信仰が強まるということもある（Baston, 1975）。

9 Tappin, van der Leer, & McKay, 2017.

10 Shermer, 2012.

11 Coyne, 2009; Masci, 2019.

12 人々は一般的に、真理である事柄をを信じるよりも、居心地のよさのほうを気にかける傾向がある。また、自分が支持するイデオロギー集団と意見が合わない論点があったときに、人はその不同意を隠すという傾向がよく見られる。たとえ、その見解が真理にもとづいていたとしても、そうなのである。この特徴は、ハーパー・リーの小説『アラバマ物語』のクライマックス、裁判所のシーンで鮮明に描かれているように、特に陪審員において大きな問題を引き起こす可能性がある。また、この傾向については法学研究でも支持されている（次を参照。Lee, 1960; Waters & Hans, 2009）。最後に、ティムール・クランによる、重要ではあるが過小評価されている著書『私的な真理、公共の嘘：選好偽装の社会的帰結』〔Private Truths, Public Lies: The Social Consequences of Preference Falsification〕（Kuran, 1997）を強く推薦する。クランの研究は、人々が自らの政治的選好や知識を誤魔化すようになるメカニズムをテーマとしている。

13 聖書を字義通りに解釈するタイプのキリスト教信者にとって、進化論は、アダムとイヴ、原罪、そしてイエスの贖罪という聖書の物語をダイレクトに否定するものである。この事実は、字義通りの解釈をとるキリスト教徒が進化論を受け入れる上で、乗り越えられないほどの道徳的な壁となるものである。まっとうな生物学を受け入れつつ、イエスへの信仰によって救い（したがって永遠の命）を得ることができると確信できない限り、どれだけ科学〔的事実〕を突きつけられても、こうした信者の心を変えることはできないのだ。

14 Flynn, Nyhan, & Reifler, 2017; Nyhan & Reifler, 2010.

15 Martí, et al., 2018.

16 次から引用し、それを強めたもの。Magnabosco, 2016b.

17 Cahill & Farley, 1995, pp.77-79. この文献の p.96 では、受胎の瞬間に入魂《エンソウルメント》が起きる、と全日本仏教会が１９７８年に宣言したことにも言及している。
「入魂」がどの時点で起こるかは、神学的な議論の尽きない問題であり、その結論として、多くの伝統、特にキリスト教の伝統は、受精の瞬間にそれが起こるという見解を採用している。

18 *Oxford English Dictionary*, entries: disconfirmation, disconfirm.

19 Boghossian, 2017.

20 反証〔disconfirmation〕の背後にあるこの考え方は、哲学／認識論の文献では「撤回可能」〔defeasible〕という用語で、あるいは科学哲学の文献では「間違いであることを示すことが可能＝反証可能」〔falsifiable〕という用語で登場することがある。この二つの用語は完全に同じことを意味するわけではないが、本書では両者の一般的エッセンスを捉えるために「反証可能」〔disconfirmable〕という語を使用する。

「撤回可能であること」と「間違いであることを示しうること」の違いは、後者は経験的な問題、つまり実証＝テスト可能〔can be tested〕な問題にのみ着目している点である。哲学者は、「白鳥はすべて白い」という有名な例を用いて「間違いであることを示しうること」を説明する〔ことが多い〕。なぜなら、たった1羽の白くない白鳥がいれば、「白鳥はすべて白い」という仮説が偽であることが示されるからだ。

道徳的信念は経験的なものではないが、撤回可能ではある。（ただし、この言明は、倫理学者の間で議論の的となっていることに留意されたい。）例えば、プラトン『国家』の冒頭では、「正義」とは「借りを返すこと」だと定義された後で、ナイフを借りた相手がそれで殺人を犯すとあなたが考えているのであれば、それを返すのは正義なのか、とソクラテスは問うている（Plato, 1992, 331c）。つまり、ソクラテスの問いが示しているのは、「借金を返すこと」が常に正義であるはずがなく、むしろ借金を返すことが不正の一形態である場合があるため、〔どんな場合にでも当てはまるような〕正義の定義などできない、ということである。ソクラテスの問いの背後にあるポイントは、誰かが殺人を犯すつもりであるという条件が、正義が「借金を返すこと」であると考えている人の信念を覆すのに十分であるかどうか、と問うことにある。

21 一部の神学者は、「神の聖霊についての自己認証的な証言」（Craig, 2008, p. 46）は、撤回可能ではないと主張する。つまり、それは自らを正当化するものであり、それが偽りであることを示しうるような条件などない、ということである。

22 Shklovskii & Sagan, 1966.

23 人は反証について知れば知るほど、自らの考えを修正する可能性が高まる、ということを示唆するエビデンスがある（Koriat, Lichtenstein, & Fischhoff, 1980; Wynn & Wiggins, 2016, pp.32-34）。つまり、反例やエビデンスを提示することで、考えを反証可能なものにすることができるのである。しかし、当該の考えは世界に関する記述的な事実であり、情動的・道徳的な価値を帯びたものではないため、これはややミスリーディングなものではある。Koriat, Lichtenstein, & Fischhoff の研究結果を再現するためには、さらなる研究が必要である。

24 これに関する詳細は、次の文献を参照のこと。ボゴジアン&リンゼイ「ソクラテス式問答法、撤回可能性、ドクサ的責任」〔The Socratic Method, Defeasibility, and Doxastic Responsibility〕(Boghossian & Lindsay, 2018)。この論文では、責任のある信念形成が、ソクラテス式問答法の要素とどのように関係しているかを詳しく説明している。

25 人が誤った信念を形成してしまう原因は、必ずしも無効な認識論を使っているからではなく、むしろ不完全または不正確な情報をもとにして有効な認識論を使っていることにある、という可能性もある――哲学者は、この点を認識している。この点について考えるには、「止まった時計は1日に2回は正しい時を示す」〔壊れた認識論が偶然に正しい答えを見つけることがある〕という格言を思い出すとよいだろう。これに加えて、「…しかし、正しく機能している時計が間違った時刻にセットされている間は、決して正しい時を示すことはない」、つまり、正しく機能している認識論が不正確な情報や欠陥のある情報にもとづいて運用されたとしても、真理にたどり着くことはまずない、という第二のポイントも強調したい（Lindsay, 2015）。この問題を克服するには、「ドクサ的」〔信念形成的〕フレームと呼ばれる枠組みに移行して、新しい情報を導入し、それを既存の有効な認識論に取り込む必要がある。「私が……〔何らかの新しい情報〕と言ったらどうしますか？」〔映画『マトリックス』の登場人物モーフィアスの写真に、セリフ「私が～と言ったらどうする？」（「～」の部分に面白い発言を挿入）を加えて大喜利のように遊ぶミーム――訳注〕というよく知られたミームは、このシフトとその運用の一例である（例：「もし私が、両政党は企業の利益を優先していると言ったらどうしますか？」）

26 Ury, 1992, pp. 65-66.「もしも」の質問をする前に、パートナーに自分の条件を出してもらうこと。あなたは特定の「もしこうだったら」という質問によって相手に疑念を植えつけられると考えているかもしれないが、相手にはそれは有効ではない可能性がある。なので、あなたが仮定の話をする前に、相手に反証条件を提示してもらうのだ。

27 反証条件が〔単に常識の範囲内で〕ありえそうにないものなのか、それとも荒唐無稽なほどありえないものなのかという区分は、恣意的といえば恣意的である。潜在的に、反証条件のまっとうさは、スペクトラムの上に存在する。〔普通の〕ありえなさと、荒唐無稽なほどのありえなさは、合理的な人々のほとんどがありえない条件を荒唐無稽なほどありえないと考えるかどうか、そしてそれを受け入れる前にどれだけのエビデンスが必要かという、曖昧な境界線によって分けられる。この特徴付けが適切な理由は、荒唐無稽なほどありえない反証条件を人が提示する最も一般的な理由は、他の動機（個人的アイデンティティや道徳的盲目など）が、より合理的な条件を考慮することを妨げている、というものだからである。

ただし、注目すべき例外がある。例えば、素粒子物理学者に、ヒッグス粒子の存在について考えを改めさせるものは何かと訊ねたら、「素粒子物理学という枠組み全体が間違っているような場合」というような、荒唐無稽に思える（あるいは実際に荒唐無稽である）と同時に、きわめて誠実で深く考え抜いた答えが返ってくるかもしれない。〔素粒子物理学という文脈においては〕どのような誠実な答えであっても荒唐無稽なものになるのは、ヒッグス粒子の観測と一致する証拠があまりにも圧倒的〔に膨大〕であるため、荒唐無稽な反証条件のみがその知識についての主張の修正を正当化しうるからである。日常会話で出会う信念の大半は、これほど強力なエビデンスの基準を備えた専門家が抱く類の考えではない。（もしそのような会話に参加する機会があったとしたら、それこそ質問して学ぶチャンスである。）

最後に、自分の信念が非の打ちどころのない高水準のエビデンスにもとづいていると考えている人たちと会話する場合について、

28 述べておこう。彼らはしばしば、〔端的に〕間違っている。エビデンスの基準には、専門知識を要する特定の要素、すなわち、使用するモデルが完全に成熟し、強力で予測可能であること、エビデンスを収集する方法が厳格で再現可能であることが必要である（Stenger, Lindsay, & Boghossian, 2015）。一見すべての質問に答えを与えると称する多くのモデルは未熟であり（例えば神学）、それらのモデルを支持するエビデンスに基づいた主張の多くは厳密でも再現可能でもない（例えば、証言や啓示に頼ったりする）。ここで、サム・ハリスが投げかけた次の質問が思い起こされる。「もし相手がエビデンスを重視しないなら、その人がエビデンスを重視すべきであると証明するために、あなたはどんなエビデンスを提供できるだろうか？　もし相手が論理を重視しないのであれば、どのような論理的議論を提供すれば、論理の大切さを示すことができるだろうか？」（TubeCactus, 2011）。

29 Dennett, 2006, pp. 200-248.

30 Nyhan & Reifler, 2010.

31 Harrington, 2013.

32 Boghossian, 2012, pp. 715-718.

33 Boghossian, 2013, pp.59-62.

34 Boghossian, 2013, pp. 60-61; FFRF, 2013.

　また、タッピンらが「望ましさバイアス」（Tappin, van der Leer, & McKay, 2017）と呼ぶ現象にも注目すべきであろう。これはつまり、エビデンスが望ましい結果に合致する場合に、人は自分の信念を「更新」する、という現象をさす。〔例えば、〕キリストの骨とされるものの場合、その骨がキリストのものであってほしくないという願望こそが、その望まれた結論と一致するエビデンスを過大評価する原因となる。

35 ABC News, 2004.

36 Longsine & Boghossian, 2012; Swinburne, 1990, 1997, 2001, 2005.

37 Chapple & Thompson, 2014.

38 Ury, 1992, pp.66-67.

39 〔聖書の〕十戒と道徳との一般的な関連性を扱った、福音派の有名な冊子がある（Comfort, 2012, pp. 291-293）。そこにはおよそ次のような内容が書かれている。

牧師：嘘をつく人をなんと呼びますか？

被害者：嘘つきです。

牧師：あなたは今までに嘘をついたことはありますか？　どんなものであれ。

被害者：はい、あります……。
牧師：そうすると、あなたはどうなるのですか？
被害者：嘘つき……です。
牧師：〔窃盗や罵倒など、他の違反行為でも同じパターンを繰り返した後で、続ける。〕聖書は、嘘つきや泥棒、あるいは意味もなく罵る人について、何と書いてあるか知っていますか？　彼らは地獄に落とされる罪人だと書いてあります。あなたは自分が嘘つきで、泥棒で、人を罵る人間だと言いましたね。聖書に書いてあるように、地獄に落ちたいですか？
被害者：いいえ……。
牧師：さて、ここでよいお知らせがあります。その〔ように、地獄に行く〕必要はないのです。もしあなたがイエスを自らの主、救い主として心に受け入れるなら、イエスはあなたを罪から救い、あなたは天国でイエスと共に永遠の命を得ることができるということをご存知ですか？〔そして、被害者を操って、自分は道徳的にダメな人間だと信じ込ませた後で、洗脳が始まる〕。

40 Boghossian, 2017; Stone, Patton, & Heen, 2010, p. 213.

41 Leonard & Yorton, 2015, pp. 21-22.

42 Leonard & Yorton, 2015; Stone, Patton, & Heen, 2010, pp. 39-40.

43 二つの視点が明らかに対立していたとしても、それらが矛盾していることを意味しているとは限らない。矛盾した視点どうしは調停しえないが、一見矛盾した複数の説明について、各人が異なる視点を持っていることが対立の理由になっている場合、それは調停することができる。〔例えば、〕スープの適切な温度に関する見解が異なっている場合、私はスープが「熱すぎる」と思い、あなたは「ちょうどいい」と思っているということはありうる。よりこの点が明白になる例を挙げるとすれば、「化石燃料と比較すれば、原子力発電はクリーンな電気を作るのに適している」と私が述べる一方で、「核廃棄物は危険だから、クリーンな電気を作るのには適していない」と相手が答えるというようなケースだ。この場合、核廃棄物が非常に危険であること、かつ、相当量の大気汚染を引き起こす可能性がある化石燃料と比べ、核廃棄物は異なる種類の「汚い」問題であるため、代替案と比較するとクリーンであること、このどちらについても、私と相手のどちらもが認めることは可能である。

44 Ury, 1992, p. 51.

45 Voss & Raz, 2016, pp.150-165.

46 Ury, 1992, p. 51.
注：『ハーバード流〝NO〟と言わせない交渉術』でユーリーは、〔交渉相手を指す言葉として〕「対立相手《オポネント》」を使っているが、会話に参加するにあたっては、その代わりに「パートナー」を使うことをお勧めする。同書を通じてユーリーは「対立相手」という

言葉を用いてはいるが、彼は特に力を入れている交渉を含む会話全般を、協力的なパートナーシップとして捉えることの価値を認めている（例：p.84）。

47 Ury, 1992, p. 51.

48 Stone, Patton, & Heen, 2010, pp.194-195, 205.

49 Ekman, 2003, p. 111／２１４頁。「怒りのもっとも危険な特徴の一つは、怒りが怒りを呼ぶことだ。その連鎖は急にエスカレートしていく危険性がある。聖人君子でもないかぎり、相手の怒りにムッとせずにはいられない。とくに相手の怒りに正当性がなく、独りよがりなものであればなおさらである」。

50 Ekman, 2003, pp. 115, 120.

51 『グリーンズボロ・レコード』紙のイヴ・スターによる「インサイドＴＶ」〔Inside TV〕(Starr, 1954) にて引用されている。注：この引用は、風刺作家のアンブローズ・ビアスのものとされることが多いが、本当の起源は不明である。

52 コンピュータが自分の思うように動いてくれないとき、どれだけ腹が立つか考えてみてほしい。恐らくあなたは、〔原稿につける〕脚注を正しく列挙してくれないワープロと格闘し、それを修正するためにかなりの時間を費やしたことがあるだろう（このメモを入力する直前の著者もまさにその状況にあった）。あなたは、「この［※放送禁止用語をここに挿入］ほど馬鹿な機械」が、〔思い通りに動いていない〕今とは異なる仕方で動作するべきだと感じたために、怒りを覚えたのかもしれない。恐らくだが、コンピュータは〔通常、〕あまりにも効果的に動作するため、自分が〔意図したとおりに〕動作させることができなくても、コンピュータが〔自ら〕動作するはずだ、と感じてしまうことが多いのだろう。これが原因となって、「defenestrate〔窓から人・ものを投げ落とすという意味の動詞〕」という曖昧な言葉が存在する〔おかげで、自分の感情を英語で適切に表現できる〕ことをありがたく思うような、ある種の苛立ち（あるいは怒り）が生まれてくる。こうした事態が会話の中でも出てくることには、理由がある。ポール・エクマンは、乳幼児でも物理的な干渉を受けると怒りの反応を示すと指摘している。実際、発達心理学者は、物理的な干渉は「最も効果的に子どもを怒らせる方法」だと述べている（Ekman, 2003, p. 110／２１３頁）。

　会話相手の意図についてあなたが抱いている考えを加味することで、会話における苛立ちの度合いを変えることができる。相手の言葉や立場の背後に、善意や親切な意図を想定すれば、苛立ちを減らすことができるということだ。また、相手のイライラする行動は、意図せずしてイライラするものになってしまっているのだと自分に言い聞かせることも、効果的だ。逆に、相手が（あなたの感情を）無視していたり、意図的に挑発したり攻撃したりしていると考えてしまうと、あなたの苛立ちの度合いは高まることになる。妨害されたという感情は、道徳的・政治的な隔たりを超えた会話にはよく見られるものだ。しばしば政治的な会話において、「相手側」が生命、自由、または幸福の追求を妨害するような政策を支持していると感じられるときに、人の怒りは湧き起こる。

53 Ekman, 2003, p. 125／２３６頁。

54 ひとたび怒りが会話に入り込むと、相手の怒りにこちらの怒りで応えないようにするという余計な苦労が生じ、その結果「取り返しのつかないこと」(Ekman, 2003, p.115／２２１頁) を言ってしまうことがある。エクマンの指摘によれば、怒りが「瞬間的に、時には永久に」人間関係を損ない、「しばしば怒りの報復を招いてしまう」(p.120／２２９頁) 可能性があることを、誰もが理解し留意すべきである。また、怒りは信念を凝り固まったものにし、自分の考えを何としてでも守ろうとするある種の自暴自棄の態度をもたらすことも知っておくべきだろう。この自暴自棄の度合いは、怒りのレベルに比例して高まる。このような理由から、エクマンは次のように述べている。「普段は怒りに任せて行動しないほうがいい」、そして「怒った人は、その場で怒りを表現することが、最もうまい対処の仕方かどうか考えるべきである。〔だが〕たいていは考えないのだ。」彼は結論として、常識的ではあるが、明確に述べておく価値のあることを強調している：「怒りが鎮まってから、不満の種の解消にあたったほうがうまくいく」(p.120／２２９頁)。

55 次の文献を参照。Ury, 1992, pp.27-29. また、この事実と次に述べる二点については、次の文献に従う。Ekman, 2003。

> やっかいなことに、感情は私たちの知っていることを無効にしてしまうこともある。感情的でないときに容易に考えられることが、感情的になると考えられなくなるのだ。というのも、不適切な感情に囚われると、私たちは起こっていることを、感じていることに合わせて解釈し、それに合わない知識を無視するからだ。
>
> 感情は、世界の見方や、他人の行動の解釈の仕方を変える。私たちはある感情を覚えたとき、なぜそう感じているかを疑おうとはしない。逆にそれを確証しようとする。自分の感じている感情に合わせて周囲の物事を解釈し、その感情を正当化し、維持するのだ。
>
> (pp. 38-39／１０３頁)

56 エクマンはこれを、世界観による情報のカプセル化というフォーダーの概念になぞらえている。フォーダーの見解を一般的に説明すると、世界観と矛盾する情報は、それを支持する情報と比べて、容易にアクセスしたり、取り入れたりできない、というものである (Fodor, 1983)。（これは、哲学における「真理の整合説」と呼ばれる立場に似ている。）エクマンの考えでは、感情が私たちの認知を一時的に乗っ取り、感情主導の世界観に塗り替えてしまうという。この世界観は、特に怒り、嫌悪、恐怖といった感情を確証または正当化しようとする仕方で情報をカプセル化する。エクマンは、〔今挙げた〕これら特定の感情がこの特徴を強く持っていると推測しているわけではないが、それらを感じることの恥ずかしさが何らかの役割を担っている可能性はある。

Ekman, 2003, pp. 38-39, 65; Fodor, 1983.

57 Ekman, 2003, pp. 38–39, 65; Fodor, 1983.

58 Ekman, 2003, pp. 38–39, 65; Fodor, 1983.

59 怒りに関連する感情不応期は、反芻、または「煮えたぎり〔スチューイング〕」につながる可能性がある。これには怒りを維持するどころか、増大させる傾向すらある。オハイオ州立大学のコミュニケーション研究と心理学の教授であるブラッド・ブッシュマンは、怒っているときにそれをガス抜きしようとすると、怒りの解消に役立つどころか、反芻を誘発することが多いことを示している（Bushman, 2002）。半数を克服する手段はたくさんあり、リラックスしたり瞑想したりするための休憩時間を取ったり（Jain, et al., 2007）、可能であれば自然の中で、長い散歩をする（Bratman, et al., 2015）などがある。

60 エクマンは次のように述べている。「感情信号がその源については何も教えてくれないことを覚えておくことが重要である。理由がわからなくても、人が怒っているのは分かる。それは私たちに向けられた怒りかもしれないし、本人の内側に向けられた怒りかもしれない。わたしたちとは無関係の、本人が思い出したばかりの何かに向けられた怒りだということもありえる」（Ekman, 2003, p.56／131頁）。このテーマは、ダグラス・ストーンらによっても論じられており、〔会話〕相手の背景にある文脈や意図をあなたは知らないと仮定するほうがよいと、彼らは推奨している（Stone, Patton, & Heen, 2010, pp.30-37, 46-53）。このことの実践的な帰結の一つは、あなたが人と会話しているときに相手が怒り出したとしても、あなたは間違ったことや不適切なことは言っていないかもしれない、ということである。

61 Ury, 1992, pp. 17, 32–33.

62 Voss & Raz, 2016, p. 204.

63 Ury, 1992, pp. 27–29, quotation on p. 29／66頁。

64 Ury, 1992, p. 108 (among others); Voss & Raz, 2016, pp. 29–31, 47.

65 Ury, 1992, pp. 37–39.

66 Ury, 1992, p. 43.

67 Voss & Raz, 2016, p. 44.

68 Ekman, 2003, pp. 133–135.

69 Ury, 1992, pp. 27–28.

私たちには、道徳的な反応を感じた上で、それを合理化する傾向がある。その結果、義憤を感じると、その怒りを自分に対して正当化し、結果として怒りを維持したりエスカレートさせたりする傾向がある（Haidt, 2012, p.76）。もしあなたが強い意志の持ち主なのであれば、ソーシャルメディア上では揉める会話を避けるべしという一般的なルールを破ることも可能かもしれない。私たちは〔対面での〕個人的な話し合いを推奨してはいるが、インターネットを介したコミュニケーションでは、返信する前に落ち着いて考える時間を取ることが可能だ〔という利点がある〕。このため、直接会って円満に過ごすことがほとんど不可能な会話も可能になる。

70 エクマンらによれば、人生の背景をなす「スクリプト」（基本的には、過去に起こったネガティブな、あるいはトラウマとなっている出来事に関連した未解決の感情）が、怒りの引き金を強めたり、その効果を長引かせたりすることがある。これらのトリガーに前もって気づく（あるいは克服する）ことで、怒りを避けることができるかもしれない（Ekman, 2003, pp.38-51）。さらに、『話す技術・聞く技術』(Stone, Patton, & Heen, 2010, pp. 34-36) によれば、私たちはしばしば会話相手の背景にある経験や世界観を知らない（あるいはそれらについて非現実的な仮定をしている）。つまり、会話相手は通常、こちらの引き金に気づいていないので、あなたにはそれを事前に和らげるよう努力する責任があるのである。

71 リンゼイがかつて、ある建設会社の現場監督から聞かされたのは、彼が大した給料も与えられない困難な現場へと10代の若者を連れて行き、なぜ大学に行くべきかを教えるのが好きだということである。彼は、テネシー渓谷の真夏の暑さと湿度の中で、彼らに過酷な肉体労働をさせる。そして、講義をするのだ。彼の脚本は、だいたいこんな感じだとリンゼイに伝えた。「この太陽と熱と湿気の中で数日間彼らを死にそうな目に合わせた後、私は彼らにこう訊ねたものだ。『お前は学校に行きたいのか、それとも一生この暑さの中でニガー〔黒人を指す侮蔑表現。遠回しにこの語に言及するときは、英語の頭文字をとって「Nワード」という言葉が用いられる――訳注〕らのように働き続けたいのか』と。しかしもうそんなことは言えないので、代わりにこう訊いたのさ。『お前は学校に行きたいのか、それともメキシコ人らのようにここで働き続けたいのか』とね」。

　この男性は、自分のボキャブラリーから（一応）Nワードを取り除いたという明確な自負があるため、彼は自分が素直で真面目だとは思っていたとしても、不適切なことを言っているとは思っていないことがよく分かる。その人の発言に続いて、リンゼイはこう言った。「『メキシコ人らのように働く』と口にするのも、適切ではないのではないでしょうか」。ここで重要なのは、リンゼイがこう指摘したのは、現場監督の主張を理解していることを示してからであり、そうしてから会話を進めたということである。現場監督はリンゼイの説明を認め、今後は〔黒人やメキシコ人に触れることなく、ただ〕「身を粉にして働く」と言うようにすると述べた。リンゼイは、最初から彼の話を遮って、すぐに彼の言葉遣いを「罵倒」することもできたが、そうしていたら問題を認識させることにこれほど成功しなかったかもしれない。もし彼が割り込んで、現場監督の言葉遣いが「クールではない」と言う、あるいはもっとひどく、彼が人種差別主義者であるとほのめかしたり、はっきりと人種差別主義者と呼んだりして、相手が自らのアイデンティティを守り抜こうという防御体制に追い込まれてしまっていたら、彼の行動がそれに応じて変化したかどうかは不明である。

72 Parrott, 2001, p. 343.

73 Dittmann, 2003, p. 52.

74 Stone, Patton, & Heen, 2010, pp. 208-210.

75 Ury, 1992, p.76; Voss & Raz, 2016, pp. 56, 62.

76 Denson, DeWall, & Finkel, 2012; Ekman, 2003, pp. 39, 54, 115, 120.

77 Ekman, 2003, pp. 39, 54, 115, and 120; Lerner & Tiedens, 2006.

78 次に引用されている。Ury, & Patton, 2011, p. 16／36頁。
これを実行する手段としては、「マニュアル共感」を用いることを推奨したい。これは、フィッシャーらも述べるように、「カブトムシになるとはどういうことか」を把握するのに役立つ（p.16）。クリス・ヴォスが「戦術的共感」と呼ぶ、大事なものがかかった状況で効果的な交渉を行うためには欠かせない技法として挙げているものに似ているが、マニュアル共感のほうがもう少し複雑だ（Voss & Raz, 2016, pp.51-54）。マニュアル共感は、あなたの想像力を会話相手の関連する感情体験の中へと完全に引き込むことで、戦術的共感をさらに一歩進めるものである。マニュアル共感を行うには、相手が感じそうなことを自分で実際に感じられるまで想像し、その後、その状況をどのように進めたいかを自問する必要がある。これによって、実際に状況をどのように進めるか、より明確な選択ができるようになる。

79 Voss & Raz, 2016, esp. pp.140-161.

80 Voss & Raz, 2016, esp. pp.140-161.

81 エクマンは、挑発がきっかけで相手が怒り出した場合の注意点について次のように述べている。「公衆の面前で辱められたことに怒っている人物がいるとしよう。怒りに駆られている間は、言われたことが実際に自分を侮辱するものだったかどうか考えるゆとりはないだろう。自分を辱めたと思われる人物についてそれまで知っていることが頭の中をかけめぐり、辱めを受けたということだけに心が奪われ、それに反する考えは意識には上らない。たとえ自分を辱めた人物が言い訳したり、謝ったりしても、怒った人がその情報（謝罪したという事実）をただちに受容することはないものだ」（Ekman, 2003, p.39／１０４頁）。相手のことをよく知らないでいると、自分が思っている以上に大きなリスクを背負うことになる可能性がある。エクマンはこうも指摘している。「全般的に、より速く強い反応を起こす人は、強烈な引き金の影響力を鎮めるのに苦労する」（p.48／１１７頁）。

82 Ekman, 2003, p. 118／２２６頁：「ほとんどの人は怒ったとき、いや頭にきたときでさえ、暴力をふるったり、ののしりの言葉を吐いたりするのを抑えることができるとわたしは信じている」。メールやテキストに返信する前に、怒りが収まるまで待つことで、少なくとも、自分の言いたいことをより慎重に表現する方法を選ぶことができるようになる。また、エクマンのアドバイス（pp. 54, 115, 120）に従うことで、相手の意図や動機について不当な思い込みをすることも避けられ、後で後悔するようなことを言うことも少なくなるだろう。つまり、怒りが収まってから返信した方が、生産的で品位のある対話を維持し、さらに発展させる機会が増えるということだ。

83 Chapman, 2015, p. 192.
84 Chapman, 2015, p. 192.
85 Voss & Raz, 2016, esp. 49-73.
86 Kubany, et al., 1992, pp. 505–516.
87 Voss & Raz, 2016, esp. pp. 26–48.
88 Rogers, 1975; Voss & Raz, 2016, exp. pp. 51-73.
89 この点については、エクマンが十分に明言している。次の通り。「他人の怒りをただ受け入れるだけや、全く反応しないのは得策ではない。誰かに気分を害するようなことをされたとき、それをやめてもらいたかったら、こちらが憤慨していることを相手に知ってもらう必要がある」(Ekman, 2003, p. 124／235頁)。これは、感情は対処されなければ消えることなく、むしろ注意を引き続けるものだという、『話す技術・聞く技術』における指摘とよく一致している (Stone, Patton, & Heen, 2010, pp.86-90)。他人の怒りをまるごと受け止めると、それによって憤りが増幅されてしまう可能性が高い。その新しく生まれた憤りもまた、対処を必要とする独立した感情である (Stone, Patton, & Heen, 2010, pp.89-90)。

第6章　超上級：心を閉ざした人と対話するための6つのスキル——会話のバリアを突破すること

1 ジョン・スチュアート・ミルであれば、おそらくこのアプローチを奨励するだろう。
2 弁証法は、古代ギリシアの哲学者に由来するものだ。〔原語の〕「ディアレクティケー」は、理性的な議論を通じて真理を発見しようとする2名以上の人々の間の議論を記述するために使用された概念である。ソクラテスの会話の多くは、この視点を通して見ることができる。すなわち、真理に到達するために用いられる、体系化された質問プロセスなのである (Boghossian, 2002, 2003)。実際、西洋の思想の歴史は、理性を用いて現実を理解し、対立する主張を調停しようとする試みとして見ることができるだろう。
3 次を参照。Fichte, 1970; Hegel, 2010. 簡潔なまとめとしては次がある。Maybee, 2016.
4 Singer, 1983.
5 Haidt, 2012.
6 Kaplan, Gimbel, & Harris, 2016; Pascual, Rodrigues, & Gallardo-Pujol, 2013.
7 Ekman, 2003, pp. 133–135.
8 Lindsay, 2015.
9 Boghossian, 2002.

10 Cohen, et al., 2007; Correll, Spencer, & Zanna, 2004; Horowitz, 2013.

11 Goulston, 2015, pp.145, 188, 194.

12 Stone, Patton, & Heen, 2010, pp.89-90.

ローマの哲学者セネカは、著書『怒りについて』において、怒りは理性の敵だ（ただし訳による）、という名言を残している（Seneca, ca. 45 CE/trans. 1995, p. 21）。そして、次のように述べている。

> 人間は相互の助け合いのために生まれた。怒りは破滅のために生まれた。人間は集合を欲する。怒りは離散を欲する。人間は貢献を欲する。怒りは加害を欲する。人間は見知らぬ人すら援助する。怒りは愛しい者すら苛む。人間は他人のため、進んでみずからを危険にさらす。怒りは危険の中へ、もろともに引き込むまで堕ちていく。（Seneca, ca. 45 CE/trans. 1995, p. 23／96－97頁）

彼は、怒りのような情念は制御しようとするよりも、追放するほうが簡単だと書いている。要するに、怒りはあまりにも強力で頑固なので、支配することができないのである。次の一節で彼は、怒りのような情動がいかに理性の敵であるかを痛烈に説いたのである：

> 次に、手綱をとる理性そのものが強力であるのは、それが情念から隔てられている間でしかない。情念と混ざり、みずからを汚してしまうと、押しのけることすらできたはずのところを、もちこたえることさえできなくなる。精神は、一度揺り動かされ、ぶつけられると、駆り立てるものに仕えることになるからである。（Seneca, ca. 45 CE/trans. 1995, p. 25／１００頁）

13 Stone, Patton, & Heen, 2010, pp.97-98.

14 Stone, Patton, & Heen, 2010, pp.97-99.

15 Stone, Patton, & Heen, 2010, pp. 91–94.

16 Stone, Patton, & Heen, 2010, pp.94-97, 102-105.

17 Goulston 2015, p. 105.

18 Spitzer & Volk, 1971.

19 Weinstein & Deutschberger, 1963.

オルターキャスティングの有効性については、相反するエビデンスがある。〔有効性について〕より懐疑的な見解としては、次を参照。Turner et al., 2010. また、オルターキャスティングは販売員や詐欺師によって頻繁に使用されていることに留意すべきである（Pratkanis, 2000, especially pp. 201-203）。

20 オルターキャスティングは、ここで提唱した種類の方法でのみ使用することを私たちは推奨する。具体的には、会話の介入が適切な用途とは、疑いを植えつける、選り好みされた解決策を手札から外す、品性を保つ、相手が自分の考えについて抱く自信を弱めるよう促し、より謙虚になれるよう支援する、といったものに限るべきだ。

21 第2章で、クルト・レヴィンの第2次世界大戦中の菓子パンの研究を紹介したときに述べたように、自己生成されたアイデアは、人から伝達されたメッセージよりもはるかに強力なものになり得る。この効果は、社会的役割へのコミットメントが関与している場合、さらに顕著になる。レヴィンは、同じ情報であっても、それを誰かから指示された場合と比較して、グループで生成された解決策のほうが、人々の行動を変えるよう説得するのに12倍以上の効果を持つと結論付けた（Lewin, 1947）。レヴィンの研究では、社会的コミットメントと解決策の自己生成の影響を分けてはいないが、本書での現在の目的では、このことはあまり重要ではない。

22 会話に効果的に適用できる、注目すべき人質交渉のテクニックは、次のような科学的証拠《エビデンス・ベイスト》にもとづくアプローチから得ることができる：SAFE（実質的要求、同調、表情フレーム、情動的ストレス）、BCSM（行動変容の階段モデル）、REACCT（承認、関与、評価、契約、制御、譲渡）（McMains & Mullins, 2014）。これらの確立された方法は、文字通り命がけの緊張した状況を和らげるのに効果的な鎮静化テクニックを使用したものだ。人質交渉のテクニックとその応用については、このセクションで引用した情報源を参照することをお勧めする。

23 McMains & Mullins, 2014, p. 134.

24 この概念に関する私たちの議論は、概ね次の文献に従っている。McMains & Mullins, 2014, Chapter 3.

25 McMains & Mullins, 2014, p.134.

26 ここでも、次を参照。McMains & Mullins, 2014, Chapter 3.

27 McMains & Mullins, 2014, p. 135.

28 McMains & Mullins, 2014, p. 135.

29 Hammer, 2007; Hostage Negotiation, 1987, p. 12.

30 *Hostage Negotiation*, 1987, p. 14.

31 *Hostage Negotiation*, 1987, p. 14.

32 *Hostage Negotiation*, 1987, p. 14.

33 *Hostage Negotiation*, 1987, p. 14.

34 この介入は、文献と私たち自身の経験からの推論によってのみ裏打ちされているという点で、実験的なものにとどまっている。私たちが参考にした査読付き学術論文において、直接検討されたものではない。

35 Dennett, 2013, p. 33.

36 Boghossian, 2004.

37 Boghossian, 2013.

38 疑うことを疑えという訴えの著名な例としては、次を参照されたい。Uchtdorf, 2013.

39 もし誰かがあなたにこれをしてきたら、信念／認識論的な介入という観点から見て、相手は自分が何をしているのか分かっていないか、あるいはあなたの発言を録音して自白や告白を引き出そうとしているなど、何か別の動機があるかのどちらかだろう。

40 このようなスタンスは、「誰々にとっては真理《トゥルー・フォー》」と呼ばれている。この議論（と呼べるかどうかは別として）をする人々は、何かが自分にとっては真であるが、あなたにとっては真でないと主張しているのである。なぜこれが失敗するのかについては、次を参照。Swoyer, 1982. もしこの論法が使われたとしても、熟練した介入者は次のような対抗テクニックで簡単に回避することができる（考案者のアンソニー・マグナボスコに感謝申し上げる）。自分にとっては何かが真理だ、と相手が言ったら、水筒、サングラス、電話、鍵など、その人の持ち物を一つ貸してもらおう。そして、あなたは次のようなことを信じていると主張しよう。「ものを所有することとは、自分がそのものの所有権を持っているということが自分にとって真理であることを意味します。そして、これ〔借りたもの〕が現在、私のものであることは、私にとって真理なのです」。相手が反論してきたら、すぐに次のように訊いてみよう（言い聞かせるのではなく、あくまで訊くこと）。「なぜ物事があなたにとっては真理であっても、私にとっては真理ではない、ということがありうるのですか？」、あるいは、「『私にとっては真理』という論法が成り立つのはどのようなときで、成り立たないのはどのようなときでしょうか？」。

第７章　達人：イデオローグと会話するための２つの鍵——動かざる人を動かす

1 イデオローグは不道徳であるというよりも、むしろ過剰に道徳的だという傾向がある（Pinker, 2008）。アメリカ初期のカルヴァン主義者による、暴言とも言うべき説教を思い起こすとよい。例えば、悪名高い〔神学者〕ジョナサン・エドワーズの戯言同然の説教「怒れる神の御手の中にある罪人」。

2 これは、『話す技術・聞く技術』という本の主題だ（このアイデアはStone, Patton, & Heen, 2010, pp.7-8で紹介され、同書の残りの章を通して展開されている）。道徳に関する会話では通常、感情が燃え上がるが、そこではアイデンティティこそが情動を掻き立てる根本的な問題なのだ。

　アイデンティティにまつわる会話とは、参加者が自らをどのような存在として信じているかについてのやりとりのことである。

〔例えば、〕夫婦間の会話は、表向きはどちらがいつゴミを出すかについて議論しているように見えても、〔実のところ、〕それぞれが善い配偶者であることの意味について議論しているため、しばしばうまくいかなくなる。ワクチン接種に反対する人々の議論は、表向きは医学について論じられているように見えるが、本当は善い親であることの意味が論点になっている。宗教についての多くの議論は、善い人であることの意味についてのものだが、そこでは「善い人」という考え自体が各参加者によって異なって解釈され、しばしばそれぞれの宗教の道徳原理によって定義されたりする（Lindsay, 2015, pp.106-114）。

アイデンティティは複雑だ。ここで認識すべき最も重要な点は、アイデンティティとは自己に関する信念のタペストリーであり、その多くは道徳的信念であるということである。実際、私たちが最も敏感に反応する、アイデンティティの核となる信念の中には、道徳的な信念が含まれる。例えば、あなたが誰かを人種差別主義者と呼んだり、その人の発言を人種差別的だとみなしたとしよう。あなたは、その人がそのように捉えられたことを認め、あなたの非難が真であると認識し（実際に真だった場合）、道徳的な恥ずかしさを感じ、そして考えを変えてくれることを望むだろう。〔だが、〕これらが実際に起こることはほとんどない。人種差別を非難された人が、「おっしゃる通りです、すみません。私の発言は人種差別的で、あんなことを言うべきではありませんでした」などと答えることはほとんどないのだ。むしろ相手は、自分は人種差別主義者ではないと主張し、あなたの非難を拒絶し、自分の心の中で自分を正当化するために、純然な人種差別的見解により強く固執したり、そうした考えを新たに採用するようになるかもしれない。

会話の相手を人種差別のかどで糾弾すれば、相手は自分が悪人だと感じるようになり、考えを改める——このようなことをあなたは望んでいるかもしれない。しかし心理学的には、むしろ相手は否定、拒絶、あるいは反論にかたむき、そのすべてが最終的に相手の信念をより強固なものにすることに繋がってしまう。もっとシンプルに、あなたが非難した相手は、怒って暴言を吐いてくることもある。アイデンティティにもとづくこのメカニズムこそ、先に述べた「バックファイア効果」の正体なのだ。〔思い起こそう、バックファイア効果とは、自分の信念と相反する証拠を提示されると、人はむしろさらに意固地になるという現象のことだった。次を参照。Trevors,et al., 2016）。汚名を着せるようなレッテルで辱めようとするよりも、人の考えを変えるためのより有効な方法がいろいろあり、〔本書で〕私たちはすでにその多くを詳しく取り上げてきた（次も参照。Horowitz, 2013）。

3 Douglas Stone, Bruce Patton, and Sheila Heen (2010) は、困難な会話におけるアイデンティティの問題に対処するための優れたテクニックを推奨している。その趣旨とは、会話の中で出てくるあなた自身のアイデンティティの問題を認識することに時間を費やし、あなたが考えを変えた場合に何が問題になるか自問すべし、というものである。この作業の多くは、会話そのものの文脈の外で行われるべきものである。こうした作業は、内省し、自問自答することで初めて進めることができるのだ。

また、会話の相手が直面しそうなアイデンティティの問題を意識し、予期しておく必要がある。議論の文脈によっては、明示的に訊ねることで、アイデンティティの問題だということを明確にすることもできる。ここで使えるフレーズがこれだ。「この話題は、あなたにとって本当に個人的なもののようですね。どのような要因でそのようになっているのか、教えてもらえませんか？」。道徳的な会話におけるアイデンティティの次元の問題に対処するための他のテクニックについては、『話す技術・聞く技術』（特にStone, Patton, & Heen, 2010, pp.111-128）で紹介されている。

4 私たちの「腹の底《ガッツ》〔の感覚〕」こそが道徳的な決断を下している。その結果として、自分が信じていることをなぜ信じているのかについて理由を説明することの難しさを、私たちはひどく過小評価している。これには進化論的な説明がある。つまり、〔腹の底で判断するほうが〕迅速だということだ。詳しくは、ジョシュア・グリーンの『モラル・トライブズ』（2013）、ダニエル・カーネマンの快著『ファスト＆スロー』（2011）などを参照のこと。さらに詳しい内容は、読者を選ぶが非常に啓発的な文献として、ダニエル・カーネマン、ポール・スロヴィック、エイモス・トヴェルスキーの編著書『不確実性の下での判断：ヒューリスティクスとバイアス』〔Judgment Under Uncertainty: Heuristics and Biases〕（1982）がある。流動的な物理・社会環境において、意思決定のスピードは極めて重要である。〔例えば、〕燃え盛る家の中に飛び込んで〔取り残された〕愛犬を助けるべきだろうか？しかし、私たちの腹の底は、正しい答えを導き出すのにはあまり適していない。私たちは多くの場面で即座に道徳的判断を下す必要があるため、私たちは道徳的判断を熟慮の後にではなく、その前に下すように進化してきたのだ（Greene, 2013, pp.105-146; Shermer, 2012, especially p.6）。

つまり、道徳的直感の後に道徳的推論が行われるのである。言い換えれば、私たちは道徳的な結論に至るために推論するのとは対照的に、道徳的な感情を正当化するための理由を作り出すのだ。例えば、私たちは何らかの事象（アナルセックスや馬肉を食べること等）が気持ち悪いという道徳的な感覚や直感を持ち、その後で、なぜそれが気持ち悪いのかの理由を作り出す。これは「事後的な理由付け」と呼ばれる、いたるところで見られる現象である。誰もがやってしまうものだ。次のように考えるとよい。私たちの道徳的な判断は、自覚する前に下され、その後で理性が弁護士のように登場し、腹の底〔の感覚〕がそのように感じた理由を説明するのだ、と（Haidt, 2012, pp.48-50）。

自分は道徳的な立場を慎重に検討した、とあなたは感じ、そう考えているかもしれない。だが、圧倒的なエビデンスが、それは事実ではないことを示している。重大な道徳的考え――例えば、10代の子どもが性的に奔放であることを選んだ場合、親はそれをサポートすべきか否か――があなたの頭によぎった瞬間に、あなたはすでにどちらかの見解に傾いているのだ。道徳的な直感が先に来て、その後であなたはそれを正当化するための理由を考えるのである。

このようなことが会話を難しくしていることは、想像に難くないだろう。道徳的な会話が持たれるのは、次のような状況においてである。会話の参加者が話題になっている事柄について自分が思っているよりもはるかに知らないとき、自分の信念が正しいと強く感じているとき、独善的な頑強さとともに自分の信念を保持しているとき、その信念は誰にとっても自明なはずだという感覚を持っているとき、そして混乱を招きうる情報に対してなぜ人々がそのように〔混乱という〕反応をするのかを明確に理解していないとき、これらである。同時に、〔そうした状況にある人々は、〕直感的に形成された考えを慎重に検討する前に、それを代弁するような心理状態に仕向けられている。

5 ハイトによれば、私たちは心理・社会的評価（つまり、自分と他人を社会的・心理的に評価すること）を三つの主要な次元で行っている。一つ目は、親近性。二つ目は、評判や社会的地位。三つ目はより漠然に定義される「神聖性」で、ハイトはこれについて『しあわせ仮説』で多くの頁を割いて論じている。「神聖性」とは、人の活動を規定している道徳的枠組み、コミュニティ、文化において感じられる道徳的な善の感覚を意味する概念である（Haidt, 2006, pp.181-213; Lindsay, 2015, pp.84-85）。

私たちの道徳的直感は、単に予知的（〔英語の「precognitive」の語源は〕ラテン語で「前に」＋「知識を得る」）なものではなく、実際、大脳辺縁系と直接結びついているものだと考えられる。つまり、私たちは道徳的直感について考える時間をとる前に、その直感に対して感情的に反応してしまうということだ。この主張を裏付ける最も明白なエビデンスは、身体的嫌悪感（腐敗した動物〔の死骸〕に近づきすぎたときに経験するような感覚）と道徳的嫌悪感（凶悪犯罪について聞いたときに経験するような感覚）が同じ身体反応を引き起こし、しかもほとんど同じ生理学的仕方で生じるということである（Cohen, et al., 2009, pp.963-976）。

道徳的嫌悪感と身体的嫌悪感の境界線が曖昧であることは、他文化の食品を、実際の味やそれが健康的かどうかに関係なく、嫌悪することがあることからも明らかである。アメリカ人ならば、猫や犬を食べるという習慣がそのよい例になるだろう。

道徳的な直感が深く感情的な反応を引き起こすと考える理由は他にもある。〔例えば、〕道徳的な憤怒（道徳的に好ましくないものを見たときに生じる怒り）は素早く生じるもので、人間を条件付ける最も根強い特徴の1つである。これは、実に多くの問題の原因となるものだ（ただ、『スター・トレック』に登場する超合理的なヴァルカン人〔感情を排した合理的・論理的思考を行う異星人――訳注〕にとっては問題にはならない、とは言えるだろう）。

6 Kaplan, Gimbel, & Harris, 2016.

7 深い道徳的信念は変わることがある。例えば、もともと宗教強硬派だった人が自身のイデオロギーから脱却した例はたくさんある。次を参照。Aspen Institute, 2015; Phelps-Roper, 2017; Shelton, 2016.

8 非難や罵倒は、あなたが悪い人間である、あるいは価値のない存在であると示唆する含みを持つことが多い――「人種差別主義者」、「頑固者」、「ゴミ」、「バカ」、あるいは害虫その他の軽蔑すべき動物の呼称によって相手の人間性を否定するあらゆる蔑称、そしてもちろん、人間の嫌悪感モジュールに対して最も直接的に作用する、時代を超えた非人間的侮辱である「クズ」、これらが代表例だ。また、理にかなった正当化もなしに、あなたがすべての人々を憎んでいる、悪いことが起こるのを望んでいる、あるいは社会を憎んでいると非難されることもある。

9 例えば、先の注で述べたような非難や蔑称は、議論する代わりにあなたに恥をかかせようとすること、あなたを言い負かそうとすること、そしてあなたの立場と反対の考えの方があまりにも明白なので説明や正当化が必要ないほどであると主張することを伴うかもしれない。黙って聞いていろ、という趣旨の言葉をたくさん聞かされることとすらなるだろう。

10 揉める会話を表す喩えとしては、「ハトとのチェス」（*Pigeon chess*, 2016）がよく知られている。この言葉は、創造論者との会話を表現するために生み出された。スコット・ワイツェンホッファーは、amazon.com に掲載された有名なコメントにおいて、次のように書いている。「進化について創造論者と議論するのは、ハトとチェスをしようとするようなものだ――〔相手はハトのように〕駒を倒し、ボード上に糞をして、勝利を宣言してから群れに戻っていく」（Weitzenhoffer, 2005）。この喩えは、別の文脈においても適用可能だ。

　イデオローグとの議論は、ハンマーを振り回して盤面を破壊する相手とチェスをしているようなものに感じられることもあるだろう。ハトとのチェスで問題になるのは、ゲーム（〔進化論の例では、〕生命の多様性についての科学的調査）がどのように行われているかを、相手が知らないということだ。同様に、イデオローグとは、自分の道徳的な確信だけを道具とする、一途な狂信者なのである。

11 Whitney & Taylor, 2017.

　イデオローグとの会話を試みることは、感情的にだけでなく、時には身体的な危険も伴う（Michel, 2017）。

12 Beck, 2017; Haidt, 2012, pp.161-166; Haidt, 2016; Stone, Patton, & Heen, 2010, pp.25-43; Willer, 2016.

13 道徳認識論に焦点を当てることは、より一般的な認識論に焦点を当てることと似ている。用いられる方法はほぼ同じだが、〔道徳認識論のときのほうが〕内容のニュアンスはより細かく、複雑であることが多い。〔なので、〕好奇心を持つこと、ターゲットを定めた質問、それも純正なものを訊くこと、そして相手が知っていると思っていることをいかにして知り得たかに焦点を当てること。

　しかし、道徳認識論の探求は、次の二つの理由のためにより困難になっている。第一に、道徳は複雑だということだ。道徳は、人間の幸福を最大化するにはどうすればよいか、という問いを扱うものだが、このテーマをどう定義すればよいのか、ましてや多くの個人の意見や利害が対立する文化の中で、どのように最適化すればいいのか、ほとんど分かっていないのである。また、道徳が幸福と結びついているという考え方に反対する研究者もいる。なので、道徳における出発点が異なっている、さらには対立している、という問題があることになる。

　第二の理由は、道徳には個人的な側面があるということだ。私たちの個人的なアイデンティティやコミュニティにおける居場所を構成する大部分は、自らの道徳観――行為を善きもの、あるいは善くないものにする要素とは何かについての主張――と直接的に結びついている。アイデンティティにまつわる事柄は容易に変化するものではなく、とりわけ、自分の信念を修正するにあたり、自分の行為が善いとは言い難いものだったかもしれないと認める必要がある場合はそうだ。さらに悪いことには、個人のアイデンティティと道徳が結びついているだけでなく、共同体のアイデンティティも同様〔に道徳と結びついているの〕である。私たちは自分自身が「善い人」であることに関心があるが、他者から「善い人」と思われることにも大きな関心がある。（この考え方のルーツは古代にある。プラトンは『国家』第1巻で、トラシュマコスという登場人物を通してこの考えを描いている。一方で、プラトンの兄弟であるグラウコンとアデイマントスは、第2巻でこの考えを発展させてはいるものの、それを支持することはしなかった。ここでの論点は、「正しいように見えること」と「〔実際に〕正しいこと」の対立を軸に展開される。『ゴルギアス』におけるソクラテスも、この考え方に対して明確に反論している）。共同体や文化の規範は、「善い」と「悪い」が何を意味するかを、私たちに教えてくれる。さらにややこしいことに、規範は時代とともに変化する。実際、文化とは、道徳的な考え方と、一連の慣習や伝統によって広く定義されるものである。

自分の道徳認識論に取り組むのは難しい。道徳は非常に複雑だが、同時に身近かつ個人的なものであり、自己の感覚やコミュニティへの帰属意識と結びついている。したがって、自分の道徳認識論について深く考えたことがない人が、基本的かつターゲットを定めた質問に戸惑うということは、容易に理解できる。

14 Cohen, et al. 2007; Cohen, 2012.

15 特にこのステップでは、本書を通じて説明されている他のテクニックを大いに活用するとよいだろう。とりわけ、ある意見に嫌悪感を抱いたり、理解できないと感じたりした場合は、質問し、傾聴すること。中でも、「背表紙効果」を暴くテクニックや、外部の視点を使用することを勧める。

道徳的な結論に至る推論は非常に複雑であり、たとえそれが達成されたとしても、長い間その下に潜んでいた感情の構造を覆すことはできないかもしれない。人は、道徳的直感が自分を真理に導くと考える（信頼する）傾向があるため、自らの道徳的推論の能力を過大評価する傾向がある。

16 Cohen, et al. 2007; Cohen, 2012.

17 Horowitz, 2013.

18 多くの場合、「善い人であること」は、特定の種類の善い人であることを意味することがある。例えば、厳格な食習慣を持つ人の多くは、自分を健康な人、あるいは健康志向の強い人だと考えていると思われる。反ワクチン派の人々は、善良で思いやりのある親であると自己認識する可能性が高い。ナチスに見える人物を殴りたくなる人は、自らのことを、虐げられた人を守る正義の味方だと考えている。反政府民兵のような人たちは、自分たちは自由という原理を擁護する有徳な存在だと考えているだろう。最大限の効果を得るためにも、可能な限り、あなたが送る謝辞もそれ〔相手の自己認識〕に合わせて調整すること。

19 会話相手が〔何らかの思想の〕熱狂的な信奉者の場合、その人が自分の立場を擁護するためにこしらえた道徳的結論を繰り返す機会を最小限に抑えることができる。できるだけ早く、問いを包括的な価値観に切り替えることで、相手がぶつ説教を会話に戻すこと。

20 Fisher, Ury, & Patton, 2011. pp.23-30; Trepagnier, 2017.

21 復活のような揺るぎない信条に対しては弱い正当化しか与えられないという傾向の例として、E・P・サンダース『イエス――その歴史的実像に迫る』(Sanders, 1993) が挙げられる。サンダースは、古代にイエスについて書かれたわずかな文献にもとづいて、歴史的人物としてのイエスについて私たちが結論づけることができることについて、細心の注意を払いながら、最低限言えることだけに限定しつつ、懐疑的な評価を提示している。例えば、彼は『ヨハネの福音書』には歴史〔学〕的に見て有用なものはほとんど見いだせないとし、この文書が歴史的逸話を散りばめた神学的マニフェストとして描いている。しかし、復活の話題になると、彼の学者としての矜持は捨て去られる。実際、どうやってなのかは不明だが、なぜか復活は起こった、と彼は述べるのである。キリスト教の主張に少しでも懐疑的な人にとって、サンダースのこの認識論的な大飛躍を目にすることは、この点に目を瞑れば傑作とも言うべき同書の信頼性を損なうことになりかねない。なぜこのようなことが起こるのかについては次を参照。Thomson & Aukofer, 2011.

22 また、このプロセスを次のように考えることもできる。道徳的推論は非常に複雑であり、道徳認識論はよく知られているように脆弱なので、あなたは相手の道徳的態度に関する未読図書の本棚を探索するように誘っているのだ、と。次を参照。Fernbach, et al., 2013; Rozenblit & Keil, 2002.

23 私たちが自分の道徳的信念を十分に裏付ける理由を持つことは稀である。これを認識することは、会話にしばしば欠ける態度、すなわち道徳的謙虚さを培うことに繋がるはずだ。つまり、私たちは道徳についての会話に参加するときに、自分の出発点に絶対的な確信をもって臨むべきではなく、また私たちが通常想定するほど、道徳的信念に至った経緯について思慮深く厳格でなかっただろうことを自覚すべきだ、ということである。残念ながら、このことは、自分の道徳的信念について真剣に考え、自分の道徳認識論の弱点を考え、道徳的推論に関わる複雑さを理解し、しかも撤回可能性の基準を生み出す方法を知っている、少数の人にとってのみ明らかなものとして受け入れられている。

他人が道徳的に謙虚であることを当てにすることはできないし、強制することもできない。しかし、ソクラテスの言葉を借りれば、人は自分に欠けていると思わないものは欲しがらないのである。自分に道徳的謙虚さが欠けていると思わないのであれば、どうしてそれを得ようとすることがあるだろうか?

24 「アイデンティティの揺らぎ」という表現は、次の文献で用いられたものである。Stone, Patton, & Heen, 2010, p. 113.

25 Patton, 1998.

26 注意すべきは、すべてのイデオローグがまともな会話に応じるわけではないということである。様々な理由で、彼らは自分の信念に凝り固まりすぎている可能性がある。本書は、効果的な会話をするために何をすべきかを理解するための手引だが、相手があなたの会話相手となることを完全に拒否した場合に、議論を強制することはできない。そのような人が相手の場合は、その場を立ち去るか、他の方法に頼るしかないだろう。(これが可能なジハード主義者の考えを変える方法の具体的な内容については、ボゴジアンが行ったINR5での講演を参照。Säde, 2015.)

27 直感に反するようなこの現象について、より詳しい説明を求めるのであれば、『理性への回帰——思考の科学』〔*Return to Reason: The Science of Thought*〕の第一部に掲載されている論文を勧める。サイエンティフィック・アメリカンを版元とする論文集で、編者は、リサ・パラトローニ (Pallatroni, 2018) だ。この読みやすい電子書籍には、人間の思考プロセスがなぜそのようになっているのかを理解するのに役立つ情報が詰まっている。

28 イデオローグと話をしようとして、相手が「クレイジー」であることが判明し、そこから立ち去ることが絶対にできないという場合には、次の書籍で紹介されているテクニックを勧める。マーク・ゴールストン『身近にいる「やっかいな人」から身を守る方法』(2015)。「クレイジー」〔邦訳では「やっかいな人」〕という表現は、同書の著者で、精神科医かつ人質交渉のトレーナーでもあるゴールストンから拝借したものだ。「クレイジー」は〔一般的には〕、メンタルヘルス上の問題を抱える人に対する、時代遅れの下品な言葉だと考えられている。だがゴールストンは、極端に怒っているかつ／または非合理的な人を意味する言葉として、この表現を使っている。立ち去るべきタイミングについては、彼による洞察に満ちた著書の第4章を参照すること。

29 Friedersdorf, 2017; Goulston, 2016, pp. 43–74.

30 Stone, Patton, & Heen, 2010, pp. 202-206.

31 Graham, Nosek, & Haidt, 2012.
ジョナサン・ハイトは、宗教と政治の二つは、道徳心理学の観点から見て類似していると主張している。２０１７年の『アトランティック』誌におけるシティ・ラボインタビューで、彼は次のように述べている。「政治心理は本当のところ、宗教心理なのです。国政選挙を理解することの要点は、最も効率的な政策は何かということではありません。私たちが宗教的になったり、集団間で対立するようになったり、物事を神聖化して、その周りを包囲するようになること、これらすべては、政治心理の問題なのです」(Florida, 2017)。

32 道徳基盤理論は、これらの違いをかなり詳細に説明している。Graham, Nosek, & Haidt, 2012; Haidt, 2012; Iyer, et al, 2012. ここでは、「リベラル」、「保守」、「リバタリアン」という用語が、米国の政治的文脈で使用されていることに留意されたい。

33 Khazan, 2017.
フランスの数学者であり哲学者でもあったブレーズ・パスカル (1958) は、約３５０年前にこのことを指摘し、『パンセ』・断章９ (p.4／〔中〕３９９‐４００頁) で次のように書いている。「実りある注意を与え、相手が間違っていることを示すには、相手がどの側面から事柄を見ているかを観察しなければならない。なぜならその側面から見れば、たいていは相手の考えが正しいからだ。そして相手にそのことを認めてやり、その上で、それが間違っている側面を相手に示してやらなければならない。相手はそれで満足する。なぜなら自分は間違えていたわけではなく、ただすべての側面を見ていなかったにすぎないことが分かるのだから。じっさい誰にせよ、全部を見ていないからといって腹は立てないが、だまされたいとは思わない。その理由はおそらく、人間は本性からして、すべてを見ることはできないが、やはり本性からして、注目している側面で間違えることはありえないからである。ちょうど、感覚器官の知覚がつねに真実であるように」。

34 Stone, Patton, & Heen, 2010, p.202／２９９頁。

35 Haidt, 2012, pp.180-216.

36 Haidt, 2012, p. 315.

37 リベラルな価値観の中には、非典型的なものもある。リベラル派が他の基盤を欠いているというわけではなく、彼らがそれらについて根本的に異なる理解をしているというのはもっともなことである。リベラルな道徳に関するハイトの議論の一部は、西洋のリベラルな社会が「W.E.I.R.D.」である、という事態に依拠している。つまり、西洋の〔Western〕、教育のある〔Educated〕、産業化された〔Industrialized〕、裕福な〔Rich〕、民主的な〔Democratic〕〔社会〕、ということである。ハイト (2012) によれば、こういった〔特性を持つ〕社会は、人間の心理社会的評価（つまり、自分自身や他者の主観的価値をどのように評価するか）の諸側面のうち、少なくとも一つから手を切り離したように見える。その欠落した要素とは、彼が「神聖性」と呼ぶものだ。彼によれば、W.E.I.R.D. な社会は、神聖性、権威、忠誠といった道徳的基盤に鈍感であるばかりか、〔そうした価値に対して〕直接的に疑問を呈しているように見えるという (Haidt, 2012)。しかし、現代の W.E.I.R.D. な社会は、これらの基盤の解釈が異なるだけだと考えられる理由もある。例えば、一部の人々は、(ある種の)「クールさ」を神聖性に代わる個人主義的な価値として用いている。「クールではない!」という、ほとんどあらゆる場所で使われるフレーズが、ある種の文化的違反行為に対して述べられるという事態が、この現象を知るための一つのヒントになる。W.E.I.R.D. な社会では、このような言葉で文化的「神聖性」の感覚を監視し、強化するのである。

　権威や忠誠もまた、ある種の非伝統的なフレーズによって理解することができるかもしれない。そのようなわけで、権威と忠誠というテーマは、通常の形式をとらないとはいえ、左翼ラディカルにとっては道徳的に重要なものであるように思われる。左翼ラディカルの形成する集団は、しばしば非常に小規模で、外部の権威を転覆させることにコミットしている。そのため、比較的不安定であり、分裂による派閥形成が起こりがちである。それにも拘わらず、彼らはしばしば、大義に対する強烈な忠誠心を示す。この忠誠心は、人というよりも思想や理想に向けられたものであり、集団のメンバーが説得力を感じる道徳的主張の権威に依拠している（次を参照。Graham, Nosek, & Haidt, 2012）。

　「神聖性」という道徳的基盤（「純粋性基盤」と呼ばれることもある）についても考えてみよう。急進左派には確かに、道徳的な純粋性を求める衝動があるが、それは主にイデオロギーの純粋性として現れている。例えば、フェミニスト左派の中で、何が正しい種類のフェミニストを構成するのかをめぐって繰り広げられる論争（実に多くの論争がある）のほぼすべてにそれが見られる（詳しくは次を参照。Ferguson, 2010）。

38 Iyer, et al., 2012.

39 Graham, Nosek, & Haidt, 2012; Haidt, 2012, pp.180-216; Iyer, et al, 2012.

40 Graham, Nosek, & Haidt, 2012; Haidt, 2012; Iyer, et al.2012。

41 〔原著執筆時の〕現在、米国では、保守派とリバタリアンが銃規制の議論に勝利しつつある。保守派は、個人の銃の所有がある種の危害を防ぐ――おそらくは他のどのような手段よりも効果的に――というメッセージを伝えることに成功している。一方のリベラル派は、保守派に対して道徳的な共感を呼ぶような言葉で自分たちの主張を明確にすることができなかった。そのため、保守派の主張のほうが今のところ決定的なものとなっている。リベラル派は、個人の銃所持のコストが（害の面で）利益を上回るという点では正しいかもしれない。だが、保守派やリバタリアンの共感を呼ぶような深い問題――特に、自分を守る自由――に対する明確な答えが、リベラル派からは得られないために、リベラル派のこの主張は、アメリカの有権者の間では今一つ説得力のないものになっている。

42 Haidt, 2012.

43 もし会話の相手が自身の道徳観に凝り固まっている場合、あなたと相手の考えが一致していないだけで、相手はあなたのことを（たとえそうでなくても）イデオローグだと認識してしまう可能性がある。〔例えば、〕保守的な思想にある程度固執しているだけの人の認識では、リベラルと名乗る人は誰であれ、左翼の思想家か、少なくとも過激な左翼の意見に共感しているのだろうとされる傾向にある。同様に、敬虔な宗教家の多くは、ほとんどすべての無神論者は怒っていて、人の宗教を非難したり、反論し始めたりする可能性があると思い込んでいる。

　イデオローグはニュース（あるいはゴシップ記事）に取り上げられ、ある道徳集団が他の道徳集団を「理解」するための代名詞のような存在となる。例えば、かなり多くのアメリカ人は、イスラム教の〔一般的な〕信仰についてよりも、イスラム教の過激派やテロについてよく知っており、自分がイスラム教について知っていることを、イスラム教徒を自称するあらゆる人に関連付けることだろう。（イスラム教とテロリズムを結びつけて考える人に、イスラム教のスンニ派とシーア派の違いを訊ねることで、私のこの主張を検証してみてほしい。十中八九、相手は二つの派閥の違いを知らないはずだ）。この問題は、メディアやソーシャルメディアを利用する人々による「ナッツ・ピッキング」の習慣によってますますひどくなっている（Drum, 2006）。ナッツ・ピッキングとは、ある集団をそこに属する最悪の例によって特徴付けることを目的として、極端な行動の例をわざわざ選び出すことである。

　これは、過激派に特有の思い込みにつながり、それによって会話が困難になる可能性がある。その困難とは、相手があなたに対して抱く思い込みのことだが、あなた自身がイデオローグである場合、この思い込みは双方に当てはまる。第一に、パートナーはあなたが相手よりも過激な意見を信奉していると思い込むだろう。第二に、あなたのパートナーは、あなたの立場を戯画化した極端な意見について詳しい一方で、同じ立場のより穏当な意見についてはあまり知らない、という状況にしばしば出くわすだろう。保守派の多くは、ほとんどのリベラル派が社会主義者でも共産主義者でもないと知ったら驚くだろうし、多くのリベラル派は、ほとんどの保守派が人種差別主義者ではなく、どのような種類の白人至上主義にも共感していないと知ったら驚くだろう。第三に、あなたのパートナーは、相手の立場におけるイデオローグだと思われることを嫌がるだろう。

　会話の参加者がどちらもイデオローグでない場合でも、〔相手が〕過激派であるという思い込みが発生しうるし、それによって実際のイデオローグを相手にするのと同じような困難が引き起こされることがよくある。このような問題を軽減するよう努めるべきだ。（そのための一つの技法はすでに紹介した。自分の立場のイデオローグを否定する、というのがそれだ。）

44 詳しくは次を参照。Heinrichs, 2017, pp.220-228.

45 Haidt, 2012.

46 詳細については次を参照。Graham, Nosek, & Haidt, 2012; Greene, 2013; Haidt, 2012; Iyer, et al., 2012.

47 Khazan, 2017; Lakoff, 2010; Pascal, 1958.

48 Stone, Patton, & Heen, 2010, p. 146.

49 人々がイスラム教に対抗して西洋の価値を擁護しているのだと主張するとき、それが何を意味するのかは不明瞭なことが多い。キリスト教（そしておそらくユダヤ教）と関連付けられる宗教的・道徳的価値を指しているのか、それとも個人の自由、言論の自由、世俗的な政府、犯罪に問われた人に対する法の適正手続きといった啓蒙的な価値を指しているのだろうか？　実際、彼らは自分たちが守ろうとしている価値観が何なのか、自分自身でもよく分かっていないのかもしれない。特定の価値観へのコミットメントが、彼らを本当に動かしているわけではない、という可能性が高い。

50 Boghossian, 2013.

監訳者解題

はじめに

本書は、Peter Boghossian & James Lindsay, *How to Have Impossible Conversations: A Very Practical Guide* (Da Capo Lifelong Books, 2019) の全訳である。原著のタイトルを直訳すると、「不可能な会話を行う方法——非常に実践的なガイド」とでもなるだろうが、内容と目的、そして筆頭著者であるピーター・ボゴジアンの学術的背景とそれに由来するアプローチをより明瞭なものにするために、邦題は『話が通じない相手と話をする方法——哲学者が教える不可能を可能にする対話術』とした。[注1]

全8章から成る本書は、その名が示す通り、自分とは極端なまでに異なる見解の持ち主と節度をもって対話を行うことを目的とした、具体的・実践的な方策を示すマニュアルである。全体の概要

注1　原著のタイトルは、本文でも頻繁に言及される、ハーバード交渉プロジェクトの産物である次の書籍をもじったもの。「困難」(difficult) を超える、極端に難しい対話を形容する言葉として「不可能」(impossible) が用いられているのだと思われる。Douglas Stone, Bruce Patton, & Sheila Heen, *Difficult Conversations: How to Discuss What Matters Most*, (Penguin Books, 2010).

を記した第1章に続き、どんな会話でも守るべき基本的な原理を示す「入門」（第2章）に始まり、「初級」（第3章）、「中級」（第4章）、「上級」（第5章）、「超上級」（第6章）と段階を踏んでいき、最後は凝り固まった思想の持ち主（イデオローグ）と対峙する方法を示した「達人」（第7章）レベルの技法が扱われる。また、本書で紹介される計36のテクニックに合わせて、実際の会話ですぐに使うことができる具体的なセリフやテンプレートも豊富に提供されている。政治や宗教における見解や立場をめぐる左右の分断が問題視される時代において、「うまく議論し、対立をほぐして、穏やかに説得する方法」（リチャード・ドーキンスの推薦文より）を提示する試みとして、本書は世界的にも大いに注目を集めている。[注2]

著者について

本作は、対照的な背景を持つ二人の人物によって書かれたものだ。筆頭著者のピーター・ボゴジアン[注3]は、アメリカ合衆国出身の哲学者・教育者である。ウィスコンシン州にあるマーケット大学（イエズス会系）を卒業（心理学専攻、哲学副専攻）した後、フォーダム大学で哲学の修士号を取得、続いてポートランド州立大学から教育学の博士号を授与され、2021年に辞職するまで同大学哲学科で長く教鞭をとった。キャリア初期にはルートヴィヒ・ウィトゲンシュタインとチャールズ・サンダース・パースの意味論を扱う言語哲学に関する論文を発表しているが[注4]、業績の多くは教育哲学の学術誌に発表されていることから、ボゴジアンの専門領域は（自称しているわけではないものの）「教育哲学」だと言って差し支えないだろう。二人目の著者ジェームズ・リンゼイは、保守的な見解の持ち主として知られる、アメリカ合衆国出身の文筆家・文化批評家である。テネシー工科大学で学士号（物理学専攻）・修士号（数学専攻）を得た後、テネシー大学ノックスビル校から数学の博士号を授与されている。[注5] 学位取得後はアカデミアには残らず、言論プラットフォーム「New Discourses」を創設し、人気ポッドキャスト番組「The Joe Rogan Experience」に出演するなど、文筆・講演活動を生業としている。

この経歴だけでは二人の接点が見えづらいが、両者ともに、宗教的信仰をはじめとする非合理的な信念の持ち主との付き合い方に並々ならぬ関心を抱いてきたという共通点がある。ボゴジアンの方は、知識の本性を探究する哲学の分野である認識論を日常生活に応用する手法「路上の認識論」

注2　一つの指標として、２０２３年12月16日現在、米Amazon.com上で原著には１１００件を超えるレビューが寄せられており、平均して五段階中４・６の星評価を得ている。https://www.amazon.com/dp/0738285323

注3　本人とZoom会議したときに聞いたところ、名前の発音は「explosion（爆発）のsionの音と同じ」だと確認できた。なお、同じ綴りのラストネームを持つ存命の哲学者にPaul Boghossianがいるが、彼の著書を翻訳した飯泉佑介氏に問い合わせたところ、著者はssを濁らず発音するのが正しいと言っていたそうである。ポールの邦訳は次。ポール・ボゴシアン『知への恐れ——相対主義と構築主義に抗して』（飯泉佑介、斎藤幸平、山名諒訳、堀之内出版、２０２１年）。

注4　Peter Boghossian & Erik Drewniak, "Wittgenstein and Peirce on Meaning: the Evolution from Absolutism to Fallibilism", *Diálogos*, Vol. 30, No. 65 (1995): 173-188.

注5　リンゼイの博士論文の題目は、「Combinatorial Unification of Binomial-Like Arrays」。論文本体とリンゼイの略歴は、テネシー大学のリポジトリで公開されている。https://trace.tennessee.edu/utk_graddiss/723/

（Street Epistemology）を考案し、古代ギリシアに起源を持つソクラテス式問答法に基づいて、囚人向けのクリティカル・シンキング教育に関する研究[注6]を行い、それらの成果を盛り込んだ『無神論者養成マニュアル』という著作を発表している。[注7]リンゼイもまた、有神論を批判する著作を複数発表しているほか、教育哲学に関する学術論文をボゴジアンと共同執筆した実績もある。[注8]二人の協働プロジェクトの中でも最もよく知られているのは、いわゆる「不服研究事件」（Grievance studies affair）だろう。[注9]人文学研究の質低下と政治化をもたらした元凶はポストモダニズムだと考える二人は、イギリスの文筆家ヘレン・プラックローズの協力のもと、ポストモダン系の論者が唱えそうな荒唐無稽な主張をでっちあげ、それを支持するエセ論文を偽名で大量に執筆し、それを査読付き学術誌に応募して実際に掲載してみせるという、過激なプロジェクトを実施したのである。[注10]本書の著者二人はこのように、学術的・政治的な主張のみならず、「お騒がせもの」な気質も似ていることから、意気投合したのだと推察できる。

本書の特徴

大胆な行動で知られる哲学者と保守的な言動で有名な文筆家が推奨する効果的なコミュニケーション術——この特徴だけを聞けば、何か常軌を逸した過激な手法を想像する人が多いかもしれない。しかし、本書の内容は驚くほど常識的かつ良心的、そして何よりユニークなものである。哲学者が書く一般向け著作は多くの場合、次のいずれかの類型に当てはまるものだが、本書はそのどれにも当てはまらない。

1　特定の主義・主張を、哲学・倫理学の議論に基づいて推奨もしくは批判するもの[注11]
2　自説を効果的に表現し、相手の説に対する優位性を示すためのディベート術やレトリック技法を紹介するもの[注12]
3　論理学や科学哲学の議論・概念に基づいた、クリティカル・シンキング技法を紹介するもの[注13]

注6　ボゴジアンの博士論文のタイトルは、「Socratic Pedagogy, Critical Thinking, Moral Reasoning and Inmate Education: An Exploratory Study」。論文本体がポートランド州立大学のリポジトリで公開されている。https://pdxscholar.library.pdx.edu/open_access_etds/3668/

注7　Peter Boghossian, *A Manual for Creating Atheists* (Pitchstone Publishing, 2013).

注8　Peter Boghossian & James Lindsay, "The Socratic Method, Defeasibility, and Doxastic Responsibility", *Educational Philosophy and Theory*, Vol. 50, No. 3 (2018): 244-253.

注9　アメリカの大学では、学生が教員や大学を相手取って意義申し立てを行う制度として、grievance procedure と呼ばれる手続きがある。ボゴジアンらの事件の名称も、この仕組みをなぞったものだと考えられることから、現在日本語で流通している「不満研究」という訳語よりも、「不服研究」とした方が原語のニュアンスに近いと判断した。

注10　不服研究事件の顛末については、当事者三名の種明かし的なステートメントと、山形浩生による解説を参照のこと。Helen Pluckrose, James Lindsay, & Peter Boghossian, "Academic Grievance Studies and the Corruption of Scholarship", *Areo*, (October 2nd, 2018). https://areomagazine.com/2018/10/02/academic-grievance-studies-and-the-corruption-of-scholarship/ 山形浩生「訳者解説」、ヘレン・プラックローズ＋ジェームズ・リンゼイ『「社会正義」はいつも正しい――人種、ジェンダー、アイデンティティにまつわ

4　コミュニケーションの本性や構造を、言語哲学的に考察するもの[注14]

本書はこれらとは対照的に、著者たちの政治的見解を他より優れたものとして推奨するものでもなければ、自説を無理やり対話の相手に飲み込ませるための技法を説くものでもない（場合によってはそのように見える／使用されうる箇所もなくはないが、それが趣旨ではない）。また、本書には論理記号は全く登場しないし、本文では必要以上の理論的考察は展開されず、テクニカルな議論は実践的なノウハウの理解に資する範囲で紹介されるにとどまっている（詳細な内容は注に追いやられている）。

では、本書は一体何を目指すものなのだろうか。著者たちは、「耳を傾け、理解し、そして徐々に疑いをもたせ」（13頁）ることが本書の方針だと述べている。この言明に加え、各技法の性質やそれらの説明に表れている彼らの価値観も鑑みると、具体的には下記のようなことが理想的な対話の光景として想定されているように思われる。

- 対話パートナーと信頼関係（ラポール）を構築し、お互いが安心して話ができる雰囲気を維持すること
- 自説を押し付けることは避けて、対話パートナーにとことん耳を傾け、相手の立場とその由来を可能な限り包括的に理解すること
- 相手が固い信念・考えにとらわれているようであれば、適度な疑念を抱いてもらえるように促

し、柔軟なマインドセットへと誘うこと

●自分自身も保持している見解・立場に固執することなく、会話を学びの機会と捉え、異なる考えの持ち主とのやりとりを通じた自己変容を楽しむこと

要するに本書のゴールは、相手を論敵とみなし、論理的にやり込めて自説の優位性を示すようなことの正反対にあると言える。むしろ目指されるのは、見解の複数性・多様性を認識し、平和裏に会話が行える雰囲気を保った上で、お互いのこだわりを学びほぐし（unlearn）、健全な懐疑主義[注15]を抱きつつ、場合によっては自らの信念・行為を改めることである。[注16]

こうした理想的対話を目指すために様々なテクニックが紹介されるわけだが、それらの主な基礎となっているのは、筆頭著者ボゴジアンが専門とする哲学理論である。中でも、どのような条件

る捏造のすべて』（山形浩生＋森本正史訳、早川書房、２０２２年）、３５１—３６４頁。

注11　例：ピーター・シンガー『なぜヴィーガンか？——倫理的に食べる』（児玉聡＋林和雄訳、晶文社、２０２３年）。

注12　例：浅野楢英『論証のレトリック——古代ギリシアの言論の技術』（筑摩書房、２０１８年）。

注13　例：植原亮『思考力改善ドリル——批判的思考から科学的思考へ』（勁草書房、２０２０年）。

注14　例：和泉悠『悪い言語哲学入門』（筑摩書房、２０２２年）。

注15　健全な懐疑主義という理念は、次の著作でも推奨されている。伊勢田哲治『哲学思考トレーニング』（筑摩書房、２００５年）。

注16　柔軟でオープンなマインドセットという理想や、鶴見俊輔に由来する「学びほぐし」(unlearn) という概念を教育哲学の文脈で検討している著作には、次がある。佐藤邦政『善い学びとはなにか——〈問いほぐし〉と〈知の正義〉の教育哲学』（新曜社、２０１９年）。

が満たされれば人は何かを知っていると言えるのかを問う分野である認識論が術語としては頻繁に登場する。注意すべきは、本書では「認識論」という言葉が、ある個人が何をもって知識とみなすか、あるいは知識に至るための筋道として認めているかという、広義の「知識観」というほどの意味で用いられているということだ。[注17]その上で、人の認識論（信念や考えの形成プロセス）を吟味し、適切な仕方でそこに介入するための一連の技法には「路上の認識論」という名前が与えられている。本書では、その具体的手法が惜しみなく開陳されているわけだ。またそこでは、優れた対話のモデルとして、プラトンの作品に描かれているソクラテスの対話術も大いに参照されている。[注18]これらの二つの柱に加えて、現代哲学に登場する諸々の概念（例えば、科学哲学に登場する「反証可能性」[注19]（disconfirmability）や、言語哲学における「思いやりの原理」（principle of charity））もまた、効果的な会話を理解・実践するための道具として動員されている。

本書の特徴は、これらの哲学的・思弁的な議論だけではなく、実証的な社会科学の知見もふんだんに盛り込まれている点にある。具体的には、感情心理学、社会心理学、人質交渉学などの研究がこれでもかというほどに紹介されている。これは、ボゴジアンが学部時代に心理学を専攻し、博士課程でも心理学者のメンターについて研究していたことや、共著者のリンゼイの幅広い読書傾向を反映したものだろう。こうして、巷のコミュニケーション指南書の多くとは一味違う、ありとあらゆるジャンルの研究成果を総動員した、エビデンスを重視した包括的な対話マニュアルが出来上がったというわけだ。

本書にまつわる懸念

本書は学術的な知見にもとづく体系的な対話ガイドとして書かれたと言われているし、実際にそのようなものとして読まれうる。だが、本書の信頼性を揺るがすような、無視し得ない事情があることも事実だ。次の二点がそれである。

1 著者たち（特にリンゼイ）が、必ずしも常に本書で示されている会話の規範を守っているようには見えないこと

2 そもそも、著者たちが本書の内容を信じていない、つまりある種の悪戯・パロディとして書

訳注17 知識の定義や本性を扱う哲学の一分野としての「認識論」（epistemology）について、専門家が執筆・翻訳した次の教科書では、主流となっているものを含め代表的な議論や学説が網羅的に紹介されている。ダンカン・プリチャード『知識とは何だろうか――認識論入門』（笠木雅史訳、勁草書房、2022年）。

訳注18 ボゴジアンが別の論文で参照しているジェームズ・ダイのまとめによれば、ソクラテスの対話には次のような構造がある。「（基本的概念に対する）驚きと問いの提起↓それへの暫定的な答え（仮説）の提示↓仮説の吟味・批判（エレンコス）↓仮説の受容もしくは棄却↓信念・行為の変容」。ダイのまとめと、ボゴジアンが別途依拠しているグレゴリー・ヴラストスによるソクラテス的対話の構造についての論考は、次の通り。James Dye, "Socratic Method and Scientific Method", (1996). http://www.niu.edu/~jdye/method.html ; Gregory Vlastos, *Socratic Studies*(Myles Burnyeat ed., Cambridge University Press, 1994), p. 11.

訳注19 「反証可能性」を示す語として falsifiability ではなく disconfirmability が用いられていることについては、本書第5章の原注（20）を参照。

いたのではないかという疑念がよぎること

最初の点について、本書でも著者たちは過去のＳＮＳでの投稿を反省している箇所がある（92―93頁）が、この原稿を書いている時点で、二人の発言内容はより過激になっているように見える。それに、リンゼイについては差別的な発言が問題視され、ツイッター（現Ｘ）運営からアカウントを停止されたこともあるほどだ。[注20] 二つ目の点については、この二人はそもそも、「不服研究事件」の仕掛け人として、もっともらしい外見をしたインチキ論文を大量に書いていたという「前科」があるわけだから、本名で発表されたものだとはいえ、本書もまた悪戯で書かれたものなのではないかと訝しがる人がいてもおかしくはないだろう。

二つの懸念のうち、一つ目については容易に説明がつきそうだ。というのも、そもそも本書は二人が共同執筆したものであるから、それぞれの著者は、自分の寄与していない部分を含む本書全体を体現しているとは限らない、と言えなくはないからだ（それが褒められたことではないとはいえ）。あるいは、著者は本書の内容が正しくかつ善いものだと分かってはいるが、意志の弱さ（アクラシア）によって実行できていない、という可能性もある。いずれにせよ、こうした理由であれば、著者の実際の言動と本書の内容に多少のズレがあったとしても、それのみで紹介されている諸々の方法の真正性・有効性が直ちに無となることはないだろう。

二つ目の懸念の方が重大かつ深刻かもしれない。というのも、もし著者たちが本書を悪戯として書いていたとしたら、それを真面目に・文字通りに受け取ることは馬鹿らしくなってしまうように思われるからだ。しかし、仮に著者たちが本書の内容を全く信じていなかったとしても、書かれた事柄の妥当性には影響がない、という議論はありうる。実際に、認知心理学者のジェフ・コールは、「不服研究事件」で投稿されたうち少なくとも一つの論文は、そこで提示された主張や参照されている実証的データがまっとうなものであるため、著者たちがどのような意図をもっていたかに拘わらず、本物の論文として通用せざるを得ない、と結論づけている。[注21] 本書についても同じことが言えるだろう。もし個別の技法の実在性・有効性について疑義がある場合、参照されている実証的な研究を遡って個別に確認し、内容の是非について検証してみればよい。こうして結局、著者たちの信用ならなさのおかげで、実証性という基準のありがたみにも、読者は気付かされることになる。[注22]

訳注20 リンゼイのアカウントは停止（サスペンド）されていたが、イーロン・マスクによる同サービスの買収後、２０２２年11月に復活した。

訳注21 Geoff G Cole, "Why the "Hoax" Paper of Baldwin (2018) Should Be Reinstated", *Sociological Methods & Research*, Vol. 50, No. 4 (2021): 1895-1915.

訳注22 哲学者の永井均は、（実証的・思弁的の別を問わず）およそいかなる言説であれ、話者・筆者がその内容にコミットしていないことも可能であるどころか、そうであらざるを得ないことこそが言語的コミュニケーションの可能性の条件であるとし、その特性を「超越論的なんちゃってビリティ」と名付けている。次を参照。永井均『〈魂〉に対する態度』（勁草書房、１９９１年）、永井均『遺稿焼却問題　哲学日記２０１４―２０２１』（谷口一平＋吉田廉編、ぷねうま舎、２０２２年）。

本書の読み方

本書の特徴や著者についての注意点など諸々述べてきたが、ひとまずは虚心坦懐に（「思いやりの原理」とともに、著者の主義主張や執筆意図はカッコに入れて）本書の内容を精読することを読者には勧めたい。自らの会話規範を振り返り、本書から取り入れられるものがあればそれを実践し、すでに行っているものがあれば、それに対する理論的説明をみて理解を深めることができるだろう。その上で、本書に書かれていることを批判的に検討してみてほしい。技法として有効ではないもの、倫理的に許容できないもの、あるいは追加すべきものはどのようなものであるかを考えるのである。

他方で強調しておきたいのは、本書が素晴らしい作品だったとしても、それをもって著者たちの人格や他のテーマについての見解のすべてが優れていると捉える必要はないし、そうすべきでもないということである。そのような態度は、著者たちの推奨する「健全な懐疑主義」にも反するものだろう。

私は（そして訳者と編集者の二人も）、本書の著者たちとすべての見解を一にするものではない。それどころか、彼らの言論活動の中には倫理的に糾弾されるべきものが含まれているとすら考えている。その一方で、政治的・道徳的分断によって社会的連帯が失われ、意見を異にする人びとの間でもたれるべき対話が欠如している現状を憂い、その状況を少しでも改善しようと願う彼らの意図は本物かつ善良なものであり、尊重されるべきものだと信じている。本書のように、難しい会話を可能にするための共通の土台を提案しようという試みが、疎んじられがちなトラブルメーカーによってなされたことには、固有の意義と価値があると思う。人々が他者を有形・無形の力によってねじ伏せたり、あるいは個人的・集合的に排除しようとするのではなく、あくまで違いを違いとして保持しつつも対話を続けようという意志を諦めないこと[注23]――この訳書がそのための一助となることを願うばかりである。

翻訳の経緯と謝辞

本書が成った経緯について説明しよう。藤井は大学院生のときから、北米のアカデミアにおける分析哲学の受容について関心を抱いており、「ソーカル事件の再来」とも言うべき「不服研究事件」にも当然のごとく注目していた。[注24] あるとき、哲学的テーマを扱う文筆家にして、晶文社では哲学書を中心に手掛ける編集者としても活躍する吉川浩満氏に、この事件の当事者二名が会話術の本を書いているらしいと伝えたところ、「翔太さん、よければうちで一緒に出しませんか」とお声が

注23 「会話を継続すること」というリチャード・ローティの道徳的要請や、正義や公正といった観念に新たな解釈を与えたジョン・ロールズの政治哲学などを導きとして、ある種の「会話の倫理学」を展開したものとして、次の著作が啓発的である。朱喜哲『〈公正〉を乗りこなす――正義の反対は別の正義か』(太郎次郎社エディタス、2023年)。

注24 ソーカル事件やその背景を解説したものとして、科学哲学者による次の文献が参考になる。ジェームズ・ロバート・ブラウン『なぜ科学を語ってすれ違うのか――ソーカル事件を超えて』(青木薫訳、みすず書房、2010年)。

けしてくださった。しかも、本書のアクチュアリティが失われないうちに、なるべく早急に邦訳を世に出したいというのが吉川氏のたっての希望だった。しかし、本書の分量と内容を鑑みたときに、単独で取り組むのは心もとないと藤井が感じたため、協力者を探すことにした。そこで吉川氏がQeS（クェス）の仲介で紹介してくださったのが、本書の訳者を務めた遠藤進平氏にほかならない。藤井はそれ以前にも遠藤氏が主催していた概念工学に関する研究会に参加させてもらっていた縁もあり、論理学の哲学や形而上学の専門家である彼を心強いメンバーとして迎えて、三人で翻訳プロジェクトがスタートした。

作業の進め方としては、原著出版社から提供されたWordファイルをもとに遠藤氏が訳文ファイルをGoogleドキュメント上に作成し、藤井が一章ずつ訳文に手を入れていくという方式を取った。全体の訳文ができた段階で再び遠藤氏が藤井の訳文に目を通して修正提案を行い、それを藤井が部分的に反映していった。重要な概念の訳語については三人で議論し、合意が得られた場合にはそれを、また見解が分かれたもの[注25]については、監訳者の藤井と吉川氏の判断を優先して決定した。[注26]初稿ができて以降は、藤井がゲラに赤入れをした上で、吉川氏が細かな表現の調整を行った。作業中の連絡手段としては、Slack上に立ち上げたチャットグループに加え、概ね月に一回、Zoom上で近況報告も兼ねたミーティングを行い、訳文と内容について議論を行った。

本書の作業全体を類稀な忍耐力と注意力をもって並走してくれた遠藤氏と吉川氏に、最大の感謝を捧げたい。スコットランドのカフェやオーストラリアの下宿先からログインする遠藤氏と、晶文社オフィスやこの世のあらゆる書籍が詰まっているようにしか見えない書斎から登場する吉川氏のお二人と、この問題作の価値をどうしたら多くの人に理解してもらえるか、Zoom上で何度も議論を重ねたことが思い起こされる。加えて、本書を世に出すにあたり、次の方々から多大な援助を賜った。原著者の一人ピーター・ボゴジアン氏は、ヨーロッパ・ツアー中にも拘わらず、翻訳チームの三人とオンライン・ミーティングを行う機会をもうけ、こちらから投げかけた質問(無礼なものも含まれていただろう)のすべてに誠心誠意をもって答えてくださった。前著でお世話になった装丁家の宮川和夫氏は、お互いに晶文社との初めての仕事である今作でも、魅力的な表紙デザインを仕上げてくださった。そして哲学者の戸田山和久氏は、本訳書の最初の読者として全体を通読し、訳者たちの意図を代弁するかのような素晴らしい推薦コメントを寄せてくださった。みなさまに厚く御礼申し上げる。

藤井翔太

注25 例えば遠藤氏は、moralityを「生き方」、civilを「理性的」と訳すことを提案していた。
注26 本書の日本語タイトルや、Unread Library Effectの訳語として「背表紙効果」を提案したのは、吉川氏である。

• Zukar. (2017, February 1). *All that we share—ZUKAR Translations EN, FR, NL, PO, GE* [Video file]. Retrieved from https://www.youtube.com/watch?v=i1AjvFjVXUg〔2024年1月7日現在、閲覧不可〕
• Zunin, L. M., & Zunin, N. (1972). *Contact: The first four minutes*. New York, NY: Ballantine Books.

technique investigation. *Communication Reports, 23*(1), 1–13.
• 2Civility. (2015). *Skill practice: Inquire, paraphrase, acknowledge*[Unpublished manuscript]. Illinois Supreme Court Commission on Professionalism.
• Tyson, A., & Maniam, S. (2016). Behind Trump's victory: Divisions by race, gender, education. Pew Research Center. Retrieved from https://www.pewresearch.org/short-reads/2016/11/09/behind-trumps-victory-divisions-by-race-gender-education/
• Uchtdorf, D. F. (2013, October). Come, join with us. Presentation at The Church of Jesus Christ of Latter Day Saints, General Conference. Retrieved from https://www.churchofjesuschrist.org/study/general-conference/2013/10/come-join-with-us?lang=eng
• Ury, W. (1992) *Getting past no: Negotiating with difficult people.* London, England: Random Century.
斎藤精一郎訳『ハーバード流 "NO" と言わせない交渉術――決定版』三笠書房、2010年
• Vlemincx, E., Van Diest, I., & Van den Bergh, O. (2016). A sigh of relief or a sigh to relieve: The psychological and physiological relief effect of deep breaths. *Physiology & Behavior, 165,* 127–135.
• Voss, C., & Raz, T. (2016). *Never split the difference: Negotiating as if your life depended on it.* New York, NY: HarperCollins.
佐藤桂訳『逆転交渉術――まずは「ノー」を引き出せ』早川書房、2018年
• Vuori, T. (2013). How closed groups can drift away from reality: The story of a knocked-out Kiai master. *International Journal of Society Systems Science, 5*(2), 192–206.
• Waldron, V. R., Cegala, D. J., Sharkey, W. F., & Teboul, B. (1990). Cognitive and tactical dimensions of conversational goal management. *Journal of Language and Social Psychology, 9*(1–2), 101–118.
• Ware, B. (2012). *The top five regrets of the dying: A life transformed by the dearly departing.* Carlsbad, CA: Hay House.
仁木めぐみ訳『死ぬ瞬間の 5つの後悔』新潮社、2012年
• Waters, N. L., & Hans, V. P. (2009). A jury of one: Opinion formation, conformity, and dissent on juries. *Cornell Law Faculty Publications.* Retrieved from https://scholarship.law.cornell.edu/lsrp_papers/114/
• Weinstein, E., & Deutschberger, P. (1963). Some dimensions of altercasting. *Sociometry, 26*(4), 454–466.
• Weitzenhoffer, S. D. (2005, March 16). Problem with debating creationists [review of *Evolution vs. creationism: An introduction* by Eugenie C. Scott]. Retrieved from https://www.amazon.com/review/R2367M3BJ05M82
• Wells, S. (2015). Hostage negotiation and communication skills in a terrorist environment. In J. Pearse (Ed.), *Investigating terrorism:Current political, legal and psychological issues* (pp. 144–166). Chichester, England: Wiley-Blackwell.
• West, M. A., Tjosvold, D., & Smith, K. G. (Eds.). (2003). *International handbook of organizational teamwork and cooperative working.* Chichester, UK: Wiley.
• West, M. A., Tjosvold, D., & Smith, K. G. (Eds.). (2005). *The essentials of teamworking: International perspectives.* Chichester, UK: Wiley.
• Whitney, E. & Taylor, J. (2017, May 24). On eve of election, Montana GOP candidate charged with assault on reporter. *NPR.* Retrieved from http://www.npr.org/2017/05/24/529862697/republican-s-altercation-with-reporter-shakes-up-montana-race-on-eve-of-voting
• Willer, R., (2016, September). *How to have better political conversations* [Video file].TED. January. Retrieved from https://www.ted.com/talks/robb_willer_how_to_have_better_political_conversations
• Wilson, R. A., & Keil, F. (1998). The shadows and shallows of explanation. *Minds and Machines, 8*(1), 137–159.
• Wynn, C. M., & Wiggins, A. W. (2016). *Quantum leaps in the wrong direction: Where real science ends... and pseudoscience begins.* New York, NY: Oxford University Press.
奈良一彦訳『疑似科学はなぜ科学ではないのか――そのウソを見抜く思考法』海文堂出版、2009年

new-low.aspx
• Swinburne, R. (1990). The limits of explanation: The limits of explanation. [*sic*] *Royal Institute of Philosophy Supplements, 27,* 177–193.
• Swinburne, R. (1997). *Simplicity as evidence of truth.* Milwaukee, WI: Marquette University Press.
• Swinburne, R. (2001). *Epistemic justification.* Oxford, England: Oxford University Press.
• Swinburne, R. (2005). *Faith and reason.* Oxford, England: Oxford University Press.
• Swoyer, C. (1982). True for. In M. Krausz & J. W. Meiland (Eds.), *Relativism: Cognitive and moral* (pp. 84–108).. Notre Dame, IN: Notre Dame University Press.
戸田省二郎訳「……にとっての真」、常俊宗三郎、加茂直樹、戸田省二郎訳『相対主義の可能性』産業図書、1989年、所収
• Tajfel, H. (Ed.). (2010). *Social identity and intergroup relations* (European studies in social psychology). 7th ed. Cambridge, England: Cambridge University Press.
• Tappin, B. M., van der Leer, L., & McKay, R. T. (2017). The heart trumps the head: Desirability bias in political belief revision. *Journal of Experimental Psychology: General, 146*(8), 1143–1149.
• Tavernise, S. (2017, February 18) Are liberals helping Trump? *New York Times.* Retrieved from https://www.nytimes.com/2017/02/18/opinion/sunday/are-liberals-helping-trump.html
• Tavris, C., & Aronson, E. (2008). *Mistakes were made (but not by me): Why we justify foolish beliefs, bad decisions, and hurtful acts.* Boston, MA: Houghton Mifflin Harcourt.
戸根由紀恵訳『なぜあの人はあやまちを認めないのか——言い訳と自己正当化の心理学』河出書房新社、2009年
• Taylor, P. J., & Donohue, W. (2006). Hostage negotiation opens up. In K.Schneider & C. Honeyman (Eds.), *The negotiator's fieldbook: The desk reference for the experienced negotiator* (pp. 667–674). Washington, DC: American Bar Association.
• TED. (2014, June 27). *How to speak so that people want to listen | Julian Treasure* [Video file]. Retrieved from https://www.youtube.com/watch?v=eIho2S0ZahI
• TedX Talks. (2013, November 14). *The illusion of understanding: Phil Fernbach at TEDxGoldenGatePark* [Video file]. Retrieved from https://www.youtube.com/watch?v=2SlbsnaSNNM
• Thompson, D. (2016, September 16). Why do Americans distrust the media? *The Atlantic.* Retrieved from https://www.theatlantic.com/business/archive/2016/09/why-do-americans-distrust-the-media/500252/
• Thomson, J. A., & Aukofer, C. (2011). *Why we believe in God(s): A concise guide to the science of faith.* Durham, NC: Pitchstone Publishing.
• Top town crier to be crowned as Hebden Bridge hits 500. (2010, August 20). *BBC News.* Retrieved from http://news.bbc.co.uk/local/bradford/hi/people_and_places/arts_and_culture/newsid_8931000/8931369.stm
• Trepagnier, B. (2017). *Silent racism: How well-meaning white people perpetuate the racial divide.* New York, NY: Routledge.
• Trevors, G. J., Muis, K. R., Pekrun, R., Sinatra, G. M., & Winne, P. H. (2016). Identity and epistemic emotions during knowledge revision: A potential account for the backfire effect. *Discourse Processes, 53*(5–6), 339–370.
• Trotter, C. (1995). *The supervision of offenders*—what *works?: A study undertaken in community based corrections, Victoria: First & second reports to the Australian Criminology Research Council,* 1995. Melbourne, Australia: Social Work Department, Monash University.
• TubeCactus. (2011, June 4). *That's soulless!—What evidence or logical argument can you provide?* [Video file]. Extract from Is the Foundation of Morality Natural or Supernatural? debate, William Lane Craig vs. Sam Harris, University of Notre Dame, Notre Dame, Indiana. Retrieved from https://www.youtube.com/watch?v=pk7jHJRSzhM
• Turner, M. M., Banas, J. A., Rains, S. A., Jang, S., Moore, J. L., and Morrison, D. (2010). The effects of altercasting and counterattitudinal behavior on compliance: A lost letter

渡辺邦夫訳『メノン——徳〔アレテー〕について』光文社、2012年
• Pratkanis, A. R. (2000). Altercasting as an influence tactic. In D. J. Terry &M. A. Hogg (Eds.), *Attitudes, behaviour, and social context: The role of norms and group membership* (pp. 201–226). New York, NY: Psychology Press.
• Rogers, C. R. (1975). Empathetic: An underappreciated way of being. *The Counseling Psychologist, 5*(2), 2–10.
畠瀬直子訳「共感——実存を外側から眺めない関わり方」、『〔新版〕人間尊重の心理学——わが人生と思索を語る』創元社、2007年、所収
• Rogers, K. (2016, November 9). White women helped elect Donald Trump. *New York Times*. Retrieved from https://www.nytimes.com/2016/12/01/us/politics/white-women-helped-elect-donald-trump.html
• Rozenblit, L., & Keil, F. (2002). The misunderstood limits of folk science: An illusion of explanatory depth. Cognitive *Science, 26*(5), 521–562.
• The RSA. (2012, August 15). *The truth about dishonesty—Dan Ariely* [Video file]. Retrieved from https://www.youtube.com/watch?v=ZGGxguJsirI
• Säde, R. (2015, October 6). *Peter Boghossian—Imagine No Religion 5, Islamism and doubt* [Video file]. Retrieved from https://www.youtube.com/watch?v=_I5-SUdBpaQ
• Sanders, E. P. (1993) *The historical figure of Jesus*. New York: NY: Penguin.
土岐健治、木村和良訳『イエス——その歴史的実像に迫る』教文館、2011年
• Schlottmann, A., & Anderson, N. H. (1995). Belief revision in children: Serial judgment in social cognition and decision-making domains. *Journal of Experimental Psychology: Learning, Memory, and Cognition, 21*(5), 1349–1364.
• Seneca, L. A. (1995). *On anger*. In J. M. Cooper & J. F. Procopé (Eds.),*Seneca: Moral and political essays* (pp. 17–116). Cambridge, England: Cambridge Press. (Original work published 1st century CE)
兼利琢也訳『怒りについて　他二篇』岩波書店、2008年
• Shelton, C. (2016, April). *Me, my mom and Scientology* [Video file]. April. Retrieved from https://www.youtube.com/playlist?list=PLGrPM1Pg2h713UyF8wjTT4L3tVqId7KKW
• Shermer, M. (2012). *The believing brain: From ghosts and gods to politics and conspiracies—how we construct beliefs and reinforce them as truths*. New York, NY: St. Martin's Press.
• Shklovski, I., & Sagan, C. (1966). *Intelligent life in the universe*. San Francisco, CA: Holden-Day.
• Singer, P. (1983). *Hegel*. Oxford: Oxford University Press.
島崎隆訳『ヘーゲル入門——精神の冒険』青木書店、1995年
• Sophocles. (1891). *The Antigone of Sophocles*. Ed. with introduction and notes by Sir Richard Jebb. Cambridge, England: Cambridge University Press. (At the Perseus Project.)
中務哲郎訳『アンティゴネー』岩波書店、2014年
• Spitzer, S. P., & Volk, B. A. (1971). Altercasting the difficult. *The American Journal of Nursing, 71*(4), 732–738.
• Starr, E. (1954, November 3). Groucho Marx quotation. In Inside TV [column]. *Greensboro (NC) Record*.
• Steenburgh, T., & Ahearne, M. (2012, July-August). Motivating salespeople: What really works. *Harvard Business Review*. Retrieved from https://hbr.org/2012/07/motivating-salespeople-what-really-works
• Stenger, V., Lindsay, J., & Boghossian, P. (2015, May 8). Physicists are philosophers, too. *Scientific American*. Retrieved from: https://www.scientificamerican.com/article/physicists-are-philosophers-too/
• Stone, D., Patton, B., & Heen, S. (2010). *Difficult conversations: How to discuss what matters most*. New York, NY: Penguin.
松本剛史訳『話す技術・聞く技術——ハーバードネゴシエーション・プロジェクト　交渉で最高の成果を引き出す「3つの会話」』日経BPマーケティング、2012年
• Swift, A. (2016, September 14). Americans' trust in mass media sinks to new low. *Gallup*. Retrieved from http://www.gallup.com/poll/195542/americans-trust-mass-media-sinks-

Journal of Police Crisis Negotiations, 2(1), 63–81.
• Neiman, M. (2008). Motorcycle helmet laws: The facts, what can be done to jump-start helmet use, and ways to cap damages. *Journal of Health Care Law & Policy, 11,* 215–248.
• Neumann, C. S., & Hare, R. D. (2008). Psychopathic traits in a large community sample: Links to violence, alcohol use, and intelligence. *Journal of Consulting and Clinical Psychology, 76*(5), 893–899.
• Nichols, T. (2017). *The death of expertise: The campaign against established knowledge and why it matters.* New York, NY: Oxford University Press.
高里ひろ訳『専門知は、もういらないのか――無知礼賛と民主主義』みすず書房、2019年
• Norton, S. W. (2002). Economic growth and poverty: In search of trickle-down. *Cato Journal, 22*(2), 263–275.
• Nyhan, B., & Reifler, J. (2010). When corrections fail: The persistence of political misperceptions. *Political Behavior, 32*(2), 303–330.
• Nyhan, B., & Reifler, J. (2018). The roles of information deficits and identity threat in the prevalence of misperceptions. Journal of Elections, *Public Opinion and Parties*, 29(2), 222–244. https://doi.org/10.1080/17457289.2018.1465061
• Nyhan, B., Reifler, J., & Ubel, P. A. (2013). The hazards of correcting myths about health care reform. *Medical Care, 51*(2), 127–132.
• O'Reilly, C. A., & Chatman, J. (1986). Organizational commitment and psychological attachment: The effects of compliance, identification, and internalization on prosocial behavior. *Journal of Applied Psychology, 71*(3), 492–499.
• Pallatroni, L. (Ed.) (2018). *Return to reason: The science of thought.* New York, NY: Scientific American Ebooks.
• Parker, K. (2016, November 20). Fake news, media distrust and the threat to democracy. *Denver Post.* Retrieved from http://www.denverpost.com/2016/11/20/fake-news-media-distrust-and-the-threat-to-democracy/
• Parrott, W. G. (2001). *Emotions in social psychology: Essential readings.* New York, NY: Psychology Press.
• Parsons, R. D., & Zhang, N. (2014). *Counseling theory: Guiding reflective practice.* Los Angeles, CA: SAGE Publications.
• Pascal, B. (1958). *Pascal's pensées.* New York, NY: E. P. Dutton & Co. Retrieved from https://www.gutenberg.org/files/18269/18269-h/18269-h.htm (Original work published 1670)
塩川徹也訳『パンセ〔上・中・下〕』岩波書店、2015-2016年
• Pascual, L., Rodrigues, P., & Gallardo-Pujol, D. (2013, September). How does morality work in the brain? A functional and structural perspective of moral behavior. *Frontiers in Integrative Neuroscience, 7,* Article number: 65. https://doi.org/10.3389/fnint.2013.00065
• Patton, B. M. (1998). Difficult conversations. *Dispute Resolution Magazine, 5*(4), 25–29.
• Peters, M. (2015, December 24). Virtue signaling and other inane platitudes. *Boston Globe.* Retrieved from https://www.bostonglobe.com/ideas/2015/12/24/virtue-signaling-and-other-inane-platitudes/YrJRcvxYMofMcCfgORUcFO/story.html
• Phelps-Roper, M. (2017, February). *I grew up in the Westboro Baptist Church. Here's why I left* [Video file]. February. Retrieved from http://www.ted.com/talks/megan_phelps_roper_i_grew_up_in_the_westboro_baptist_church_here_s_why_i_left
• Pigeon chess (2016, December 27). *RationalWiki.* Retrieved from http://rationalwiki.org/wiki/Pigeon_chess
• Pinker, S. (2008, January 13). The moral instinct. *New York Times Magazine.* Retrieved from http://www.nytimes.com/2008/01/13/magazine/13Psychology-t.html
• Plato. (1992). *Republic.* Trans. G. M. A. Grube. Indianapolis, IN: Hackett. (Original work published circa 380 BCE.)
藤沢令夫訳『国家〔上・下〕』岩波書店、1979年
• Plato. (2006). *Plato's Meno.* Ed. D. Scott. Cambridge, England: Cambridge University Press. (Original work published circa 380 BCE.)

• Lewin, K. (1947). Group Decision and Social Change. In T. Newcomb & E.Hartley (Eds.), *Readings in social psychology* (pp. 197–211) New York, NY: Holt, Rinehart & Winston.
• Lewin, M. A. (1978). Kurt Lewin: His psychology and a daughter's recollections. In G. A. Kimble & M. Wertheimer (Eds.), *Portraits of pioneers in psychology* (Vol. III, pp. 105–120) Washington, DC: American Psychological Association.
• Lindsay, J. (2015). *Everybody is wrong about god.* Durham, NC: Pitchstone Publishing.
• Lindsay, J. (2016). *Life in light of death. Durham,* NC: Pitchstone Publishing.
• Loftus, J. (2013). *The outsider test for faith: How to know which religion is true.* Amherst, NY: Prometheus Books.
• Longsine, G., & Boghossian, P. (2012, September 27). Indignation is not righteous. *Skeptical Inquirer.* Retrieved from https://www.csicop.org/specialarticles/show/indignation_is_not_righteous
• Lowndes, L. (2003). *How to talk to anyone: 92 Little tricks for big success in relationships.* New York, NY: McGraw-Hill.
小林由香利訳『人を引きつけ、人を動かす——きらりと輝く人になるコミュニケーション・テクニック 70』CCC メディアハウス、2011年
• Lukianoff, G., & Haidt, J. (2018). *The coddling of the American mind: How good intentions and bad ideas are setting up a generation for failure.* New York, NY: Penguin.
西川由紀子訳『傷つきやすいアメリカの大学生たち——大学と若者をダメにする「善意」と「誤った信念」の正体』草思社、2022年
• Magnabosco, A. (2016a, April 21). *Street Epistemology: Kari | Examining Cardinal Beliefs* [Video file]. Retrieved from https://www.youtube.com/watch?v=JnF6MenyiEQ
• Magnabosco, A. (2016b, December). *Street epistemology quick-clip: Sam | weighing the soul* [Video file]. Retrieved from https://www.youtube.com/watch?v=5IgZSYaazFc
• Malhotra, D. (2016a, October 14). How to build an exit ramp for Trump supporters. *Harvard Business Review.* Retrieved from https://hbr.org/2016/10/how-to-build-an-exit-ramp-for-trump-supporters
• Malhotra, D. (2016b). *Negotiating the impossible: How to break deadlocks and resolve ugly conflicts (without money or muscle).* Oakland, CA: Berrett-Koehler.
• Martí, L., Mollica, F., Piantadosi, S., & Kidd, C. (2018). Certainty is primarily determined by past performance during concept learning. *Open Mind*, 2(2): 47–60.
DOI: https://doi.org/10.1162/opmi_a_00017
• Masci, D. (2019, February 11). For Darwin Day, 6 facts about the evolution debate. *Fact Tank.* Pew Research Center. Retrieved from https://www.pewresearch.org/short-reads/2019/02/11/darwin-day/
• Maybee, J. E. (2016). Hegel's dialectics. *Stanford encyclopedia of philosophy,* winter 2016 ed. Retrieved from https://plato.stanford.edu/entries/hegel-dialectics/ (October 15, 2018).
• Mbarki, M., Bentahar, J., & Moulin, B. (2008). A formal framework of conversational goals based on strategic reasoning. In *International conference on industrial, engineering and other applications of applied intelligent systems* (pp. 835–844). Berlin, Germany: Springer.
• McMains, M., & Mullins, W. C. (2014). *Crisis negotiations: Managing critical incidents and hostage situations in law enforcement and corrections.* 5th ed. New York, NY: Routledge.
• Michel, C. (2017, June 30). How liberal Portland became America's most politically violent city. *Politico.* Retrieved from http://www.politico.com/magazine/story/2017/06/30/how-liberal-portland-became-americas-most-politically-violent-city-215322
• Mill, J. S. (1859). *On liberty.* London, England: Longman, Roberts & Green.
関口正司訳『自由論』岩波書店、2020年
• Miller, L. (2005). Hostage negotiation: Psychological principles and practices. *International Journal of Emergency Mental Health, 7*(4), 277–298.
• Mitchell, A., Gottfried, J., Kiley, J., & Matsa, K. E. (2014, October 21). Political polarization & media habits. Pew Research Center. Retrieved from http://www.journalism.org/2014/10/21/political-polarization-media-habits/
• Mullins, W. C. (2002). Advanced communication techniques for hostage negotiators.

Educational Research, 79(1), 491–525.
• Johnson, K. E., Thompson, J., Hall, J. A., & Meyer, C. (2018). Crisis (hostage) negotiators weigh in: The skills, behaviors, and qualities that characterize an expert crisis negotiator. *Police Practice and Research, 19*(5), 472–489.
• Johnson-Laird, P. N., Girotto, V., & Legrenzi, P. (2004). Reasoning from inconsistency to consistency. *Psychological Review, 111*(3), 640–661.
• Jones, D.A. (2004). Why Americans don't trust the media: A preliminary analysis. *Harvard International Journal of Press/Politics, 9*(2), 60–75.
• Jost, J. T., Glaser, J., Kruglanski, A. W., & Sulloway, F. J. (2003). Political conservatism as motivated social cognition. *Psychological Bulletin, 129*(3), 339–375.
• Kahneman, D. (2011). *Thinking, fast and slow.* New York, NY: Farrar, Straus & Giroux.
村井章子訳『ファスト&スロー――あなたの意思はどのように決まるか?〔上・下〕』早川書房、2014年
• Kahneman, D., Slovin, P., & Tversky, A. (Eds.) (1982). *Judgment under uncertainty: Heuristics and biases.* Cambridge, England: Cambridge University Press.
• Kaplan, J. T., Gimbel, S. I. & Harris, S. (2016, December 23). Neural correlates of maintaining one's political beliefs in the face of counterevidence. *Scientific Reports 6,* Article number: 39589. Retrieved from https://www.nature.com/articles/srep39589
• Kaufmann, W. A. (2015). *The faith of a heretic.* 2nd ed. Princeton, NJ: Princeton University Press.
• Kellin, B., & McMurtry, C. (2007). STEPS—Structured tactical engagement process: A model for crisis negotiation. *Journal of Police Crisis Negotiations, 7*(2), 29–51.
• Kelly, J. F., & Westerhoff, C. M. (2010). Does it matter how we refer to individuals with substance-related conditions? A randomized study of two commonly used terms. *International Journal of Drug Policy, 21*(3), 202–207.
• Khazan, O. (2017, February 1). The simple psychological trick to political persuasion. *The Atlantic.* Retrieved from https://www.theatlantic.com/science/archive/2017/02/the-simple-psychological-trick-to-political-persuasion/515181/
• Killias, M. (1993). International correlations between gun ownership and rates of homicide and suicide. *CMAJ: Canadian Medical Association Journal, 148*(10), 1721–1725.
• Kolbert, E. (2017, February 27). Why facts don't change our minds. *The New Yorker.* Retrieved from http://www.newyorker.com/magazine/2017/02/27/why-facts-dont-change-our-minds
• Koriat, A., Lichtenstein, S., & Fischhoff, B. (1980). Reasons for confidence. *Journal of Experimental Psychology: Human Learning and Memory, 6*(2), 107–118.
• Kruger, J., & Dunning, D. (1999). Unskilled and unaware of it: How difficulties in recognizing one's own incompetence lead to inflated self-assessments. *Journal of Personality and Social Psychology*, 77(6), 1121–1134.
• Kubany, E. S., Muraoka, M. Y., Bauer, G. B., & Richard, D. C. (1992). Verbalized anger and accusatory "you" messages as cues for anger and antagonism among adolescents. *Adolescence, 27*(107), 505–516.
• Kuran, T. (1997). *Private truths, public lies: The social consequences of preference falsification.* Cambridge, MA: Harvard University Press.
• Lakoff, G. (2010). *Moral politics: How liberals and conservatives think.* Chicago, IL: University of Chicago Press.
小林良彰、鍋島弘治朗訳『比喩《メタファー》によるモラルと政治――米国における保守とリベラル』木鐸社、1998年
• Lee, H. (1960). *To kill a mockingbird.* Philadelphia, PA: J. B. Lippincott.
上岡伸雄訳『ものまね鳥を殺すのは――アラバマ物語〔新訳版〕』早川書房、2023年
• Leonard, K., & Yorton, T. (2015). *Yes, and: How improvisation reverses "no, but" thinking and improves creativity and collaboration—lessons from the second city.* New York, NY: HarperCollins.
• Lerner, J. S., & Tiedens, L. Z. (2006). Portrait of the angry decision maker: How appraisal tendencies shape anger's influence on cognition. *Journal of Behavioral Decision Making, 19*(2), 115–137.

• Haidt, J. (2016, November). Can a divided America heal? [Video file]. Retrieved from https://www.ted.com/talks/jonathan_haidt_can_a_divided_america_heal?autoplay=true
• Hammer, M. R. (2007). Saving lives: *The S.A.F.E. model for resolving hostage and crisis incidents*. Santa Barbara, CA: Praeger.
• Harrington, N. (2013). Irrational beliefs and socio-political extremism. *Journal of Rational-Emotive & Cognitive-Behavior Therapy, 31*(3), 167–178.
• Harris, S. (2004). *The end of faith: Religion, terror, and the future of reason*. New York, NY: W. W. Norton.
• Harris, S. (2010). *The moral landscape: How science can determine human values*. New York, NY: Free Press.
• Harris, S. (2017, January 27). #62—*What is true? A conversation with Jordan B. Peterson* [Podcast]. Retrieved from https://www.samharris.org/podcasts/making-sense-episodes/what-is-true
• Harris, S., & Nawaz, M. (2015). *Islam and the future of tolerance: A dialogue. Cambridge,* MA: Harvard University Press.
• Harvard Second Generation Study. (2015). Study of adult development. Massachusetts General Hospital and Harvard Medical School. Retrieved from http://www.adultdevelopmentstudy.org/grantandglueckstudy (October 15, 2018).
• Hegel, G. W. (2010). *The science of logic*. Trans. G. D. Giovanni. New York, NY: Cambridge University Press. (Original work published in three volumes 1812–1816.)
山口祐弘訳『ヘーゲル　論理の学〔1：存在論・2：本質論・3：概念論〕』作品社、2012-2013年
• Heinrichs, J. (2017). *Thank you for arguing: What Aristotle, Lincoln, and Homer Simpson can teach us about the art of persuasion*. New York, NY: Three Rivers Press.
多賀谷正子訳『THE RHETORIC ――人生の武器としての伝える技術』ポプラ社、2018年
• Hess, A. (2017, February 28). How the trolls stole Washington. *New York Times Magazine*. Retrieved from https://www.nytimes.com/2017/02/28/magazine/how-the-trolls-stole-washington.html
• Hogarth, R. M., & Einhorn, H. J. (1992). Order effects in belief updating: The belief-adjustment model. *Cognitive Psychology, 24*(1), 1–55.
• Horowitz, E. (2013, August 23). Want to win a political debate? Try making a weaker argument. *Pacific Standard*. Retrieved from https://psmag.com/news/why-even-your-best-arguments-never-work-64910
• *Hostage Negotiation: A Matter of Life and Death*. (1987). Darby, PA: Diane Publishing Co.
• Hubbard, L. Ron (2007). Scientology: *The fundamentals of thought*. Commerce, CA: Bridge Publications.
トランスレーションズユニット訳『サイエントロジー――思考の原理』Bridge Publications, Inc、2007年
• Huczynski, A. (2004). *Influencing within organizations*. London, England: Routledge.
• Ingram, M. (2017, February 1). Most Trump supporters don't trust the media anymore. *Fortune*. Retrieved from http://fortune.com/2017/02/01/trump-voters-media-trust/
• Iyer, R., Koleva, S., Graham, J., Ditto, P., & Haidt, J. (2012). Understanding libertarian morality: The psychological dispositions of self-identified libertarians. *PloS One, 7*(8), e42366.
• Jain, S., Shapiro, S. L., Swanick, S., Roesch, S. C., Mills, P. J., Bell, I., & Schwartz, G. E. (2007). A randomized controlled trial of mindfulness meditation versus relaxation training: Effects on distress, positive states of mind, rumination, and distraction. *Annals of Behavioral Medicine, 33*(1), 11–21.
• James Randi Educational Foundation. (2013, October 25). *Peter Boghossian - Authenticity - TAM 2013* [Video file]. Retrieved from https://www.youtube.com/watch?v=OGaj4j_az98
• Jarcho, J. M., Berkman, E. T., & Lieberman, M. D. (2010). The neural basis of rationalization: Cognitive dissonance reduction during decision-making. *Social Cognitive and Affective Neuroscience, 6*(4), 460–467.
• Jennings, P. A., & Greenberg, M. T. (2009). The prosocial classroom: Teacher social and emotional competence in relation to student and classroom outcomes. *Review of*

http://time.com/4566304/donald-trump-revenge-of-the-white-man/
• Fisher, R., Ury, W. L., & Patton, B. (2011). *Getting to yes: Negotiating agreement without giving in*. New York, NY: Penguin.
金山宣夫、浅井和子訳『〔新版〕ハーバード流交渉術』阪急コミュニケーションズ、1998年
• Florida, R. (2017, April 26). If cities ruled the world. CityLab. Retrieved from https://www.citylab.com/equity/2017/04/the-need-to-empower-cities/521904/
• Flynn, D., Nyhan, B., & Reifler, J. (2017). The nature and origins of misperceptions: Understanding false and unsupported beliefs about politics. *Political Psychology, 38*, 127–150.
• Fodor, J. A. (1983). *The modularity of mind: An essay on faculty psychology*. Cambridge, MA, MIT Press.
伊藤笏康、信原幸弘訳『精神のモジュール形式――人工知能と心の哲学』産業図書、1985年
• Freethinkers of PSU. (2018, February 25). *James Damore at Portland State (2/17/18)* [Video file]. Retrieved from https://www.youtube.com/watch?v=VCrQ3EU8_PM
• Freud, S. (1991). *On metapsychology—The theory of psychoanalysis : Beyond the pleasure principle, The ego and the id and other works*. Ed. A. Richards, Trans. J. Strachey. Harmondsworth, England: Penguin.
福田覚訳「ロマン・ロラン宛書簡――アクロポリスでのある想起障害」、新宮一成ほか編『フロイト全集〔21〕』岩波書店、2011年、所収
• Friedersdorf, C. (2017, February 13). Every racist I know voted for Donald Trump. *The Atlantic*. Retrieved from https://www.theatlantic.com/politics/archive/2017/02/every-racist-i-know-voted-for-donald-trump/516420/
• Gaertner, S. L., Dovidio, J. F., Nier, J. A., Ward, C. M., & Banker, B. S. (1999). Across cultural divides: The value of a superordinate identity. In D. A. Prentice & D. T. Miller (Eds.), *Cultural divides: Understanding and overcoming group conflict* (pp. 173–212). New York, NY: Russell Sage Foundation.
• Galef, J. (2017, March 9). Why you think you're right, even when you're wrong. *Ideas.Ted.Com*. March 9. Retrieved from https://ideas.ted.com/why-you-think-youre-right-even-when-youre-wrong/
• Gattellari, M., Butow, P. N., Tattersall, M. H. N., Dunn, S. M., & MacLeod, C. A. (1999). Misunderstanding in cancer patients: Why shoot the messenger? *Annals of Oncology 10*(1), 39–46.
• Goulston, M. (2015). *Talking to "crazy": How to deal with the irrational and impossible people in your life*. New York, NY: AMACOM.
レッカー由佳子監修、室﨑育美訳『身近にいる「やっかいな人」から身を守る方法』あさ出版、2018年
• Graham, J., Nosek, B. A., & Haidt, J. (2012). The moral stereotypes of liberals and conservatives: Exaggeration of differences across the political spectrum. *PloS One, 7*(12), e50092.
• Greene, J. (2013). *Moral tribes: Emotion, reason, and the gap between us and them*. New York, NY: Penguin.
竹田円訳『モラル・トライブズ――共存の道徳哲学へ〔上・下〕』岩波書店、2015年
• Grubb, A. (2010). Modern day hostage (crisis) negotiation: The evolution of an art form within the policing arena. *Aggression and Violent Behavior, 15*(5), 341–348.
• Habermas, J. (1985). *The theory of communicative action* (Vol. 2). Trans. J. Habermas & T. McCarthy. Boston, MA: Beacon Press.
河上倫逸、平井俊彦ほか訳『コミュニケイション的行為の理論〔上・中・下〕』未來社、1985-1987年
• Haidt, J. (2006). *The happiness hypothesis: Finding modern truth in ancient wisdom*. New York, NY: Basic Books.
藤澤隆史、藤澤玲子訳『しあわせ仮説――古代の知恵と現代科学の知恵』新曜社、2011年
• Haidt, J. (2012). *The righteous mind: Why good people are divided by politics and religion*. New York, NY: Pantheon.
高橋洋訳『社会はなぜ左と右にわかれるのか――対立を超えるための道徳心理学』紀伊國屋書店、2014年

• Craig, W. L. (1994). *Reasonable faith: Christian truth and apologetics*. Wheaton, IL: Crossway Books.

• Craig, W. L. (2008). *Reasonable faith: Christian faith and apologetics*. 3rd ed. Wheaton, IL: Crossway Books.

• Davis, D. (2011). *Klan-destine relationships: A black man's odyssey in the Ku Klux Klan*. Far Hills, NJ: New Horizon Press.

• Dawkins, R. (2006). *The God delusion*. New York, NY: Houghton Mifflin.
垂水雄二訳『神は妄想である——宗教との決別』早川書房、2007年

• Dennett, D. C. (2006). *Breaking the spell: Religion as a natural phenomenon*. New York, NY: Viking Penguin.
阿部文彦訳『解明される宗教——進化論的アプローチ』青土社、2010年

• Dennett, D. C. (2013). *Intuition pumps and other tools for thinking*. New York, NY: W. W. Norton.
阿部文彦、木島泰三訳『思考の技法——直観ポンプと77の思考術』青土社、2015年

• Denson, T. F., DeWall, C. N., & Finkel, E. J. (2012). Self-control and aggression. *Current Directions in Psychological Science, 21*(1), 20–25.

• Devitt, M. (1994). The methodology of naturalistic semantics. *Journal of Philosophy, 91*(10), 545–572.

• Dittmann, M. (2003). Anger across the gender divide. *Monitor on Psychology, 34*(3), 52.

• Doherty, C., Horowitz, J. M., & Dimock, M. (2014, January 23). Most see inequality growing, but partisans differ over solutions. Pew Research Center. Retrieved from http://www.people-press.org/2014/01/23/most-see-inequality-growing-but-partisans-differ-over-solutions/

• Drum, K. (2006, August 11). Nutpicking. *Washington Monthly*. Retrieved from https://washingtonmonthly.com/2006/08/11/nutpicking/

• Duggan, M. (2001). More guns, more crime. *Journal of Political Economy, 109*(5), 1086–1114.

• Ebenstein, D. (2013). *I hear you: Repair communication breakdowns, negotiate successfully, and build consensus... in three simple steps*. New York, NY: AMACOM.

• Edmondson, A. C. (2003). Managing the risk of learning: Psychological safety in work teams. In M. A. West, D. Tjosvold, & K. G. Smith (Eds.), *International handbook of organizational teamwork and cooperative working* (pp. 255–275). Chichester, UK: Wiley.

• Edmondson, A. C., & Roloff, K. S. (2008). Overcoming barriers to collaboration: Psychological safety and learning in diverse teams. In E. Salas, G. F. Goodwin, & C. S. Burke (Eds.), *Team effectiveness in complex organizations: Cross-disciplinary perspectives and approaches* (pp. 183–208). New York, NY: Routledge.

• Ekman, P. (2003). *Emotions revealed: Understanding faces and feelings*. London, England: Weidenfeld & Nicolson.
菅靖彦訳『顔は口ほどに嘘をつく』河出書房新社、2018年

• Ferguson, M. L. (2010). Choice feminism and the fear of politics. *Perspectives on Politics, 8*(1), 247–253.

• Fernbach, P., Rogers, T., Fox, C. R., & Sloman, S. A. (2013). Political extremism is supported by an illusion of understanding. *Psychological Science, 24*(6), 939–946.

• Festinger, L. (1957). *A theory of cognitive dissonance*. Stanford, CA: Stanford University Press.
末永俊郎訳『認知的不協和の理論——社会心理学序説』誠信書房、1965年

• FFRF (2013, January 17). *Peter Boghossian: 2012 National Convention* [Video file]. Retrieved from https://www.youtube.com/watch?v=9ARwO9jNyjA

• Fichte, J. G. (1970). *The science of knowledge: With the first and second introductions*. Trans. P. Heath & J. Lachs. Cambridge, England: Cambridge University Press. (Original work published 1794–1795.)
木村素衛訳『全知識学の基礎〔上・下〕』岩波書店、1949年

• Filipovic, J. (2016, November 8). The revenge of the white man. *Time*. Retrieved from

- Boghossian, P. (2006). Socratic pedagogy, critical thinking, and inmate education. *Journal of Correctional Education, 57*(1), 42–63.
- Boghossian, P. (2012). Socratic pedagogy: Perplexity, humiliation, shame and a broken egg. *Educational Philosophy and Theory, 44*(7), 710–720.
- Boghossian, P. (2013). *A manual for creating atheists*. Durham, NC: Pitchstone Publishing.
- Boghossian, P. (2017). What would it take to change your mind? *Skeptic 22*(1). Retrieved from https://www.skeptic.com/reading_room/what-evidence-would-it-take-to-change-your-mind/
- Boghossian, P., & Lindsay, J. (2016). The appeal of ISIS: Trust, costly signaling, and forming moral teams. *Skeptic, 21*(2), 54–56. Retrieved from https://www.skeptic.com/reading_room/the-appeal-of-isis-islamism-trust-and-costly-signaling/ (October 15, 2018).
- Boghossian, P., & Lindsay, J. (2018). The Socratic method, defeasibility, and doxastic responsibility. *Educational Philosophy and Theory, 50*(3), 244–253.
- Borowsky, J. P. (2011). Responding to threats: A case study of power and influence in a hostage negotiation event. *Journal of Police Crisis Negotiations, 11*(1), 1–19.
- BotJunkie. (2007, June 29). *Mister Rogers defending PBS to the US Senate*. [Video File]. Retrieved from https://www.youtube.com/watch?v=yXEuEUQIP3Q〔2024年1月7日現在、閲覧不可〕
- Bradberry, T. (2017, January 24).Nine things that make you unlikable. *Forbes, Leadership*. Retrieved from https://www.forbes.com/sites/travisbradberry/2017/01/24/nine-things-that-make-you-unlikeable/
- Bratman, G. N., Hamilton, J. P., Hahn, K. S., Daily, G. C., & Gross, J. J. (2015). Nature experience reduces rumination and subgenual prefrontal cortex activation. *Proceedings of the National Academy of Sciences, 112*(28), 8567–8572.
- Bromme, R., Thomm, E., & Ratermann, K. (2016). Who knows? Explaining impacts on the assessment of our own knowledge and of the knowledge of experts. *Zeitschrift für Pädagogische Psychologie, 30*(2–3), 97–108.
- Bushman, B. J. (2002). Does venting anger feed or extinguish the flame? Catharsis, rumination, distraction, anger, and aggressive responding. *Personality and Social Psychology Bulletin, 28*(6), 724–731.
- Cahill, L. S., & Farley, M. A. (1995) *Embodiment, morality, and medicine*. Dordrecht, the Netherlands: Springer.
- Campbell, B., & Manning, J. (2018). *The rise of victimhood culture: Microaggressions, safe spaces, and the new culture wars*. Cham, Switzerland: Palgrave MacMillan.
- Chambers, A. (2009). *Eats with sinners: Reaching hungry people like Jesus did*. Cincinatti, OH: Standard Publishing.
- Chapman, G. (2015). *Anger: Taming a powerful emotion*. Chicago, IL: Moody Publishers.
- Chapple, I., & Thompson, M. (2014, January 23). Hassan Rouhani: Iran will continue nuclear program for peaceful purposes. *CNN*. Retrieved from http://www.cnn.com/2014/01/23/world/europe/davos-rouhani-peaceful-nuclear-program/index.html
- Cohen, A. B., Keltner, D., Oveis, C., & Horberg, E. J. (2009). Disgust and the moralization of purity. *Journal of Personality and Social Psychology, 97*(6), 963–976.
- Cohen, G. L. (2012). Identity, belief, and bias. In J. Hanson (Ed.) *Ideology, psychology, and law* (pp. 385–404). Oxford, England: Oxford University Press.
- Cohen, G. L., Sherman, D. K., Bastardi, A., Hsu, L., McGoey, M., & Ross, L. (2007). Bridging the partisan divide: Self-affirmation reduces ideological closed-mindedness and inflexibility in negotiation. *Journal of Personality and Social Psychology, 93*(3), 415–430.
- Comfort, R. (2012). *The way of the master*. Orlando, FL: Bridge-Logos.
- Correll, J., Spencer, S. J., & Zanna, M. P. (2004). An affirmed self and an open mind: Self-affirmation and sensitivity to argument strength. *Journal of Experimental Social Psychology, 40*(3), 350–356.
- Coyne, J. A. (2009). *Why evolution is true*. New York, NY: Penguin.
  塩原通緒訳『進化のなぜを解明する』日経 BP、2010年

• ABC News. (2004, February 10). Six in 10 take Bible stories literally, but don't blame Jews for death of Jesus [PDF file]. Retrieved from: http://abcnews.go.com/images/pdf/947a1vewsoftheBible.pd.
• Altercasting. (n.d.). In *Oxford Reference*. Retrieved from http://www.oxfordreference.com/view/10.1093/oi/authority.20110803095405945.
• Anderson, L. V. (2016a, November 9). White women sold out the sisterhood and the world by voting for Trump. *Slate*. Retrieved from https://slate.com/human-interest/2016/11/white-women-sold-out-the-sisterhood-and-the-world-by-voting-for-trump.html
• Anderson, L. V. (2016b, December 29). 2016 was the year white liberals realized how unjust, racist, and sexist America is. *Slate*. Retrieved from https://slate.com/human-interest/2016/12/2016-was-the-year-white-liberals-learned-about-disillusionment.html
• Anomaly, J., & Boutwell, B. (2017, April 25). Why citing a scientific study does not finish an argument. *Quillette*. Retrieved from http://quillette.com/2017/04/25/citing-scientific-study-not-finish-argument/
• Answers in Genesis (2014, February). *Bill Nye debates Ken Ham—HD (Official)*. [Video file]. Retrieved from: https://www.youtube.com/watch?v=z6kgvhG3AkI
• Aristotle. (1980). *The Nicomachean ethics*. Oxford: Oxford University Press. (Original work published third century BCE.)
渡辺邦夫、立花幸司訳『ニコマコス倫理学〔上・下〕』光文社、2015-2016年
• Aspen Institute. (2015, July 4). *Radical: My journey out of Islamist extremism*. [Video file]. Retrieved from https://www.youtube.com/watch?v=Jlf7W_z3b8U
• Barlett, J. (2017, July 16). The backfire effect—why people don't listen on social media. *iNews*. July 16. Retrieved from https://inews.co.uk/opinion/comment/backfire-effect-people-dont-listen-social-media-79096
• Barrett, L. F. (2017). *How emotions are made: The secret life of the brain*. Boston, MA: Houghton Mifflin Harcourt.
高橋洋訳『情動はこうしてつくられる——脳の隠れた働きと構成主義的情動理論』紀伊國屋書店、2019年
• Batson, C. D. (1975). Rational processing or rationalization? The effect of disconfirming information on a stated religious belief. *Journal of Personality and Social Psychology, 32*(1), 176–184.
• Beck, J. (2017, March 13). This article won't change your mind: The facts on why facts alone can't fight false beliefs. *The Atlantic*. Retrieved from https://www.theatlantic.com/science/archive/2017/03/this-article-wont-change-your-mind/519093/
• Becker, S. (2015). *The inner world of the psychopath: A definitive primer on the psychopathic personality*. North Charlston, SC: CreateSpace.
• Bennion, L. L. (1959). *Religion and the pursuit of truth*. Salt Lake City, UT: Deseret Book Company.
• Big Think. (2014, May 21). *How to persuade others with the right questions: Jedi mind tricks from Daniel H. Pink* [Video file]. Retrieved from https://www.youtube.com/watch?v=WAL7Pz1i1jU
• Boghossian, P. (2002). Socratic pedagogy, race and power. *Education Policy Analysis Archives, 10*(3). Retrieved from http://epaa.asu.edu/ojs/article/view/282
• Boghossian, P. (2003). How Socratic pedagogy works. *Informal Logic: Teaching Supplement, 23*(2), 17–25.
• Boghossian, P. (2004). *Socratic pedagogy, critical thinking, moral reasoning and inmate education: An exploratory study* (Doctoral dissertation, Portland State University). Retrieved from https://doi.org/10.15760/etd.5552

あ

か

ピーター・ボゴジアン（Peter Boghossian）
1966年生まれ。アメリカ合衆国出身の哲学者。主たる関心は、批判的思考や道徳的推論の教育に関する理論とその実践。ソクラテス式問答法を活用した囚人教育プログラムの研究によってポートランド州立大学から博士号を取得し、2021年まで同大学哲学科で教員を務めた。意見を異にする人びとが互いの信念や意見の根拠について理性的に話し合うためのテクニックである「路上の認識論」（Street Epistemology）を提唱。著書に、『無神論者養成マニュアル』（*A Manual for Creating Atheists*, 2013）など。

ジェームズ・リンゼイ（James Lindsay）
1979年生まれ。アメリカ合衆国出身の文筆家、批評家。テネシー大学ノックスビル校で数学の博士号を取得。宗教やポストモダン思想の問題を分析・考察する論考を多数発表している。著書に、『「社会正義」はいつも正しい――人種、ジェンダー、アイデンティティにまつわる捏造のすべて』（ヘレン・プラックローズ共著、山形浩生＋森本正史訳、早川書房、2022年）など。

藤井翔太（ふじい・しょうた）
1987年東京都生まれ。東京大学大学院教育学研究科修士課程修了、テンプル大学大学院教育学研究科修士課程修了。関心領域は応用哲学、教育哲学。現在、テンプル大学ジャパンキャンパス　アカデミック・アドバイザー／講師。訳書に、ナンシー・スタンリック『アメリカ哲学入門』（勁草書房、2023年）、ドナルド・ロバートソン『認知行動療法の哲学――ストア派と哲学的治療の系譜』（共監訳、金剛出版、2022年）など。

遠藤進平（えんどう・しんぺい）
三重県津市生まれ、愛知県名古屋市育ち。慶應義塾大学文学部人文社会学科哲学専攻卒、アムステルダム大学論理学修士課程修了（Master of Logic）。現在、シドニー大学博士課程（Philosophy, PhD）。曖昧さや様相といった伝統的な哲学のトピックから、冗談や脅迫、挨拶のようなコミュニケーションの（ときに哲学分野では非標準的なありかたとして放置されがちな）諸相に関心がある。
業績など：https://researchmap.jp/shimpei_endo

話《はなし》が通《つう》じない相手《あいて》と話《はなし》をする方法《ほうほう》

——哲学者《てつがくしゃ》が教《おし》える不可能《ふかのう》を可能《かのう》にする対話術《たいわじゅつ》

２０２４年２月５日　初　版
２０２４年３月20日　３　刷

著　者　ピーター・ボゴジアン＋ジェームズ・リンゼイ
監訳者　藤井翔太
訳　者　遠藤進平

発行者　株式会社晶文社
　　　　東京都千代田区神田神保町1-11　〒１０１-００５１
　　　　電話０３-３５１８-４９４０(代表)・４９４２(編集)
　　　　URL https://www.shobunsha.co.jp

印刷・製本　中央精版印刷株式会社

ISBN978-4-7949-7409-9　Printed in Japan